UNION GÉNÉRALE D'ÉDITIONS
8, rue Garancière - Paris VIe

Du même auteur,
dans la même série

IRISH BAR, n° 1785.
IRISH BLUES, n° 1787.
IRISH COCKTAIL, n° 1786.

IRISH MURDER

PAR

WILLIAM IRISH

Anthologie préparée et composée
par Jean-Claude Zylberstein

Traduit de l'américain
par M.-B. Endrèbe
et J.-P. Pugi

10|18

Série « Grands Détectives »
dirigée par Jean-Claude Zylberstein

NOTE DE L'ÉDITEUR

Une bibliographie complète des textes originaux et des précédentes publications en français des œuvres de William Irish reproduites dans le présent recueil se trouve à la fin de ce volume.

ISBN 2-264-00771-0

MARIHUANA

Vers huit heures ce soir-là, on sonna à la porte. C'étaient Bill Evans et Wash Gordon, deux copains de King Turner qui venaient le chercher « Pour te changer les idées », déclarèrent-ils. Ils avaient une fille avec eux qu'ils présentèrent simplement comme étant Vinnie.

Ils n'avaient pas prévu que King pourrait ne pas vouloir sortir ou, en tout cas, ne pas vouloir sortir avec eux. Il ne leur venait pas à l'idée que quelqu'un pût ne pas se réjouir de leur compagnie, surtout quand ils se donnaient tout ce mal pour lui changer les idées.

Turner ouvrit la porte et se contenta de les regarder en silence. Il n'eut pas besoin de leur dire « Entrez » ni quoi que ce soit. Avec eux, ça n'était pas nécessaire. Evans et la fille passèrent à sa droite, Gordon à sa gauche, et, tout à coup, l'appartement fut plein de bruit. La radio marchait à fond, la nommée Vinnie expérimentait un nouveau shaker à musique, tandis qu'Evans ouvrait et refermait bruyamment des coffrets, en quête d'une cigarette. C'était ça, la camaraderie. Turner avait eu maintes fois l'occasion de s'en rendre compte depuis que sa femme l'avait quitté et il vivait seul. Puisque aussi bien, la place était déjà investie, il se résigna à refermer la porte, mais Evans l'interpella aussitôt :

— Eh bien, qu'est-ce que t'attends pour aller chercher tes affaires ?

— Sais-tu où on t'emmène ? ajouta Wash Gordon... Dans un ranch... pour fumer de l'herbe !

— Un ranch ? Fumer de l'herbe ? répéta Turner sans comprendre.

Les trois autres échangèrent un regard de commisération, avec l'air de se dire : « Non, quel corniaud ! Il ne connaît vraiment rien à rien ! »

— La marihuana. Un « ranch », c'est l'endroit où on la fume.

Turner, en entendant cela, eut un geste de refus et se détourna.

— Non ! il aime mieux rester ici à se morfondre toute la soirée en pensant à Eleanor !

— C'est exactement ce qu'il te faut, mon vieux, lui assura Evans. Ça te fera croire qu'elle est revenue, ajouta-t-il en clignant de l'œil à l'adresse des deux autres.

La fille avait trouvé une photo d'Eleanor et l'étudiait sans indulgence :

— Elle ne me paraît pas irremplaçable, susurra-t-elle très féline.

S'approchant d'elle, Turner lui arracha le cadre qu'il posa à plat sur la commode.

— N'aborde pas ce chapitre, chuchota Gordon à Vinnie. Il ne le supporterait pas.

— Eh bien, on y va ou non ? s'enquit-elle alors d'un ton boudeur.

— Bien sûr qu'on y va, fit Evans.

Dénichant le chapeau de Turner, il le lui plaça sur la tête et lui jeta son imperméable roulé sur les épaules, comme il eût fait d'une écharpe. Puis il glissa son bras sous celui de Turner et saisit Gordon de l'autre main :

— Et King vient avec nous. On sait ce qu'il lui faut, pas vrai Wash ?

— Ça va pas être marrant de l'avoir avec nous ! murmura la fille à l'oreille de Gordon.

— Bien sûr que si ! Il n'en a encore jamais fumé. Ça va lui faire un effet bœuf. Dans ce genre de truc, si on veut bien rigoler, faut toujours amener un novice avec soi.

Une fois qu'ils eurent réussi à le faire sortir de chez lui, Turner cessa de résister. La fille claqua la porte après avoir tiré la langue à la photo d'Eleanor :

— Vous nous remercierez de vous avoir emmené avec nous, assura-t-elle à Turner. Ça va vous réveiller un peu !

— J'ai laissé mon passe à l'intérieur ! s'exclama Turner. Quand je reviendrai, je ne pourrai pas rentrer !

— D'ici que tu reviennes chez toi, rigola Gordon, l'immeuble sera devenu si vieux qu'on l'aura démoli... alors, t'auras pas besoin de ton passe.

Ils s'empilèrent dans un taxi et se firent conduire du côté d'Hell's Kitchen [1] sans donner d'adresse exacte.

— Ils devraient nous faire une ristourne puisqu'on leur amène un nouveau client ! s'exclama Vinnie avec entrain.

Evans lui fit signe de se taire en pointant le menton vers le chauffeur :

— Attends qu'on soit descendus !

Ils se firent arrêter au coin d'une rue et demeurèrent sous la clarté spectrale d'un réverbère jusqu'à ce que le feu arrière du taxi se fût perdu au loin :

1. Partie Ouest de Manhattan, vers le bas de la 10e Avenue, qui avait naguère encore fort mauvaise réputation. Littéralement : la Cuisine de l'Enfer *(N.d.T.)*.

— On va finir d'y aller à pied, dit Evans, car si on se faisait conduire jusqu'à la porte, les flics ne tarderaient pas à être informés qu'il se passe quelque chose dans l'immeuble.

Ils traversèrent la chaussée et enfilèrent une petite rue. Même maintenant, le peu de plaisir que Turner avait à les suivre se lisait clairement sur son visage, mais ils n'en avaient cure.

Quand, dans un morne secteur de palissades et d'immeubles décrépis, ils s'arrêtèrent enfin devant une porte, Turner essaya de se dégager comme si, à la dernière minute, il avait un pressentiment :

— Non, j'aime mieux rentrer chez moi... Je sens que si je vais avec vous, il arrivera quelque chose... ça tournera mal...

— Allez, te dégonfle pas ! railla Gordon.

A voir leurs visages, Turner se rendait compte qu'ils n'éprouvaient pas de véritable amitié pour lui. S'ils insistaient pour qu'il les accompagne, c'était uniquement pour pouvoir se divertir de son inexpérience.

La fille lança avec dédain :

— Oh ! laissez-le faire... Le forcez pas à venir s'il a la trouille.

C'est le genre de remarque qui ne manque jamais de fouetter l'amour-propre des gens. Une fois de plus, elle fit son effet. Sans ajouter un seul mot, Turner suivit les autres à l'intérieur de l'immeuble et si la fille gratifia Evans d'un léger coup de coude, il ne s'en rendit pas compte.

— Faites pas de bruit maintenant ! recommanda Gordon dans la pénombre sale du hall d'entrée. Ils ne tiennent pas à ce que les autres locataires se doutent de quelque chose.

Il y avait là un escalier, vaguement éclairé par un bec de gaz qui jaillissait du mur. Ils le gravirent sur la pointe des pieds et en file indienne, car les marches n'étaient pas assez larges pour leur permettre de monter à deux de front.

— Une fois qu'on y est, ça n'est pas mal, chuchota Evans par-dessus son épaule pour réconforter Turner. Avec les bénéfices qu'ils font, ils ont même arrangé ça très gentiment.

— Est-ce qu'ils ne courent pas de gros risques ? s'enquit Turner comme ils franchissaient un palier et abordaient une nouvelle volée de marches.

— En admettant que des flics surviennent, comment pourraient-ils prouver que ces gens-là ne sont pas simplement en train de recevoir quelques amis ? Il ne faut pas longtemps pour balancer quelques mégots dans les waters ou par la fenêtre.

Après cela, leur ascension se poursuivit en silence jusqu'à ce qu'ils atteignissent le sommet de l'escalier. Ils s'immobilisèrent un moment sur le dernier palier pour reprendre leur souffle. Il y avait dans l'air quelque chose d'indéfinissable, une sorte d'âcreté subtile qui picotait les narines.

— Allez, on y va !

Evans remonta son nœud de cravate, fit un pas en avant et frappa à la porte, tandis que les autres se massaient autour de lui, comme pour se protéger mutuellement.

Un pas étouffé s'approcha de l'autre côté de la porte. L'attente qui suivit fut probablement moins longue qu'elle ne parut. Puis le volet d'un minuscule judas s'ouvrit, laissant passer une clarté orangée avant qu'un œil l'obstruât.

— Charlie et Joe, annonça Evans. Vous vous souvenez de nous ? Cette fois, nous avons amené un copain.

Apparemment, les femmes ne comptaient pas... Erreur de calcul fréquente dans la pègre.

Le judas s'obscurcit de nouveau et il y eut un bruit de chaîne raclant le vantail. Puis celui-ci s'entrouvrit d'une cinquantaine de centimètres. C'était trop étroit pour qu'on pût voir qui ouvrait la porte, mais l'invitation à entrer n'en était pas moins implicite. Cela rappela à Turner l'époque de la prohibition, mais ce qu'on vendait là était bien plus nocif encore que du tord-boyaux.

Evans se faufila le premier à l'intérieur de l'appartement. La fille suivit, en feignant une excitation de novice. Puis ce fut le tour de Gordon et, enfin, de Turner. Derrière son dos, un bras velu, à la manche de chemise retroussée, s'abattit comme une hache pour refermer la porte et remettre la chaîne.

Ils se trouvaient à l'extrémité d'une sorte de couloir de wagon qui semblait se prolonger indéfiniment. Au-dessus de leurs têtes, la clarté d'une unique ampoule avait été encore atténuée par une collerette en papier-crêpe. Un homme, debout près d'eux, tendait la main tout en dévisageant Turner, le nouveau venu.

— Vous répondez de lui ?

— Entièrement, assura Evans. Il sortit une poignée de billets en disant à Gordon : Je paye pour Vinnie, et toi, tu te charges de Turner.

Apparemment, on versait à l'entrée une somme fixe donnant droit à autant de cigarettes qu'on en désirait. Le portier était en train de distribuer ces dernières, qu'il puisait dans une enveloppe bulle.

— Je peux payer ma part... voulut dire Turner.

Mais le vice n'est pas regardant quand il s'agit de faire un nouvel adepte.

— Tu es notre invité, l'interrompit Gordon en repoussant l'argent offert. Et il ajouta, à l'adresse du portier : Juste une pour lui, c'est la première fois qu'il fume.

L'homme tendit à Turner une cigarette qui paraissait très ordinaire, sauf que son contenu était plus sombre que le tabac. Ne sachant qu'en faire, Turner la fourra dans la poche supérieure de son veston.

— Faut pas l'emporter, faut la fumer ici ! l'avertit aussitôt le maître de céans.

— T'en fais pas ! Il va l'avoir vite fumée ! assura Gordon.

Ils suivirent le couloir l'un derrière l'autre, comme ils avaient gravi l'escalier. L'homme qui les avait accueillis ferma le cortège, mais seulement jusqu'à la première porte ouverte, dont il franchit le seuil. En passant, Turner vit qu'il y avait là une sorte de cuisine, avec une table de bois blanc et une chaise disposées de façon à permettre de surveiller le couloir. Un jeu de cartes crasseux gisait sur la table.

Les « invités payants » continuèrent seuls dans le couloir. Les dirigeants de la fumerie laissaient apparemment leurs clients libres d'agir comme bon leur semblait, une fois qu'ils avaient satisfait aux formalités. Turner passa ainsi devant plusieurs autres portes jusqu'à ce que la file indienne débouchât dans un salon plutôt sinistre, meublé d'un divan, de quelques fauteuils, et d'un poste de radio. D'un côté, il y avait deux fenêtres qui devaient donner sur la rue, mais étaient entièrement dissimulées par un occulteur cloué à leur encadrement. Une troisième, en revanche, était ouverte sur une cheminée d'aération et, de surcroît, un ventilateur aidait à dissimuler la fumée à la senteur trop révélatrice.

A les voir s'installer sur les sièges, on aurait pu croire qu'il s'agissait, comme l'avait suggéré Evans, d'une banale visite d'amis... à ceci près qu'ils conservaient chapeaux et manteaux, pour pouvoir s'en aller très rapidement si le besoin s'en faisait sentir.

Pour l'instant, ils semblaient être les seuls clients. Un homme était déjà là, mais qui devait faire partie de la maison. Comme l'autre, il était en bras de chemise, avec une veste jetée sur ses épaules qui dissimulait mal les attaches de quelque chose suspendu sous l'aisselle gauche. Il était en train de lire un journal. Quand ils pénétrèrent dans la pièce, il leur jeta un rapide coup d'œil, puis reprit sa lecture, sans plus leur accorder d'attention.

Vinnie s'installa sur le divan qu'elle tapota à côté d'elle pour engager Gordon à s'y asseoir. Evans s'approcha du poste de radio pour en changer la longueur d'onde. Après un instant d'indécision, Turner s'assit dans un fauteuil qui se trouvait dans un coin, un peu à l'écart des autres.

Gordon frotta une allumette pour donner du feu à Vinnie et allumer ensuite sa propre cigarette. Le geste était si naturel que, s'il n'avait pas été prévenu par ce qu'ils avaient dit chez lui, Turner n'aurait rien vu là que de très banal.

Ils se tournèrent tous vers Turner pour l'observer mais comme il ne faisait aucun geste, Evans finit par s'approcher de son fauteuil. Lui aussi avait maintenant une cigarette allumée à la main.

— Je vais t'initier, annonça-t-il avec affabilité.

— Je ne veux pas fumer, dit Turner d'une voix sourde. Je sens qu'il va arriver quelque chose... que cette soirée finira mal.

Evans cueillit la cigarette dans la poche où Turner l'avait rangée et la lui plaça entre les lèvres :

— Allez, fais pas le rabat-joie ! S'il s'agissait de boire un verre tu refuserais pas ? Alors, où est la différence ?

Il actionna un briquet avant que Turner ait eu le temps de détourner la tête. Une douleur, aussi vive qu'un coup de couteau, parcourut la trachée-artère de Turner jusqu'à ses poumons.

— Garde-la ! recommanda Evans. Garde-la !

Il plaqua un instant sa main sur la bouche de Turner pour l'empêcher d'exhaler la fumée. Puis il ramassa la cigarette que celui-ci avait laissée tomber et la lui rendit.

Après quoi, il demeura un instant à l'observer :

— Tire une autre bouffée, finit-il par dire.

Lentement, presque malgré lui, la main de Turner s'éleva vers sa bouche. Cette fois, la douleur ne fut pas aussi vive.

Evans se détourna en clignant de l'œil à l'intention des deux autres :

— Ça y est ! gouailla-t-il. A présent, il est dans l'ambiance !

L'écoulement du temps parut se détraquer. Les minutes étaient maintenant beaucoup plus longues à passer. Turner avait du mal à se mettre à ce nouveau rythme. Une demi-heure paraissait s'être écoulée et, pourtant, la radio jouait encore le refrain de la même chanson que trente minutes auparavant. A part cela, il ne se passait rien d'extraordinaire. Vinnie gloussait sur le divan. L'homme qui lisait le journal se leva, bâilla, s'étira avec affectation, puis s'éloigna dans le couloir après leur avoir grommelé « Bon atterrissage ! » en guise d'adieu.

A un moment donné, Turner abaissa son regard et vit que sa cigarette était presque totalement consumée. Mais, quand il regarda de nouveau sa main, ses doigts tenaient une cigarette entière.

Apparemment, une collation était comprise dans le droit d'admission. Ou bien Evans, qui n'était pas un type à se gêner, était allé d'autorité au ravitaillement car, après une brève éclipse, il reparut porteur d'un pain dont il coupa des tranches épaisses à l'aide d'un étincelant couteau. Tous trois se mirent à manger le pain avec appétit, mais Turner entendit Vinnie suggérer :

— Tâche de trouver quelque chose pour mettre dessus.

Evans, qui se tenait devant Turner, posa le

couteau sur le bras du fauteuil et s'éclipsa de nouveau. Turner demeura à regarder la lame brillante, comme hypnotisé par elle.

De très loin, la voix de la fille lui parvint, disant à Gordon :

— Regarde donc la gueule qu'il fait... Je t'avais bien dit que ça ne serait pas marrant avec lui.

— Oui, il aurait besoin qu'on lui fasse partir un pétard sous les fesses ! acquiesça Gordon.

Turner ne pensa pas qu'il pût s'agir de lui : cette conversation lui parvenait de si loin ! D'un air absent, il promena le bout de son index sur la lame bien aiguisée du couteau qu'Evans avait laissé sur l'accoudoir du fauteuil.

Evans dut revenir, car Turner l'entendit dire :

— Est-ce que ça ira ? C'est tout ce que j'ai pu trouver.

La fille fit « Peuh ! » d'un ton écœuré.

Turner ne tourna point la tête pour voir de quoi il s'agissait. Il ne leur accordait plus la moindre attention, car Eleanor venait d'apparaître. Eleanor était venue dans cet endroit. Son Eleanor ! La dame si comme il faut que rien n'aurait jamais pu inciter à...

Tout d'abord, il entendit, joué par la radio, l'air qu'elle aimait et sur lequel ils avaient tous deux si souvent dansé :

Quand tu seras parti,
Me laissant à mes larmes

Alors, il pensa à elle et, l'instant d'après, il la vit. Elle était accroupie, cherchant à se cacher derrière la console de la radio, pour qu'il ne la vît pas dans un endroit pareil. Elle lui jeta un coup d'œil, puis dissimula de nouveau sa tête. Et ce n'était pas une hallucination engendrée dans son cerveau par la marihuana, car à leur conversation, il se rendait compte que les autres la voyaient aussi. Evans lui demanda même :

— Hé, Turner, est-ce que ça n'est pas ta femme, là-bas ? Tu devrais lui demander ce qu'elle fait ici.

Se voyant ainsi repérée, elle ne chercha plus à passer inaperçue mais, dissimulant son visage derrière une sorte de voile, elle traversa la pièce et disparut dans le couloir avant qu'ils aient pu la retenir.

Se levant d'un bond, Turner la rejoignit et, la saisissant par les épaules, voulut la forcer à le regarder :

— Eleanor ! Qui t'a amenée dans un pareil endroit ? Dis-le-moi, que j'aille leur casser la gueule !

Tout en gardant obstinément le silence, elle se tortilla pour tenter de lui échapper.

— Tu ne devrais pas être ici ! Ça va faire jaser sur ton compte. Viens avec moi, que je te fasse sortir avant que quelqu'un t'ait reconnue...

Se libérant, elle s'en retourna vivement dans le salon et il courut derrière elle mais, quand il voulut la saisir, elle l'esquiva de nouveau. Cela devait amuser les autres, car ils riaient tant qu'ils pouvaient, au lieu de chercher à aider Turner. Il entendit Evans lui crier :

— Tu n'arriveras jamais à l'attraper ainsi. Tiens, cloue-la sur place avec ça...

Et Vinnie de s'exclamer avec effroi :

— Tu es fou ! Ne lui donne pas ça, voyons !

Mais la mise en garde vint trop tard. Eleanor avait fait volte-face en plein élan, alors qu'il ne s'y attendait point, et ils se heurtèrent violemment. Sous le choc, il recula d'un pas, tandis qu'elle demeurait sur place, se balançant seulement un peu, comme si le courant d'air provenant du ventilateur était trop fort pour elle. Elle gardait ses deux mains crispées sur le côté de sa poitrine, comme si elle avait mal là...

Puis, tandis qu'il restait à la regarder, quelque chose d'horrible se produisit. Il vit sourdre du rouge entre ses doigts, comme si elle le faisait jaillir de son cœur même par la pression de ses mains. Il esquissa un geste vers elle, pour l'avertir du danger... Mais, soudain, elle disparut à sa vue et il n'eut plus en face de lui que le mur opposé. Abaissant son regard, il la vit étendue par terre, presque à ses pieds. Elle avait maintenant disjoint ses mains et, à l'endroit où elles se crispaient précédemment, une tache rouge s'étendait...

Toutefois, le plus étrange était que, en tombant, elle eût semblé se désintégrer en un jaillissement de particules lumineuses qui, s'agglomérant à présent de nouveau, reformaient un corps et un visage... Mais ce n'était plus Eleanor, c'était Vinnie... La fille qui était venue là avec eux.

Turner regarda derrière lui en quête de la véritable Vinnie, mais il ne vit que les visages horrifiés de Gordon et d'Evans. C'était donc bien, apparemment, Vinnie qui gisait à ses pieds...

L'un des deux autres, se penchant brusquement sur elle, dit d'une voix étranglée :

— Aide-moi à la mettre sur le divan.

Turner cessa de les voir un instant, car il regardait avec consternation, tout au bout de son bras, la lame du couteau qui jaillissait de sa main fermée. Elle n'était plus brillante cette lame, mais rougie. Turner se demanda comment elle était venue là. Il ouvrit ses doigts et le couteau tomba sur le parquet.

Les deux autres lui tournaient le dos, fébrilement penchés au-dessus de Vinnie qu'ils avaient étendue sur le divan. Evans avait déchiré un pan de sa chemise et l'employait à faire quelque chose en disant :

— Faut arrêter le sang…

— Tu n'y arriveras pas. Mieux vaut appeler un médecin en vitesse !

— Ils ne voudront pas en laisser venir un. Ils auront trop peur d'être dénoncés.

— Que faire, alors ? Nous ne pouvons pas la laisser ainsi se vider de son sang…

L'un d'eux jeta un coup d'œil contrit à Turner, puis se détourna de nouveau :

— Elle n'aurait pas dû l'agacer. Je lui avais dit de laisser tomber ce sujet…

Le pied de Turner s'avança sur le parquet, vers la porte et le couloir. Son corps suivit. Puis ce fut l'autre pied qui glissa doucement dans la même direction. Le buste penché en avant, il progressait avec la prudence circonspecte des drogués. Les autres continuaient de lui tourner le dos et l'oubliaient, occupés qu'ils étaient à tenter de ranimer la jeune fille.

Il avait déjà atteint le seuil quand, jetant un dernier coup d'œil par-dessus son épaule, il vit Gordon se pencher davantage vers le divan et l'entendit s'exclamer d'un ton horrifié :

— Bill… Oh ! mon Dieu, ça y est ! Elle ne respire plus… La lame a dû érafler le cœur…

Il s'éloignait dans l'interminable couloir, se rejetant d'un mur contre l'autre, comme s'il avait été dans la coursive d'un paquebot un jour de grande tempête.

Du salon qui était maintenant devenu une chambre funèbre, il entendit encore l'un des autres s'exclamer : « Où est-il passé ? » Il avait dû se retourner et constater que Turner n'était plus là…

— Rattrape-le vite ! Il ne peut pas foutre le camp

en nous la laissant sur les bras ! Nous sommes tous dans le bain !

Mais Evans rassurait Gordon :

— Il a probablement dû aller jusqu'à la salle de bains, pour dégueuler... Il ne s'en ira pas sans nous, t'en fais pas... La porte a une chaîne de sûreté...

— Eh bien, c'est ce qu'on va voir ! pensa rageusement Turner.

Il continuait d'avancer, cependant que la panique couvait en lui, prête à s'enfler en un bouillonnement destructeur où disparaîtrait quiconque tenterait de lui barrer le chemin. Le couloir semblait élastique. Turner avait beau marcher, il était toujours aussi loin de l'autre extrémité. Et les secondes s'écoulaient avec une incroyable lenteur... Cela faisait bien quinze ou vingt minutes qu'il essayait d'atteindre la sortie. Les autres allaient sûrement se lasser d'attendre son retour, et partir à sa recherche.

Enfin, la première des portes latérales vint lentement au-devant de lui. Elle était légèrement entrebâillée et il hésita à se risquer devant cette ouverture, si étroite fût-elle, par où filtrait de la lumière. Se collant à la cloison, il gagna enfin la porte et approcha son œil de l'entrebâillement. Il aperçut une portion d'un lit pliant sur quoi reposait une main immobile. S'enhardissant, il passa de l'autre côté de la porte, là où était l'entrebâillement. Ayant ainsi accru son champ de vision, il reconnut l'homme qui était dans le salon à leur arrivée. Une main sur les yeux pour se protéger de la lumière, il s'était étendu sur le lit après avoir retiré sa veste et ses chaussures. La courroie qui, dans le salon, se laissait entrevoir sous le veston, était maintenant accrochée à un des montants du lit, et elle se terminait par une sorte de fonte d'où émergeait une crosse de métal noir. Turner ne pouvait détacher son regard de cette dernière, tandis que s'écoulaient des secondes qui, pour lui, étaient autant de minutes.

Cette crosse noire était l'assurance de ne plus se heurter à aucune porte, aucun obstacle, le chemin de la liberté. Il la lui fallait.

Turner poussa silencieusement le battant, jusqu'à ce que l'ouverture fût assez large pour lui livrer passage. Ses pieds progressèrent prudemment, aussi sûrs que des mains pour pressentir la lame de parquet qui pourrait grincer. En dépit du manque d'équilibre causé par l'effet de la drogue, Turner gardait son regard obstinément fixé sur le visage à demi caché du dormeur, qui représentait le plus proche danger.

Il se trouva enfin auprès du lit, et sa main fit pencher la gaine du revolver pour éviter que la crosse de l'arme heurtât le fer du montant. Il voyait clairement les précautions à prendre, les choses qu'il devait faire et celles qu'il lui fallait éviter. C'était sans doute son subconscient qui le guidait ainsi, ou peut-être que son instinct d'autodéfense avait été affiné, dangereusement aiguisé, par la marihuana.

Il se saisit du revolver, puis, doucement, remit la gaine à la perpendiculaire. L'arme en main, il pensa : « Maintenant, j'ai un revolver. Je suis tout-puissant. Tant pis pour qui voudra m'arrêter ! »

Il regagna la porte à reculons, de façon à ne point quitter le dormeur du regard. Maintenant, toutefois, la situation n'était plus la même : si ce type se réveillait, Turner le rendormirait définitivement.

Derrière lui, il balançait sa main libre pour retrouver la porte. A mi-chemin, une planche craqua sous son pied et, aussitôt, il fléchit les genoux, tel un fauve prêt à bondir. La main du dormeur glissa des yeux vers la bouche. Mais ses paupières demeurèrent closes.

Enfin, il franchit le seuil, toujours à reculons, et se

retrouva dans le couloir. Il tira de nouveau la porte presque jusqu'au chambranle, puis se remit à glisser le long du mur, vers le seuil suivant, au-delà duquel le faiseur de réussites devait être aux aguets.

Au moment de l'atteindre, Turner s'immobilisa et retint son souffle. Il n'aurait jamais pensé qu'on pût percevoir aussi distinctement le bruit des cartes posées ou retournées une à une : *snap... snap...*

Juste comme il avançait le canon de son arme vers l'ouverture de la porte, prêt à pivoter, en quelque sorte, autour de cette menace pour gagner l'autre portion du couloir, ce fut la catastrophe.

On frappa à une porte et cela parut si proche à Turner que sa tête en eut un recul. La chaise racla le parquet et le faiseur de réussites surgit dans le couloir, à trente centimètres de Turner, frôlant presque le canon du revolver. Mais l'homme était déjà tourné vers l'entrée, si bien qu'il ne vit pas, derrière lui, Turner aplati contre la cloison. La tache claire de sa chemise se fondit dans la pénombre de l'entrée.

Turner fit un pas pour le suivre, avec l'intention de lui coller le revolver au creux des reins dès qu'il aurait retiré la chaîne et de se frayer un chemin à tout prix vers la rue, la liberté... Mais, de nouveau, quelque chose se produisit qui lui glaça le sang. L'homme regardait par le petit judas et Turner l'entendit grommeler.

— Qui êtes-vous ?

Une voix indistincte lui répondit de l'autre côté de la porte et Turner ne perçut point cette réponse, mais l'homme répéta :

— Flic ?

La police avait été alertée et les flics étaient déjà là pour l'arrêter. Evans et Gordon l'avaient trahi, dénoncé... Peut-être en appelant par les fenêtres donnant sur la rue ou par quelque téléphone qu'il n'avait point vu...

La réaction du portier aurait dû lui paraître étrange en la circonstance, mais ses facultés étaient trop déréglées pour qu'il pût raisonner sainement... Le portier, en effet, ne paraissait pas autrement ému et s'employait à retirer la chaîne, sans songer à alerter ceux qui se trouvaient dans le salon. Peut-être, à sa question, avait-on simplement répondu : « Un ami de Dick » et il avait répété « Dick ? » pour qu'on lui précise de quel Dick il s'agissait...

Battre en retraite, c'était retourner sur la scène du crime... Et si Turner se réfugiait dans la cuisine, il y serait découvert dans un instant par le portier. Il ne pouvait plus songer à se frayer un chemin avec son arme, comme il avait pensé le faire quand il avait cru à une simple arrivée de clients. Avec des flics, c'était une autre histoire, et Turner le savait bien.

Ce fut alors qu'il aperçut la porte du placard, sur l'autre côté du couloir, presque en face de la cuisine. Cette porte avait dû être toujours là, mais elle venait seulement d'apparaître à sa vue, comme une photo plongée dans un bain révélateur et qui se précise soudain sous vos yeux. Elle était si voisine de l'extrémité du couloir qu'elle formait presque un angle droit avec la porte d'entrée. Pour l'atteindre, il fallait s'approcher dangereusement du portier.

Mais Turner n'avait pas le temps de peser ses chances, à supposer qu'il en fût encore capable sous l'empire de la drogue. Profitant du bruit que faisait la chaîne de sûreté manipulée par le portier, il se faufila vivement dans le placard dont la porte n'était pas complètement close et ramena le battant sur lui, mais sans le fermer tout à fait pour éviter le déclic du pêne.

Dans les ténèbres, il sentait contre son visage le contact doux de quelque chose qui devait être un vieux chandail. S'il avait fait du bruit, celui-ci avait certainement été couvert par l'ouverture de la porte d'entrée. Turner entendit des gens passer à quelques centimètres de sa cachette et la voix du portier qui disait :

— Tout au bout du couloir, messieurs.

Dans l'esprit de Turner, cela confirma l'identité des visiteurs aussi bien que la raison de leur venue. Au passage, quelqu'un frôla le vantail du placard, puis un bruit de chaîne indiqua que la porte d'entrée était refermée. Un pas s'attarda après les autres, puis ce fut le silence... Du moins, autour du réduit où se dissimulait Turner.

Il ne pouvait pas demeurer là. Plus que jamais, il lui fallait sortir rapidement de cet appartement. Entrouvrant la porte, il risqua un œil au-dehors, son arme prête à l'action. Les pas s'éloignaient vers l'autre extrémité de l'interminable couloir. Le portier, cette fois, accompagnait les visiteurs dans le salon — sa chemise blanche fermait la file — preuve nouvelle qu'il s'agissait bien de policiers et non de clients.

Turner était maintenant près de la porte d'entrée et il dut mettre le revolver dans sa poche pour avoir les deux mains libres. Il venait de détacher la chaîne quand une rauque exclamation lui parvint du salon. Ils avaient découvert le cadavre. Un brouhaha de voix suivit, mais Turner avait enfin ouvert la porte. Il s'élança au-dehors et, la dernière chose qu'il entendit, fut un bruit de galopade dans le couloir.

Il lui sembla alors, comme il arrive dans les rêves, descendre en planant l'escalier dont les volées de marches paraissaient s'être multipliées depuis qu'il les avait gravies. Quatre... quatorze... quarante... Il tournait toujours, ne saisissant la rampe qu'aux virages pour éviter d'aller donner de la tête dans le mur. A des kilomètres au-dessus de lui, une voix ténue cria :

— Le voilà ! Vous le voyez qui descend ?

La galopade tonna dans l'escalier, mais Turner semblait avoir des ailes aux pieds et poursuivait sans effort l'interminable descente.

Soudain il n'y eut plus de marches. Turner avait atteint le bas de l'escalier. Il traversa les ténèbres du hall et la nuit l'accueillit.

S'il avait jamais su où on l'avait amené, Turner l'avait depuis longtemps oublié. Comme l'escalier vibrait encore sous les pieds de ses poursuivants, il s'élança, au hasard, vers la gauche. Atteignant le coin d'une rue, il y tourna et, à cet instant, seule l'impétuosité de son élan le maintint debout.

Il était maintenant dans une avenue, beaucoup plus éclairée, et son instinct l'avertit qu'il devait ralentir sa course s'il ne voulait point attirer l'attention. Mais il ne le fit qu'après avoir encore tourné dans une rue transversale. Il avait un point de côté et son cœur lui semblait s'être gonflé comme un ballon. Il lui fallait trouver un refuge où il pût tranquillement retrouver sa respiration.

Turner aperçut en avant de lui, une petite boutique éclairée. C'était une de ces confiseries qui font les délices des écoliers. Le fugitif eût préféré une porte cochère, mais il se sentait incapable d'aller plus loin et ce fut en faisant rouler ses épaules contre la vitrine, plutôt qu'en marchant, qu'il atteignit la porte de la boutique.

A l'intérieur, il n'y avait pour le moment qu'une seule personne, une femme en sweater qui, de toute évidence, devait être la patronne. Assise derrière le comptoir où elle débitait sirops et limonade, elle lisait un journal. Avant qu'elle ait eu le temps de lever la tête, Turner l'avait dépassée, se dirigeant vers le fond de la boutique. C'était le genre de femme qui achève toujours de lire le paragraphe en cours avant de s'occuper d'un client. Lorsqu'elle leva la tête, Turner ouvrait la porte de la cabine téléphonique qui se trouvait au fond de la boutique. Voyant cela, la commerçante s'absorba derechef dans sa lecture.

Comme il refermait la porte vitrée de la cabine, pour étouffer le bruit de sa respiration haletante, une ampoule s'alluma automatiquement au-dessus de sa tête. D'un geste fébrile, il la retira de sa douille et la pénombre se referma sur lui avec douceur. La cabine comportait un siège étroit et inconfortable sur lequel Turner s'assit un instant avant de se laisser glisser jusque par terre, le dos contre la cloison, un genou couché sur le sol, l'autre relevé devant lui.

Un moment de répit... Mais si longue était la nuit et si forte la drogue... Toute main le cherchait, tout visage était celui d'un ennemi.

***

— Un seul à la fois ! aboya le lieutenant de police.

Après ce qu'ils venaient de lui raconter, il les trouvait tous également antipathiques. De toute façon, ils lui avaient déplu d'emblée, car il les avait jaugés dès le premier coup d'œil. Des bons à rien. Correctement habillés et pourvus d'une occupation aussi bien que d'argent, mais des bons à rien quand même.

Le visage crayeux, ils étaient au bord de la crise de nerfs maintenant qu'ils mesuraient les conséquences de leur légèreté. Gordon gémissait inlassablement :

— Nous ne voulions pas faire de mal... Nous ne voulions pas faire de mal...

— Taisez-vous ! tonna le lieutenant en abattant bruyamment son poing sur le bureau. Si vous répétez ça encore une fois, je vous casse la gueule !

Compris ? Parlez maintenant… Où pensez-vous qu'il soit allé ? Y a-t-il un endroit qui puisse l'attirer plus particulièrement ? Un ami chez qui il soit susceptible d'aller ?

Ils secouèrent la tête d'un air hébété. Evans tordait machinalement entre ses mains un petit foulard de femme, un foulard qui était celui de Vinnie, mais il ne se rendait même pas compte qu'il l'avait encore avec lui.

— C'étaient nous ses meilleurs copains, balbutia-t-il. Je ne vois personne d'autre qu'il…

— Ses *meilleurs* copains !

Si le lieutenant ne cracha pas littéralement son mépris, il eut un bruit de bouche qui en donna l'impression cependant qu'il appuyait sur le levier d'un interphone :

— Envoyez-moi Spillane.

Puis il eut un geste qui balaya les deux garçons apeurés :

— Et emmenez ceux-là ! Emmenez-les avant que je…

Dans le même temps qu'on poussait les deux garçons hors du bureau, un homme mince, à la démarche élastique, y entra.

— Spillane… dit le lieutenant. Puis il baissa confidentiellement la voix, tandis que le détective, s'appuyant des deux mains au bureau, se penchait vers lui.

Quand il eut fini de donner ses instructions, le lieutenant éleva de nouveau la voix en consultant les notes qu'il avait prises :

— Il se nomme King Turner. Vingt-cinq ans, taille moyenne, châtain clair, il a un visage mince aux joues creuses, très particulier. Il porte un costume poivre et sel, un chapeau gris. Il peut aussi avoir avec lui un imperméable gris foncé, à ceinture. Il habite la 5e Rue Est, au numéro 22, c'est-à-dire entre Lexington et la 3e Avenue. Peut-être aurez-vous la chance de le voir arriver à son domicile mais, personnellement, je doute qu'il y retourne. Ce qui est grave, c'est qu'il erre actuellement par les rues, plein de marihuana, avec un Luger et six balles dedans. J'ai donné l'alerte générale mais, en outre, je vous charge de lui. Il vous faut le retrouver avant que ce ne soit trop tard...

Le planton qui avait emmené Gordon et Evans passa la tête dans l'ouverture de la porte pour annoncer :

— Un des deux gars vient de se rappeler un autre endroit où le type pourrait aller, lieutenant.

— Ramenez-le, dit aussitôt le policier.

Poussé en avant par le planton, Evans reparut, toujours aussi pâle :

— Son ancienne femme... Il en est fou... C'est d'ailleurs ce qui a tout déclenché au ranch, balbutia-t-il. Ils sont séparés... Elle habite maintenant le *Continental*, dans la 49e Rue... sous son nom de jeune fille, Eleanor Philips...

Le lieutenant se tourna vers Spillane :

— Il est susceptible de se rendre là-bas pour se procurer d'autres vêtements ou de quoi quitter la ville. Allez donc y faire aussi un tour... Et prévenez la dame qu'elle est en danger... Qu'elle ne le laisse pas entrer dans sa chambre, ni l'approcher de trop près. Qu'elle nous avertisse immédiatement s'il se montre dans les parages ou s'il lui donne signe de vie. En tout cas...

Spillane s'immobilisa sur le seuil et tourna la tête tandis que son supérieur achevait de parler :

— ... tâchez qu'il soit mis hors d'état de nuire avant la fin de la nuit, ou sinon il risque de faire un drôle de carnage !

***

Il était toujours recroquevillé dans les profondeurs obscures de la cabine téléphonique... Depuis quelques minutes ou depuis une demi-heure ? Il n'aurait su le dire. Il se rendait seulement compte que sa respiration était un peu moins précipitée, car un des effets de la marihuana est de faire perdre la notion du temps.

Il n'entendait plus, de loin en loin, que le bruit fait par la femme en tournant une page de son journal. Elle avait dû oublier qu'il était encore là...

Soudain, un pas décidé résonna dans la boutique et une voix rude lança, avec une sorte de ricanement :

— C'est pas vous que je veux. Vous savez après qui j'en ai, hein ?

Et la femme de répondre aussitôt, presque avec indifférence, en tournant une autre page de son journal :

— Il est au fond et vous n'avez qu'à aller le chercher vous-même.

Le cœur de Turner bondit et retomba à sa place, uniquement parce qu'il lui était impossible de jaillir hors de la poitrine. Presque de lui-même, le revolver s'éleva. Du coude, Turner repoussa légèrement la porte de la cabine, deux yeux se risquèrent l'un au-dessus de l'autre dans l'entrebâillement : le sien et celui du revolver.

La massive silhouette d'un policeman en uniforme se tenait devant le comptoir, face à la femme, mais le flic tournait la tête du côté de Turner.

Turner se recula si brusquement que sa nuque heurta la paroi de la cabine, mais son chapeau amortit aussi bien le bruit que le choc. Il s'accroupit de nouveau, les yeux et le revolver au ras de la partie vitrée. Si le flic se dirigeait vers lui, s'il venait de ce côté...

Il y eut un pas lourd, puis un autre, bientôt suivis d'un troisième. L'uniforme bleu du policeman apparut contre la vitre et Turner braqua son revolver, visant au-dessus de l'insigne.

Le policeman fit encore un pas et s'immobilisa juste devant la cabine, mais de profil, comme s'il ne regardait pas à l'intérieur. Toutefois Turner vit son épaule bouger, s'incliner en avant. Cela voulait dire que le bras se tendait vers l'arrière, que la main était en train de saisir le revolver...

La peur enflammant brusquement son cerveau, Turner pressa la détente. Le bruit de la détonation sembla soulever la cabine tandis que la vitre s'étoilait et volait en éclats.

Le policier s'effondra, cependant que son profil à l'œil rond exprimait une stupeur totale.

Jaillissant de la cabine, Turner se trouva en présence de trois êtres immobiles, dont deux seulement respiraient encore.

Un petit homme malingre s'était immobilisé au-delà de la cabine téléphonique, comme s'il venait de l'arrière-boutique au-devant du policeman. La main de cet avorton tenait un billet de loterie et dans celle du policeman, il y avait, non pas un revolver, mais un billet d'un dollar fraîchement sorti de sa poche arrière.

Ni la patronne ni son mari ne semblaient avoir compris ce qui était arrivé au policier. Ils l'avaient simplement vu s'effondrer entre eux, comme un bœuf assommé. Puis, quand Turner parut, la bouche de la femme s'ouvrit pour crier, mais il braqua le revolver dans sa direction et le cri mourut dans sa gorge.

— Dans l'arrière-boutique, tous les deux, vite !

C'était l'aboiement mauvais d'un chien enragé.

La femme était cernée des trois côtés par le comptoir et elle ne pouvait en sortir que vers

Turner, ce qu'elle n'osait faire. Son mari et elle n'étaient guère intelligents, mais il leur suffisait de voir les yeux de Turner pour comprendre qu'il n'était pas dans son état normal.

Pâle jusqu'aux lèvres, le petit homme implora d'une voix tremblante :

— Je t'en prie, M'man, ne discute pas...

Elle gémit en tordant les mains :

— Monsieur, monsieur... Je vous en supplie... Laissez-moi passer. Je veux simplement aller au fond, comme vous l'avez dit... Ne faites rien...

Et elle se hâta en se courbant, la tête rentrée dans les épaules.

Il les poussa dans la petite pièce d'où l'homme était sorti et, après s'être assuré qu'elle ne comportait pas d'autre issue, il fit passer la clef de son côté. Il les enferma en les prévenant d'une voix sifflante :

— Ne bronchez pas ! Sans quoi, je reviens et...

Il n'y avait personne devant la boutique. Peut-être les parois de la cabine avaient-elles étouffé la détonation. A l'idée de reprendre son interminable fuite, Turner passa machinalement la main dans ses cheveux et cela fit choir son chapeau, mais il ne le ramassa point. Il n'avait pas le temps... Il lui fallait continuer de fuir... fuir toujours plus loin... jusqu'à ce qu'il tombe.

Quand il se retrouva dans l'obscurité extérieure, il pensa : Je n'aurais pas dû les laisser en vie. Ils vont donner mon signalement...

Mais il ne pouvait pas retourner en arrière. Il était irrésistiblement entraîné en avant par cet engrenage démoniaque qui lui broyait le corps, l'esprit, et l'âme.

Il continua d'avancer le long des murs, ombre qui progressait par bonds, d'une embrasure à un recoin, et franchissait si vite les espaces découverts qu'on pouvait douter l'avoir aperçue... ombre en quête d'un asile. N'y avait-il, dans cette ville, aucun endroit où il pût se réfugier, personne vers qui...

Cette fois, elle survint sans l'aide de la musique. Elle n'était jamais très loin de sa pensée. Eleanor. Pareille à des lettres d'or éclairant l'obscure terreur de son cerveau, elle était la pluie dans le désert, le soleil dans les ténèbres. Elle viendrait à son secours ; elle le cacherait ou l'aiderait à s'enfuir. Il n'y avait qu'elle au monde en qui il put avoir confiance. Elle l'avait aimé naguère. Alors, tout cet amour n'avait pu disparaître. Il devait bien en rester quelque chose.

Mais où était-elle ? Il n'arrivait pas à se rappeler... Dans un hôtel, oui, mais il ne se souvenait plus du nom... Parfois, ce nom semblait lui venir sur le bout de la langue, puis s'esquiver de nouveau. *Commodore*... non, *Concorde ?* Non. Ce devait être un nom comme ça pourtant...

Il continua d'avancer dans la nuit en gémissant de temps à autre :

— Eleanor ! Eleanor ! Il faut que je la retrouve...

***

Un policeman d'une voiture-radio venait juste de les délivrer quand Spillane arriva. La moitié du voisinage s'entassait déjà dans la boutique. Cette cohue cacha tout d'abord le cadavre aux yeux de Spillane et il faillit trébucher dessus quand on lui livra soudain passage.

La patronne alla droit à sa caisse dont elle ouvrit le tiroir pour en compter fébrilement le contenu. Elle laissa alors paraître son soulagement :

— Ça va, Papa ! Un dollar quatre-vingt-dix-sept ! Il n'a rien pris !

Spillane ne tira pas grand-chose d'eux :

— Sans raison, sans aucune raison ! haletait l'homme.

— Ses yeux, on aurait dit du verre ! se remémorait la femme en frissonnant.

Spillane avait ramassé le feutre piétiné.

— K. T., dit-il en regardant les initiales perforées sur la bande de cuir. Et il ajouta sombrement : Alors, je crois savoir qui c'est.

— Sans raison, sans raison aucune, répétait le petit homme. Le sergent O'Kiff ne savait même pas qu'il était là. Moi aussi, je l'ignorais. Et toi, M'man ?

— Je l'avais oublié.

Spillane regarda la cabine au plancher jonché d'éclats de verre. Puis il demanda aux deux commerçants le signalement de l'homme.

— Oui, c'est bien lui, fit-il en se dirigeant vers la porte.

Dehors, ceux qui n'avaient pu trouver place à l'intérieur se pressaient contre la vitrine, tels des poissons dans un aquarium et d'un air aussi absent. Ils ne comprirent pas ce que voulait dire Spillane quand il marmotta en passant près d'eux :

— Maintenant, c'est trop tard... Il n'y a plus qu'une solution...

***

En l'occurrence, pour réveiller sa mémoire, le moyen était tout simple et il suffisait d'y penser. A l'entrée d'un snack-bar ouvert toute la nuit et quasiment désert, un annuaire téléphonique était enchaîné au mur. Dans le recoin formé par la cabine, tournant le dos au barman qui, d'ailleurs, somnolait en se désintéressant totalement de lui, Turner suivit d'un doigt fébrile la liste des hôtels. Enfin, son ongle souligna l'un d'eux : *Continental*.

Et maintenant, il était devant le *Continental*...

Elle descendit de voiture dans un manteau de soie pêche, belle à désarmer la Mort elle-même. L'homme qui l'aimait lui tenait la main, et elle se trouvait sous la marquise éclairée de son hôtel. Comment aurait-il pu lui arriver quelque chose à cet endroit ?

— Bonne nuit et merci, Matt. J'ai passé une délicieuse soirée.

— Vous ne voulez pas me laisser vous accompagner un instant ? Seulement jusqu'à la porte de votre chambre ?

Elle sourit en secouant gentiment la tête :

— Non, il est tard et je suis fatiguée. Mais appelez-moi demain matin, de votre bureau.

— A tout le moins, laissez-moi vous mettre dans l'ascenseur.

Cette fois, elle éclata de rire :

— Oh ! inutile d'être aussi cérémonieux, Matt ! Courez vite vous coucher pour avoir le temps de dormir un peu. On ne va pas me kidnapper entre ici et l'ascenseur !

— Est-ce que je pourrai vous téléphoner dans dix minutes, un quart d'heure ! Juste pour vous dire bonsoir... Ici, au milieu de la rue, je ne puis le faire comme je le désire...

Mais il empêchait une autre voiture d'approcher du perron. Le conducteur avait déjà klaxonné à deux reprises et il dut s'éloigner sans l'avoir entendue acquiescer à sa dernière requête ou la repousser.

Elle agita la main et se tourna vers l'hôtel. Sur la première marche du perron, elle fit tomber son gant et dut se baisser un instant pour le ramasser. Sans cela, peut-être...

Ce fut alors que le murmure lui parvint :

— Eleanor ! Eleanor !

Elle tourna la tête, se demandant si elle avait vraiment entendu quelque chose et, au-delà des arbustes en pots qui encadraient l'entrée, il lui sembla distinguer une silhouette.

Elle hésita, s'aventura au-delà du rayonnement de la marquise, cherchant à percer du regard l'obscurité environnante. Alors, le murmure lui parvint plus distinctement :

— Eleanor... Approche-toi... J'ai besoin de te parler.

Elle vit la pâleur d'un visage qui semblait plaqué contre le mur obscur.

Quand elle fit un pas dans sa direction, l'ombre tomba comme un voile gris sur son manteau pêche.

— King ! s'exclama-t-elle alors avec étonnement.

— J'ai besoin de te voir, de te voir tout de suite. J'ai voulu te téléphoner, mais ils m'ont dit...

— Je suis toujours heureuse de te revoir, King. Monte donc un instant.

— J'ai peur d'entrer là avec toi. Quelqu'un pourrait me repérer et...

Se rendant compte maintenant qu'il était décoiffé, avec les vêtements plus ou moins en désordre, elle se méprit :

— Tu as encore bu, lui reprocha-t-elle gentiment. Pauvre King... Ça ne fait rien... Viens et je tâcherai de te redonner meilleure apparence.

— Mais je ne peux pas entrer dans l'hôtel par le hall ! Je ne veux pas qu'ils me voient...

— Au coin de la rue, là, à gauche, il y a un *drugstore* qui reste ouvert toute la nuit. Par la porte qui est au fond, on peut accéder directement à l'hôtel, sans avoir besoin de traverser le hall. Nous allons emprunter ce chemin.

Avant même qu'ils eussent atteint le *drugstore*, la peur reprit possession de Turner. Pouvait-il se fier à Eleanor ? Devait-il courir le risque de la suivre ? Une fois qu'il serait là-haut, toute possibilité de fuite lui serait peut-être ôtée... Puis une pensée vint le rassurer : elle ne savait pas encore ce qu'il avait fait, elle ne savait même pas qu'il était recherché par la police. Alors elle n'avait aucune raison de le dénoncer.

Comme le *snack-bar* où il avait consulté l'annuaire, le *drugstore* se trouvait être désert, le préposé étant occupé à exécuter une ordonnance dans l'arrière-boutique, et ils passèrent inaperçus. Par le couloir communiquant avec l'hôtel, ils atteignirent un ascenseur sans avoir rencontré personne.

— Troisième, Harry, dit-elle au liftier.

— Oui, Miss Philips, répondit respectueusement le jeune garçon.

Bien qu'il eût vu l'homme entrer dans la cabine après elle, il demeura impassible et garda son regard fixé droit devant lui. Moyennant quoi, il conserva la vie car, dans la poche du veston, la main de Turner était prête à l'action.

Lorsqu'ils furent arrivés à destination, Eleanor sortit une clef de son sac, ouvrit une porte, donna de la lumière, puis se retourna en disant :

— Alors, King, qu'y a-t-il donc de si... ?

— Vite, l'interrompit-il, entre et ferme la porte.

Elle obéit. Lui avait déjà atteint la première des portes intérieures, qui était celle d'un placard. L'autre donnait accès à la salle de bains.

En revenant vers Eleanor, il se vit dans un miroir et croyant avoir affaire à un tiers, il faillit tirer.

— Tu es seule ici ? questionna-t-il. Tu en es sûre ?

— Allons, King, fit-elle avec douceur, assieds-toi. Tu me parais hypertendu et je n'aime pas ça. Qu'as-tu donc ?

— Eleanor, si je te dis quelque chose, puis-je compter sur toi ?

Elle eut un sourire de reproche :

— T'ai-je jamais laissé tomber ?

— Non, mais, cette fois, c'est différent. Quand je t'aurai parlé, je serai à ta merci.

— Si tu me crois capable de profiter de toi, répondit-elle avec une charmante tranquillité, alors il vaut peut-être mieux ne rien me dire.

— Mais il faut que je me confie à quelqu'un. Ça m'étouffe !

Il tira sur les revers de son veston, pour l'ouvrir, et un bouton sauta.

— Et j'ai besoin d'aide... Je ne peux pas continuer comme ça...

— Alors, dis-moi de quoi il s'agit. Tu dois savoir que tu peux compter sur moi.

Qu'il eût imité une signature sur un chèque, qu'il se fût enfui, après avoir renversé quelqu'un avec sa voiture, n'importe quoi qu'il eût fait, elle était prête à l'absoudre.

Il se laissa alors tomber dans un fauteuil, ses mains reposant sur ses genoux, comme mortes.

— Eleanor, à l'endroit d'où je viens, j'ai tué une fille.

Il vit que cette déclaration ébranlait sa sérénité. Elle n'avait pas été aussi loin dans ses suppositions.

— Tu en es sûr ?

Elle demandait cela simplement pour gagner du temps, pour avoir la possibilité de recouvrer son sang-froid, mais sa voix demeura inchangée, trembla juste un peu sur le dernier mot. Elle se doutait bien qu'il en était sûr, sans quoi il ne serait pas venu la trouver ainsi.

— Je les ai vus la ramasser. Je les ai entendus dire qu'elle ne respirait plus. Et je tenais le couteau dans ma main, tout rouge...

Maintenant, il était un de ces hommes dont parlent les journaux, mais dont on n'imagine pas qu'ils puissent jamais se trouver dans la même pièce que vous. Néanmoins, elle essaya encore de lui venir en aide :

— C'est terrible... Le mieux est que tu ailles trouver la police et leur dire...

— Mais tu ne comprends pas ! Après ça, j'en ai tué un autre... un policeman... dans une confiserie. Il est entré et... Celui-là, je l'ai abattu délibérément.

Elle fit un pas en arrière, puis un autre. Le manteau de soie glissa sur la moquette. Sa voix était devenue toute frêle et c'était à peine s'il l'entendait :

— Qu'as-tu donc ? Qu'est-ce qui te pousse à... à ça ? Ce n'est pas l'alcool...

— Marihuana.

Elle cessa de le regarder, abaissant ses yeux vers le sol et il vit distinctement un frisson courir sur ses épaules nues.

Alors, l'étincelle d'un soupçon jaillit dans son cerveau, une étincelle qu'il devint impossible d'éteindre. Tout ce qu'elle fit à partir de cet instant ne contribua qu'à l'aviver.

— Qui était cet homme dans la voiture, devant l'hôtel ?

— Un ami.

— Il va revenir ? Revenir ici ?

— Non, non !

Cette fois, elle ne put empêcher sa voix de trembler, mais elle parvint à conserver une apparence de calme. L'habitude de la tranquillité et de la sécurité lui était si naturelle qu'elle subsistait encore.

— Tu ne veux pas t'étendre un peu, King ? Ça t'aiderait à... à te calmer...

Il regarda le lit avec envie, comme à bout de force. Il sembla même incliner le buste dans sa direction, mais sans quitter la chaise, sans bouger les pieds.

Puis il se redressa et regarda Eleanor tandis que l'étincelle du soupçon brillait d'un plus vif éclat dans son cerveau.

Eleanor reculait lentement, sans lui tourner le dos, comme le fait une personne en proie à une folle terreur mais qui voudrait ne pas courroucer davantage son interlocuteur.

Il pointa le pouce vers la salle de bains :

— Je peux y aller un instant ?

— Mais oui, bien sûr !

Il referma la porte-miroir derrière lui. Et aussitôt, il la rouvrit :

— Qu'est-ce que tu fais ? Qu'est-ce que tu voulais prendre ? Je t'ai vue tendre la main...

Ses yeux étaient semblables à deux gouttes d'épouvante, mais elle parvint à se dominer :

— Je voulais seulement une cigarette... Dans ce coffret... Tu vois ?

— Mais tu t'es rapprochée de la porte du couloir, déclara-t-il en revenant dans la chambre.

Elle essaya de sourire pour que l'atmosphère redevînt plus normale :

— Là... je m'assieds loin de la porte... et je te promets de ne plus bouger.

Lui reprit place sur la chaise qui était proche de la porte. Il ne quittait pas la jeune femme du regard. Elle lui faisait face, ne conservant son calme qu'au prix d'un terrible effort, le visage blêmi par la tension. Les minutes semblaient exploser autour d'eux et, soudain, elle s'effondra, portant les mains à ses yeux et implorant :

— King, je t'en supplie ! Tu me tortures, mes nerfs sont à bout ! Tu n'as plus rien d'humain... C'est cette horrible drogue qui...

Ses yeux s'étrécirent :

— Tu as peur de moi ! lui lança-t-il d'un ton accusateur. Et si tu as peur de moi, ce doit être parce que...

— Parce que tu t'emploies à me faire peur ! C'est ton comportement qui m'effraie !

Elle nouait et dénouait ses mains, désespérément :

— Etends-toi un peu, ferme tes yeux une minute... Donne-moi la possibilité de reprendre mon sang-froid. Je viens d'éprouver un choc et je ne sais plus où j'en suis... Mais, dans cinq minutes, nous serons plus à l'aise, moins sur nos nerfs...

— Dans cinq minutes, tu pourrais être en bas, dans le hall...

Il s'interrompit net, battit des paupières d'un air hébété :

— De quoi parlions-nous à l'instant ?

Elle griffa ses lèvres pour s'empêcher de crier, mais, se ressaisissant aussitôt, elle parvint à lui sourire de nouveau :

— Pour ton bien comme pour le mien, King, je t'en supplie, écoute-moi... Etends-toi un peu... Je ne bougerai pas. Je resterai assise à côté de toi. Tu pourras me tenir les mains si tu veux...

Elle semblait être sur le point de le convaincre. Il regarda le lit avec envie. Elle le sentait prêt à céder, à se détendre, ne fût-ce que pour un instant. Et, une fois qu'il aurait fermé les yeux...

Soudain, dans le silence mortel qui pesait sur la pièce, la sonnerie du téléphone retentit, stridente. Eleanor eut un sursaut et lui fut aussitôt sur ses pieds, la main droite plaquée contre sa hanche, hésitant entre la femme et le téléphone.

— Qui est-ce ?

— Je l'ignore. Pour le savoir, il faudrait que je réponde ?

— *N'y touche pas ou je... !*

Par inadvertance, tout en parlant, elle avait esquissé un geste vers le téléphone, et elle retira vivement sa main, comme sous l'effet d'une brûlure. Elle frissonna, croisa ses bras sur sa poitrine, étreignant ses épaules. Dire que le secours était là... si proche et, en même temps, si loin.

Leurs regards à tous deux étaient fixés sur l'appareil. Si seulement elle pouvait le faire tomber de...

— *Ton coude !* Je l'ai vu bouger !

— Mais c'est peut-être Matt, l'homme qui m'a raccompagnée. Il sait que je suis ici. Si je ne réponds pas, il va se demander ce qui se passe... Laisse-moi décrocher... Je lui dirai simplement que je suis au lit, qu'il m'a réveillée et que je veux dormir...

L'insistance de la sonnerie, pour aussi irritante qu'elle fût, venait à son aide.

— Bon, fit-il. Réponds... Débarrasse-toi de lui. Mais il avait maintenant sorti son revolver et en appuyait le canon sur la gorge d'Eleanor, juste au-dessous du menton.

La main de la jeune femme rampa vers le récepteur, avec précaution, craignant de déclencher quelque calamité si elle montrait trop d'empressement à répondre.

La sonnerie s'interrompit. Le silence suivit, persista, ne finit plus. La communication avait été coupée.

D'un mouvement de l'arme, il repoussa le bras inutilement tendu.

La tête d'Eleanor roula sur sa poitrine mais, de sa main libre, il la releva. Il vit les larmes sourdre des yeux.

— Pourquoi pleures-tu ? demanda-t-il méchamment. Tu avais rudement envie de lui parler, hein ?

Elle ne répondit pas. On ne discute point avec un cobra, un chien enragé, ou une bombe à retardement. C'est impossible.

Il n'y avait dans la chambre que le silence, un silence chargé d'attente, et eux trois.

Car ils n'étaient plus seuls dans la chambre maintenant. La Mort s'y trouvait avec eux.

*
**

Avec le passe qu'il s'était fait remettre, Spillane ouvrit prudemment la porte, de la main gauche. Sa droite étreignait un revolver et il avait soin de se tenir de côté. Du bout du pied, il fit pivoter complètement le battant et braqua son arme vers l'intérieur de la pièce.

Ténèbres et silence.

Il s'y engouffra.

Après un instant, il y eut le déclic d'un commutateur et la pièce s'éclaira. Alors, Spillane passa de nouveau la tête dans le couloir et, comme prévenu par transmission de pensée, un de ses auxiliaires apparut au tournant du palier.

— Il n'est pas là, chuchota Spillane tandis que l'autre accourait. Il n'a pas dû y revenir depuis qu'il a fait son coup.

Ils entrèrent dans le studio et refermèrent la porte.

La photographie d'Eleanor était toujours où Turner l'avait posée.

— Choisissez votre planque tant que c'est allumé, recommanda Spillane. J'éteindrai dès que j'aurai essayé de la joindre de nouveau, car il peut surgir d'un instant à l'autre.

S'approchant du téléphone de Turner, il composa un numéro et une voix annonça dans le récepteur :

— Hôtel Continental... bonsoir ?

Sans autre préambule, Spillane demanda :

— Est-elle rentrée ?

La réponse fut immédiate, comme si c'était seulement là le dernier d'une longue série d'appels répétés à brefs intervalles.

— Je ne le pense pas, sans quoi je l'aurais vue. Mais je vais la sonner quand même...

Il y eut un instant d'attente, puis la voix ajouta :

— Non, Miss Philips n'est toujours pas de retour. Sa chambre ne répond pas.

— Si elle revient, retenez-la près de vous, comme je vous ai dit.

Spillane raccrocha et considéra la photographie d'un air sombre. Puis il dit :

— Mieux vaut que j'aille moi-même là-bas... et tout de suite. Il faut qu'elle soit prévenue dès qu'elle rentrera.

Bien que la pièce fût toujours éclairée, l'autre homme était devenu invisible. Derrière le dossier d'un gros fauteuil, une voix sourde déclara :

— Je suis installé. Vous pouvez éteindre.

Le déclic du commutateur retentit pour la seconde fois et les ténèbres s'abattirent de nouveau sur la pièce.

— Il est susceptible de revenir ici... s'il retrouve son chemin. Dans ce cas, n'hésitez surtout pas : ce type-là, c'est de la dynamite !

— Okay, répondit sèchement la voix derrière le fauteuil.

La porte du couloir s'ouvrit, se referma. Ténèbres et silence.

*
**

Elle ne ressemblait plus maintenant qu'à une poupée de chiffon, un épouvantail en robe du soir, cette splendide créature qui était descendue de voiture devant l'hôtel, quelques minutes plus tôt. Mais la volonté de vivre subsistait en elle, la faisant chercher désespérément de nouvelles planches de salut par tous les moyens, et la maintenait debout alors qu'elle était prête à s'effondrer aux pieds de son tortionnaire.

— ... ils les servent aussi sur du pain grillé, avec

de la mayonnaise. Je m'en fais souvent monter un le soir et...

— Oui, oui, acquiesça-t-il avidement. J'ai faim ! Il y a je ne sais combien de jours que je n'ai rien mangé... depuis mardi soir, depuis que je suis allé à cette... Mais comment puis-je être assuré que tu n'en profiteras pas pour me trahir ?

— Tu entendras ce que je dirai, puisque tu es à côté de moi. Je passerai juste la commande. Je ne prononcerai pas une parole de plus.

— Mais quand il montera ?

— Je lui dirai de poser l'assiette devant la porte. Je ne le laisserai pas entrer.

Outre qu'elle lui faisait perdre la notion du temps, la drogue provoquait en lui un faux appétit, insatiable. Aussi ne put-il résister au tableau tentateur qu'Eleanor avait esquissé. L'eau lui en venait à la bouche.

— Vas-y, passe la commande, dit-il en se rapprochant encore davantage.

Deux doigts de sa main libre planaient maintenant au-dessus du téléphone, prêts à couper la communication.

— Mais n'appuie pas ton revolver contre ma joue, demanda-t-elle humblement. Ça m'empêche de parler normalement.

Il écarta son arme de deux ou trois centimètres.

Elle avait enfin le récepteur dans sa main, l'appuyait contre son oreille, morte en sursis qui commandait des sandwiches. Elle déglutit à deux reprises, pour lubrifier sa gorge contractée. Elle n'allait pas se livrer à une tentative désespérée... non, sa volonté de vivre était trop forte pour cela...

— Le restaurant, je vous prie.

Elle sentait sur son front, pareil à un jet de vapeur, le souffle de celui qui avait été son mari.

Après une attente qui lui parut éternelle, une voix s'enquit de la commande et elle dit :

— Faites-moi monter deux Continental, sur toast et avec de la mayonnaise...

Quelque chose d'humide tomba sur son front.

— ... ainsi que du café dans une Thermos. Au 815...

Et elle ajouta, tranquillement :

— Préparez-le comme l'autre soir... Je n'arrive pas à dormir.

A l'autre bout du fil, la voix comprit :

— Oh ! vous voulez que je vous mette du truc pour dormir, comme l'autre soir, Miss Philips ?

— Oui, c'est ça, beaucoup... beaucoup de mayonnaise, ajouta-t-elle quand la communication eut été coupée. Alors, elle reposa le récepteur sur son support, comme si son poids lui brisait le bras.

— Pourquoi as-tu demandé de le préparer comme l'autre soir ? s'enquit-il, soupçonneux.

— Pour qu'ils ne le sucrent pas trop. J'ai horreur du café trop sucré.

— Comment puis-je savoir à qui tu parlais vraiment ?

— Mais tu m'as entendue demander le restaurant !

— Dans combien de temps vont-ils monter çà ?

— Oh ! cinq minutes, répondit-elle imprudemment.

— Ah ? Eh bien, nous allons voir. Si dans cinq minutes les sandwiches ne sont pas là, je saurais que tu m'as joué un tour à ta façon, que tu m'as dénoncé...

Le visage d'Eleanor devint d'une pâleur cendreuse tandis que ses yeux s'agrandissaient d'horreur :

— King ! Tu ne peux pas... tu ne peux pas faire ça ! Cette drogue a faussé ta notion du temps... Tu crois que mardi soir, c'était il y a plusieurs jours, alors que c'est encore maintenant mardi soir ! Tu ne pourras pas te rendre compte de...

Un méchant sourire tordit sa bouche :

— Tu parais bien effrayée, Eleanor. Si tu as simplement téléphoné pour qu'on nous monte des sandwiches, pourquoi es-tu si pâle ?

— Laisse-moi les rappeler, leur dire de se dépêcher...

D'un bond, il fut sur elle :

— Je te défends de toucher de nouveau cet appareil ! J'ai déjà été bien assez fou de te laisser téléphoner une fois !

Il tira sur le fil et l'arracha du mur.

D'un geste égaré, elle passa une main dans ses cheveux et une mèche glissa en avant, ombrant sa joue :

— Alors, je t'en supplie, regarde la pendule qui est là ! Vois : il est quatre heures vingt-cinq... Quatre heures *vingt-cinq,* King...

Il jeta un coup d'œil à la pendule, mais son visage demeura le même.

— Laisse-moi fumer une cigarette, pour l'amour du ciel, haleta-t-elle. Donne-m'en une, puisque je n'ai pas le droit d'aller si près de la porte.

Il lui en lança une. Il s'était mis à arpenter la moquette devant la porte du couloir : trois pas dans un sens, trois pas dans l'autre. Fréquemment, il s'immobilisait et, la tête penchée, prêtait alors l'oreille. Silence au-dehors et silence dans la pièce, à l'exception du bruit que faisaient la respiration d'Eleanor et la marche feutrée de son compagnon.

Il tenait toujours le revolver à la main et, brusquement, par-dessus le canon, son regard se posa, accusateur, sur la jeune femme :

— Ils mettent bien longtemps...

Comme soudain trop pesante, la cigarette échappa aux doigts d'Eleanor :

— Mais, King, gémit-elle, comprends donc que le percolateur peut être détraqué... que le garçon a pu se tromper d'étage... Tu ne saurais me rendre responsable de...

— Tu n'as pas téléphoné au restaurant !

Cessant d'aller et venir, il marcha vers Eleanor qui recula contre le mur, s'y appuyant comme si elle espérait pouvoir le renverser, passer à travers.

— Tu m'as dénoncé aux flics, et ils sont probablement en train d'accourir ici pour...

— Mais tu m'as entendue !

— Je n'arrive plus à me rappeler ce que j'ai entendu. Je ne peux pas ordonner mes pensées... Tu t'en rends compte et tu essayes d'en profiter pour... Je sais comment ils s'y prennent pour arrêter un type. Ils cernent d'abord son refuge... C'est pourquoi il leur faut si longtemps. Cela fait déjà plus d'une demi-heure que tu as téléphoné !

Désespérée, elle fit rouler sa tête contre le mur :

— Non, King, non ! A peine un peu plus de trois minutes ! Regarde la pendule !

Elle tendait la main vers le cadran témoin mais, cette fois, il ne voulut pas tourner la tête :

— Tu as reculé l'aiguille. Cela fait longtemps que tu as téléphoné. Je n'ai pas besoin de pendule... Je le *sens* !

Il ne lui restait plus qu'une tentative à faire, un ultime recours. Après cela, elle n'aurait plus aucun moyen de se défendre.

— Notre chanson ! Attends ! Je l'ai ici...

Elle s'était précipitée vers le pick-up, compulsant fébrilement les disques, laissant tomber ceux qui n'étaient point ce qu'elle cherchait. Enfin, elle le trouva, le posa sur le plateau et mit l'appareil en marche. Alors, seulement, elle se retourna vers lui, déjà plus morte que vivante. Il avait tout tué en elle, sauf son corps. De toute façon, la vie ne valait pas qu'on la paye un tel prix.

La musique s'éleva derrière elle, semblant sourdre de la pièce même.

— King ! Te rappelles-tu le premier Noël que nous avons passé ensemble ? La petite maison de New Rochelle... avec l'arbre tout enguirlandé... *Ne t'approche pas !* La pendule ! Ça ne fait que six minutes ! Il va venir d'un...

— Pourquoi m'as-tu trahi ? Tout ce que je voulais, c'était pouvoir rester dans ta chambre, jusqu'à ce que les recherches se soient ralenties... Pourquoi a-t-il fallu que tu leur téléphones, que tu leur dises où j'étais ?

— Non, non, ne me vise pas comme ça ! Attention à ton doigt ! King !... Je devais me remarier le mois prochain... Je ne pensais plus qu'à être heureuse... jusqu'à tout à l'heure... King ! Aie pitié...

— Maintenant, je suis sûr que tu m'as dénoncé.

Cela fit un bruit de tonnerre et la pièce parut soudain plus petite, plus basse de plafond. Eleanor tomba par terre en disant deux choses : « La pendule ! » et un nom qu'il ne connaissait pas : « Matt... » puis elle mourut.

Quand tu seras parti
Parti pour toujou-ou-ours !

Le disque s'arrêta sur cette ultime note, tenue par la chanteuse, tandis que se dissipait la fumée.

On frappa à la porte au moment précis où la grande aiguille marquait cinq heures moins vingt-cinq, dix minutes exactement après qu'Eleanor eut téléphoné au restaurant. Le temps d'une vie... Le temps de mourir.

Il pivota face à la porte, l'arme prête à l'action. Il ne chercha point à pousser le verrou. Qu'ils entrent !

Le bouton de porcelaine tourna et la porte s'ouvrit lentement. Tout d'abord apparut seul, comme suspendu en l'air, un plateau d'argent recouvert d'une serviette. Puis une voix s'éleva, avec une joyeuse inconscience :

— Et voilà ! Service rapide ! Tout à domicile !

Le visage du garçon surgit enfin du couloir, éclairé d'un large sourire.

Il n'avait pas entendu la détonation. Il devait être encore dans l'ascenseur quand le coup de feu avait été tiré. Son regard, allant au-delà de Turner et du revolver, la vit jonchant le tapis, comme une fleur coupée. Alors son visage blêmit, le plateau s'inclina, fit une cabriole, et s'écrasa par terre.

Ce qui suivit fut très rapide, pendant que, dans les autres chambres, les gens, dressés sur leurs lits, prêtaient l'oreille, ou s'affairaient à enfiler un peignoir de bain, ou actionnaient leur téléphone d'un doigt fébrile : « Il me semble avoir entendu un coup de feu… »

— Entre là ! Vite ! commanda Turner.

Il enferma dans la salle de bains le domestique à demi mort de peur, repoussa le plateau avec son pied, puis sortit en tirant la porte derrière soi. Alors, il piqua un sprint jusqu'au bout du couloir, vira sur le palier et freina son élan devant les ascenseurs jumeaux.

Au-dessus de chacune des portes il y avait un cadran indiquant la position de la cabine. Par une incroyable synchronisation qui ne se reproduirait peut-être pas une seconde fois en dix ans, les deux ascenseurs se trouvaient l'un à l'étage du dessous, l'autre, à l'étage du dessus. Ce dernier — de toute évidence celui qui avait amené le garçon avec son plateau — était en train de redescendre, tandis que l'autre montait.

Turner se plaça vivement devant l'ascenseur dont la cabine descendait vers lui. Les brumes de la marihuana se disssipaient un peu dans son cerveau et peut-être avait-il conscience qu'un ascenseur qui descendait continuerait à descendre, tandis que l'autre continuerait vraisemblablement à monter, le coinçant dans les étages supérieurs.

Le pas qu'il fit pour changer de place représentait huit à dix mois d'existence et toute la différence qui existe entre une mort violente et celle que procure la chaise électrique.

Les deux cabines atteignirent simultanément l'étage. Les deux portes s'ouvrirent à l'unisson vers la droite. Et Turner entra dans une des cabines alors que Spillane sortait de l'autre, comme s'ils avaient été les deux personnages d'un baromètre suisse.

Les portes se refermèrent avant qu'ils aient eu le loisir de s'apercevoir distinctement, cependant que Turner collait le canon de son arme dans le dos du liftier, juste à l'endroit où finissait le spencer de son uniforme.

— Directement au sous-sol !

Parvenu au terminus, Turner assomma le liftier avec la crosse de son arme, et sortit de la cabine.

***

Vingt minutes plus tard, après une randonnée en taxi qui tenait du cauchemar, Turner se retrouva devant la porte de son appartement. Cette vue lui rappela la dernière fois qu'elle s'était refermée derrière lui — des semaines auparavant ! — et il se souvint que sa clef était restée à l'intérieur. Pour pouvoir entrer, il lui fallait le concours du gardien de nuit, près de qui il venait de passer en prenant grand soin de ne pas le réveiller.

Maintenant, les effets de la marihuana étaient complètement dissipés. Mais c'était trop tard. Il avait tué l'être qu'il aimait le plus au monde.

S'il continuait à fuir, c'est parce que l'instinct de la conservation reste jusqu'à la fin le plus fort. Il voulait rentrer dans son studio, y prendre de l'argent, une valise, et tâcher d'attraper un train ou un car. Mais ce n'était plus chez lui qu'un réflexe, c'était la seule force de son élan qui le faisait poursuivre cette fuite, tout comme le poulet qui continue d'avancer après qu'on lui a sectionné la tête. Au cours de cette nuit, son cœur était mort.

Non, il n'aurait pas besoin du veilleur de nuit !

Comme son studio était situé à l'un des étages supérieurs, il ne fermait jamais ses fenêtres. Or, au-dessous de celles-ci, sur la façade, existait une corniche formant rebord.

Turner suivit le couloir jusqu'au renfoncement où se trouvait une fenêtre. Il ouvrit cette dernière et enjamba l'appui. Ayant pris pied sur la corniche, il se tourna face au mur. Puis il se mit à progresser de côté, poussant un pied après l'autre, les mains adhérant à la pierre comme des ventouses.

A l'est, le ciel commençait à pâlir mais, quinze étages plus bas, les rues étaient encore plongées dans les ténèbres.

Il atteignit d'abord la fenêtre de sa salle de bains, plus haute que les autres et trop petite pour qu'il pût entrer par là. Il la dépassa, après s'être ménagé un instant de répit, grâce à la prise plus ferme que lui permettait l'appui.

La fenêtre de son studio se rapprocha de lui, centimètre par centimètre, jusqu'à ce qu'il pût enfin en agripper le rebord et regarder à l'intérieur de la pièce. Il y faisait plus sombre encore qu'à l'extérieur, mais ses yeux habitués à l'obscurité distinguèrent soudain une pâleur ovale qui bougeait. Il identifia aussitôt un visage. Un homme, qui se dissimulait à la vue de la porte derrière le dossier d'un fauteuil, venait de le repérer et levait son revolver.

Ne se retenant plus que d'une main, Turner fut plus prompt et tira à travers la vitre.

Il lui sembla recevoir un jet de sable sur le front et une douleur intolérable vrilla son orbite. Il y plaqua sa main, en un geste instinctif qui fit disparaître son revolver dans le vide.

Manqué !

Avec un seul œil, à travers l'aveuglante fumée, il vit que l'homme, toujours debout, marchait vers la fenêtre, en braquant son arme sur lui et disant :

— Ne bougez pas ! Restez où vous êtes !

Turner savait que l'homme ne tirerait pas, mais, de toute façon, ça lui était indifférent. Il se mit donc à faire en sens inverse le chemin qu'il venait de parcourir. Il était hors d'atteinte quand l'homme se pencha sur la barre d'appui en essayant de l'intimider avec son revolver :

— Revenez ou je tire !

— Non, venez me chercher ! railla Turner en continuant de reculer.

Il avait de nouveau dépassé la fenêtre de la salle de bains quand le policier atteignit celle-ci et se rendit compte que, de toute façon, elle était trop étroite pour lui permettre d'agir efficacement.

Mais la distance était plus grande entre la fenêtre de la salle de bains et celle du couloir...

Turner entendit le miaulement des sirènes, et des appels montèrent vaguement vers lui. Bien qu'il se gardât de regarder en bas, il se représentait les toits blancs de deux ou trois voitures de patrouille, semblables à des barques retournées.

Une tête surgit de la fenêtre du couloir, tournée de son côté. Il ne pouvait pas le savoir, mais c'était celle de Spillane. Ce fut la première fois qu'ils se regardèrent bien que, durant toute la nuit, l'un eût donné la chasse à l'autre.

Spillane essaya aussi de l'intimider avec son revolver, mais Turner n'y prêta même pas attention. Il était sûr qu'ils ne tireraient point sur lui tant qu'il serait dans cette position, surtout maintenant qu'il était désarmé. S'il avait été encore en train de fuir par les rues, c'eût été différent...

Turner regarda de l'autre côté. Le premier policier était maintenant revenu à la fenêtre du studio. Se trouvant ainsi coupé de toute issue, il s'immobilisa, à égale distance de ses poursuivants.

Ils le tenaient, oui, mais s'ils voulaient l'avoir, ils devraient venir le chercher, et Turner entraînerait avec lui quiconque l'approcherait car, maintenant qu'Eleanor était morte, il haïssait le monde entier.

Plaqué contre le mur, conscient du bourdonnement de la foule qui s'était assemblée en bas, indifférent aux menaces comme aux promesses, il attendait la fin.

Pendant quelques instants, il n'y eut plus personne à la fenêtre du couloir, puis Spillane y reparut. Mais, cette fois, ce ne fut pas seulement son visage : son genoux, sa cuisse, tout son corps enfin, suivirent. Ainsi donc, il s'était décidé à venir le chercher. Ayant manqué son coup, il voulait compenser cela en jouant au héros.

— Si vous venez ici, vous mourrez, l'avertit Turner avec une tranquille dureté.

Spillane se trouvait maintenant sur la corniche, plaqué comme lui contre le mur. Turner ne chercha point à reculer, car c'eût été se rapprocher de la fenêtre du studio, où d'autres le guettaient. Puisqu'il fallait en finir tôt ou tard, autant valait que ce fût maintenant.

Il ne se donna même pas la peine de répondre au détective qui essayait de le convaincre :

— Voyez, Turner, je n'ai pas de revolver... Venez à l'intérieur avec moi et nous parlerons... Ecoutez, je vais même vous faire une proposition...

Il se décida seulement à parler lorsque l'autre eut franchi la moitié de la distance qui les séparait :

— Attention ! C'est votre dernière chance... Si vous tenez à la vie, rebroussez chemin. Dans un instant, ce sera trop tard !

Il se rendait compte que le visage de l'autre était d'une extrême pâleur. Néanmoins, il n'y eut pas d'hésitation et la distance entre eux continua lentement de diminuer.

Maintenant, ils étaient à moins d'un mètre l'un de l'autre.

— Vous l'aurez voulu, dit Turner entre ses dents.

Lâchant le mur, il se jeta vers le policier, ses deux bras formant crochets et, quand la pesanteur lui fit perdre l'équilibre, il entraîna l'autre dans sa chute.

L'un d'eux — Turner sans doute — poussa un cri qui s'effila dans le vide, tandis qu'une clameur horrifiée montait de la rue.

La corde que Spillane avait nouée autour de sa taille arriva au bout de sa course, à la hauteur du sixième étage, stoppant brusquement la chute des deux corps.

Turner avait lâché Spillane, mais celui-ci le tenait par le col de son veston.

Dans le silence terrifié, les regards levés vers eux virent les deux pans du veston se séparer à mesure que les boutons cédaient sous la tension. Puis les bras levés de Turner se mirent à glisser hors des manches avec une horrible lenteur. Spillane se tordit désespérément, essayant de le ressaisir à brasle-corps, mais ils se séparèrent soudain et Spillane n'eut plus qu'un veston entre les mains.

Le filet qu'ils avaient tendu dans la rue aurait encore pu sauver Turner, mais son corps n'alla pas jusque-là. Il se brisa sur une avancée du second étage, où il demeura accroché, ses jambes inertes pendant au-dessus de la rue.

Quand Spillane se trouva de nouveau à l'intérieur de l'immeuble, il eut un hochement de tête et un geste expressif des deux bras.

— Allons ! lui dirent les autres, essayant de le réconforter. Vous avez été jusqu'à l'extrême limite du possible... Personne n'aurait pu mieux faire.

Mais il secoua de nouveau la tête :

— Si seulement je l'avais rejoint plus tôt, avant qu'il tue ce sergent dans la confiserie... Après, c'était trop tard. Mais, au commencement, je n'étais à sa recherche que pour lui dire...

*
**

L'autre fille était assaillie de pressentiments. Elle essaya de se joindre à l'hilarité de Vinnie quand celle-ci acheva son récit, mais ne put y parvenir.

Finalement, elle demanda :

— Qu'est-ce que cela avait donc de tellement amusant ?

Vinnie riait au point qu'elle avait peine à parler :

— Si tu avais vu sa tête, pouffa-t-elle, quand je me suis effondrée sur le parquet en serrant contre moi cette tartine couverte de ketchup !

Elle s'étrangla de rire, avant de poursuivre :

— Et avec quelles précautions les deux autres m'ont étendue sur le divan ! Je parie qu'il court encore, tellement ça lui a donné un coup ! Faut que je téléphone aux copains pour savoir s'ils l'ont revu ou s'ils ont eu de ses nouvelles... Non, je te jure, rien que sa tête, ça valait le prix de l'entrée ! Quand je te dis qu'avec moi, on n'a jamais le temps de s'ennuyer !

Poliment, l'autre essaya de rire un peu, mais le cœur n'y était pas :

— Tout de même, c'était un sale tour à jouer à quelqu'un...

— Pourquoi ? fit Vinnie en haussant les épaules. Quel mal y avait-il ?

— Tiens, on frappe... Tu veux que j'aille voir qui c'est ?

Quand l'amie revint, elle dit à Vinnie :

— C'est un type qui désire te parler, mais il a un air qui ne me plaît pas...

Et, inconsciente prophétesse, elle précisa :

— On dirait un flic en civil qui viendrait pour te réclamer une facture.

Titre original : MARIHUANA
(Traduit par M.-B. Endrèbe)

L'HÉRITAGE

Le roadster gris poursuivait sa course sur la route qui s'enténébrait, donnant la chasse à la clarté de ses propres phares et n'arrivant jamais à la rattraper. Dans le ciel, les étoiles semblaient avancer aussi, avec lenteur, comme pour l'accompagner, tandis que la route fuyait en arrière, telle une courroie sans fin. De temps à autre surgissait sur le côté, quelque ferme avec une fenêtre éclairée qui s'éteignait bientôt au loin.

Depuis une demi-heure, l'homme qui était au volant n'avait pas prononcé une seule parole. La femme assise à côté de lui avait observé le même silence. Le tableau de bord éclairait leurs visages par en dessous, donnant à leur reflet dans le pare-brise une apparence spectrale.

Tous deux avaient le regard fixe des gens perdus dans leurs pensées.

La route amorça un large virage que la voiture suivit docilement. Alors la femme parla, brusquement, sans le moindre préliminaire, comme si le léger déplacement de son équilibre, causé par le virage, avait enfin réussi à déloger le silence qui obstruait sa gorge.

— Ainsi donc, c'est la raison pour laquelle nous avons entrepris ce voyage, dit-elle.

L'homme continua de regarder droit devant lui, les mains soudées au volant, tandis que la route s'engloutissait interminablement sous les roues avant de la voiture.

— C'est la raison, répondit-il laconiquement.

Quelques secondes de silence suivirent, puis la femme reprit :

— Pourquoi ne pas l'avoir dit avant que nous partions ?

— Qu'importe le moment, puisque maintenant tu sais.

— Oui, maintenant, je sais, convint-elle posément.

Ils continuaient à ne point se regarder.

— Et que vas-tu faire à présent ? questionna-t-elle enfin.

Il pinça un peu les lèvres avant de répondre :

— Continuer de rouler.

— Tu ne peux pas rouler indéfiniment.

Cette fois, il ne répondit rien. Elle avait parlé à voix si basse, qu'il ne l'avait peut-être point entendue.

— Ils vont te rechercher.

— Je n'attendrai pas qu'ils me rejoignent.

— Tu as démoli quelque chose que j'avais mis cinq ans à bâtir. Notre home, notre bonne réputation, nos amis, notre tranquillité... tu as jeté tout cela au vent dans un instant de folle...

— Tu n'es pas obligée de me suivre, l'interrompit-il impassiblement. Tu peux t'en retourner. Toi, tu n'as rien fait. Je te dépose dans la prochaine ville que nous traverserons et tu prends le train pour rentrer.

Elle se tourna alors vers lui et, pour la première fois, le regarda. Puis elle posa la main sur le bras de son compagnon, en un geste d'imploration :

— Pourquoi ne rentrerais-tu pas avec moi ?

— C'est trop tard. Ils découvriront tout demain matin, si ce n'est déjà fait.

— Eh bien, alors, nous affronterons les conséquences ensemble. Je suis ta femme, je resterai à ton côté...

Il eut un rire bref, amer :

— Tu sais ce que cela signifierait, oui ?

— N'importe quoi vaut mieux que de continuer à fuir jusqu'à la fin de nos jours. C'est un jeu auquel tu finiras forcément par perdre.

Il secoua légèrement la tête :

— Merci, non. Mon choix est arrêté. Comme j'ai fait mon lit, je suis prêt à m'y coucher. Mais, je te le répète, tu n'es pas obligée de le partager avec moi.

La voiture ralentit, pour s'arrêter finalement au bord de la route. L'homme montra du geste un panneau indicateur planté à quelques mètres d'eux et dit d'une voix glacée :

— Nous voici aux abords de la prochaine ville. Il vaut mieux que tu descendes ici et continues à pied, car je ne veux pas courir de risques inutiles en m'arrêtant au milieu des agglomérations. Si tu n'es pas de cœur avec moi, autant me laisser.

Elle continua de le regarder comme si elle éprouvait une infinie tristesse à son égard.

— Tout ce que je te demande, poursuivit-il, c'est de ne répéter à personne où je t'ai dit que j'allais.

— Tu n'as donc pas la moindre confiance en moi, Alvin ? murmura-t-elle d'un ton de reproche. D'abord, tu ne m'as rien dit avant que nous soyons en route. Et maintenant, tu penses que... que je vais parler !

Il ne répondit rien, mais plongeant la main à l'intérieur de son veston, il sortit son portefeuille d'où il extirpa plusieurs billets :

— Tiens, voici de quoi prendre le car ou le train pour rentrer.

Il regarda l'argent qu'elle n'avait fait aucun geste pour prendre et qui demeurait entre eux sur la banquette :

— Même ça, tu ne le veux pas ? Tu as des principes !

Elle étendit la main vers la poignée de la portière :

— Oui, j'ai grand-peur de n'être pas faite pour... le crime, rétorqua-t-elle.

***

Les lumières de la ville à l'entrée de laquelle ils s'étaient séparés, s'égaillaient derrière lui et la voiture continuait de rouler sur la route obscure, un peu plus vite maintenant, comme pour rattraper le temps perdu. Le monde était endormi.

Rien n'indiquait que l'homme souffrît de se retrouver seul. Si cette défection le rongeait, il n'en laissait rien paraître. Il n'y avait plus qu'un reflet spectral à présent sur le pare-brise, le sien. Impassible, il regardait fixement la route. De temps à autre seulement, il jetait un coup d'œil à la place vide que sa femme avait occupée jusqu'alors. L'argent qu'elle avait refusé se trouvait toujours sur la banquette. Il le ramassa, le remit dans son portefeuille et, l'espace d'une minute, son regard s'attrista. Puis tout redevint comme avant.

Les kilomètres s'ajoutaient aux kilomètres. La nuit et la route s'écoulaient avec lenteur.

La clarté des phares décela de loin l'objet. Quelque chose de sombre, un tronc d'arbre ou un tas de chiffons gisant sur la route... qui glissait à la rencontre de la voiture comme celle-ci continuait d'avancer. Soudain, il s'y découpa une tête à gauche et des pieds à droite. C'était une forme humaine étendue en travers de la route.

Il s'arrêta juste au moment de l'atteindre, ouvrit la portière, sortit une jambe...

Ce fut tout ce qu'il eut le temps de faire.

Une voix l'interpella de l'autre côté de la voiture. Là, un visage le regardait, vaguement modelé par la clarté du tableau de bord. Derrière lui, la masse indistincte d'un buisson frémissait encore de lui avoir livré passage.

— Ça va, mon vieux, il n'est pas blessé. Nous étions seulement fatigués de marcher.

L'autre homme, celui qui était étendu sur la route, se releva en souriant. Il s'épousseta avec son feutre et s'approcha à son tour de la voiture. Même à cette demi-clarté, on pouvait déceler autre chose dans ce sourire qu'une excuse empreinte de bonhomie. Quelque chose de plus inquiétant. Il saisit la poignée de la portière que l'automobiliste avait entrouverte et la tira à lui. L'autre s'était déjà assis à côté du conducteur. Le regard de ce dernier alla de l'un à l'autre, puis il dit posément, mais avec raideur :

— C'est une curieuse façon de pratiquer l'auto-stop, non ?

— Nous voulions être sûrs qu'on s'arrêterait, gouailla son voisin.

Le conducteur demeurait immobile, comme un être aux abois. Seuls les deux derniers doigts d'une de ses mains reposant sur le volant se soulevèrent un peu à deux ou trois reprises.

— Où allez-vous, messieurs ? s'enquit-il enfin.

De toute évidence, quelle que fût leur réponse, il prétendrait aller ailleurs.

— Dans la même direction que vous, répondit son voisin.

— C'est que je suis assez pressé et...

— Maintenant, vous vous êtes arrêté, n'est-ce pas ? riposta l'autre d'une voix rappelant le ronronnement du chat jouant avec une souris. Alors, ça ne vous demandera pas plus de temps de repartir avec nous que sans nous.

La bouche de l'automobiliste ne fut plus qu'une ligne mince. Sa décision était à présent prise, mais c'était trop tard.

— Cette voiture m'appartient et j'ai le droit de choisir les gens que j'y transporte. Descendez...

Le coude de son voisin le heurta, comme par mégarde. Alvin tourna les yeux vers lui et vit que l'homme se curait les ongles avec un couteau au méchant profil. Il n'en menaçait pas le conducteur qu'il ne regardait même pas, mais le geste n'en était pas moins significatif.

— Vous devriez repartir, m'sieur, fit-il de son ton traînant. Ça fait drôle de rester planté là. Quelqu'un pourrait survenir et penser que vous êtes victime d'un hold-up... ce qui n'est pas le cas.

Puis il ajouta à l'intention de son ami :

— Viens t'asseoir à côté de moi. Il y a place pour trois.

Leur hôte malgré lui, blême maintenant, se baissa lentement et relâcha le frein.

⁂

Rien d'autre ne fut dit. La route se remit à courir, les arbres à défiler de chaque côté, tandis que les étoiles les suivaient lentement dans le ciel. Mais, maintenant, le pare-brise reflétait trois visages de spectres.

A la dérobée, l'automobiliste observait les deux autres.

Le couteau avait disparu dans une poche, mais même s'il y plongeait brusquement la main pour s'en emparer, il ne serait pas vainqueur pour autant, car l'autre homme devait en avoir également un. Par ailleurs, il ne voulait pas se trouver mêlé à quelque chose susceptible de motiver l'intervention de la police, avec tout le retard que cela entraînerait inévitablement pour lui.

Ils ne lui donnaient pas l'impression d'être des vagabonds ordinaires. Ils paraissaient un peu mieux que cela... et un peu plus sinistres aussi.

— Dites-moi, demanda-t-il brusquement, est-ce de l'argent que vous cherchez ? Je vous donne dix dollars à chacun et vous vous mettez en quête d'un autre pigeon...

Celui qui était le plus éloigné de lui ne dit toujours rien. Ce fut son voisin qui fit remarquer, de son ton traînant :

— Pour donner aussi facilement de l'argent, faut en avoir beaucoup.

Puis, comme pour rassurer le conducteur :

— Nous ne vous avons pas demandé d'argent, m'sieur : simplement de nous faire faire un petit bout de chemin avec vous.

Alvin sut qu'il n'avait point réussi à détourner de lui ce qui le menaçait.

Quarante minutes — cinquante peut-être — s'écoulèrent sans qu'une autre parole fût prononcée. Ils approchaient d'une nouvelle ville qui semblait importante. Parmi les lumières qui la constellaient, on distinguait le rouge reflet de hauts fourneaux.

Soudain, la route se divisa en deux. Le principal embranchement traversait la ville tandis que l'autre la contournait.

— Prenez à gauche, lui dit-on, ça vous évitera de traverser la ville.

— Mais c'est dans cette ville que je vais et j'ai roulé toute la nuit. Vous n'allez quand même pas m'obliger à allonger ma route ?

Un camion les rejoignit en grondant, signalant son approche avec les phares.

L'automobiliste voulut se pencher à la portière

pour faire signe au routier, mais c'était déjà trop tard. Il fut brusquement tiré par le col de son veston et ramené face au volant. On ne lui montra pas de nouveau le couteau, mais sa menace était latente.

— *Prenez à gauche*, que je vous ai dit ! Personne ne vous a encore fait de mal, mais ça pourrait bien vous arriver si vous recommenciez cette petite plaisanterie.

Une demi-heure plus tard, comme ils dépassaient un panneau signalisateur de forme assez spéciale, le conducteur jeta un coup d'œil à ses passagers :

— Nous venons de franchir la limite d'un Etat et vous savez ce que ça signifie ? Enlèvement au-delà des limites d'un Etat. Vous connaissez, bien entendu, ce que risquent les auteurs d'un kidnapping de ce genre ? La loi Lindbergh… la mort.

Il les vit échanger un regard dans le pare-brise. Ce n'était pas un regard inquiet, mais amusé, un regard de mutuelle compréhension.

— Ce n'est pas nous qui serons condamnés à mort, répliqua celui qui se trouvait près de la portière.

La remarque avait un inquiétant sous-entendu : *c'est vous.*

Le conducteur frissonna.

A l'est, une barre d'argent, parallèle à l'horizon, se libéra du sol, s'élevant lentement dans le ciel. Une seconde suivit, puis une troisième. Elles étaient espacées, comme les barreaux d'une fantastique échelle, avec la nuit entre elles.

— Il commence à faire jour, Chuck, dit posément l'un des deux autres.

C'était une remarque parfaitement inutile. Aussi l'automobiliste devina-t-il qu'elle devait constituer une sorte de signal. Il comprit que le projet qu'ils avaient en tête, ils avaient décidé de l'exécuter au moment tout proche où la nuit ferait place au jour.

Dans le pare-brise, il vit les deux spectres se tourner l'un vers l'autre et se regarder un instant, comme pour s'assurer mutuellement qu'ils étaient prêts à l'action.

⁂

Alvin tremblait maintenant de la tête aux pieds, tel un animal traqué, suffisamment intelligent pour comprendre que sa fin est proche, et impuissant à y échapper. Son regard scrutait désespérément la route, y cherchant une autre voiture, quelque signe de vie qui pût se transformer en secours.

Il n'y en avait pas.

Alors, ses nerfs se tendirent, tandis qu'il se préparait à donner un brusque coup de volant pour arracher la voiture de la route, la jeter dans un fossé ou contre un arbre, et tenter ainsi de leur échapper.

Mais on eût dit qu'ils lisaient en lui. Celui qui était son voisin immédiat saisit le volant d'une poigne de fer tandis que, d'un mouvement de côté, son pied obligeait celui d'Alvin à lâcher l'accélérateur. Puis étendant le bras devant le buste du conducteur, il tira le frein de secours.

Dans un hurlement d'agonie, la voiture s'immobilisa, frémissante, et demeura un instant ceinturée par les remous d'air, puis cela aussi s'apaisa.

Il y eut le déclic d'une portière. L'un des hommes avait quitté la banquette :

— Je m'en vais me dégourdir un peu les jambes.

Une goutte de sueur roula sur le front plissé d'Alvin. Le nombre des barres d'argent ne cessait de s'accroître, au point d'affecter tout le ciel, tels des tubes fluorescents.

La voix de l'homme qui était descendu, leur parvint de l'arrière :

— On dirait que vous êtes à plat.

Les mains d'Alvin se crispèrent sur le volant au point de faire blanchir ses articulations.

— Vous n'allez pas voir ? fit son voisin avec une apparence de détachement ensommeillé.

Le conducteur avait maintenant dépassé les limites de la simple frayeur. Il avait atteint ce point culminant où l'on retrouve tout son calme, le calme du désespoir.

— Un instant, dit-il d'une voix rauque, mais d'une pressante fermeté. Vous pouvez avoir ma voiture, mon permis, la carte grise... tous mes papiers... plus soixante-cinq mille dollars que j'ai dans une enveloppe de papier huilé épinglée sous ma chemise. Laissez-moi seulement m'en aller à pied. Je n'en dirai rien à la police, je n'en soufflerai mot à quiconque ! Laissez-moi seulement...

La voix traînante de son voisin l'interrompit :

— Ce serait comme si nous vous prenions tout cela de force. Cela équivaudrait à un hold-up et, quoi que vous puissiez raconter maintenant, vous iriez nous dénoncer au premier flic venu.

Il eut un sourire désarmant :

— Nous préférons hériter tout cela de vous. Et pour hériter de quelqu'un...

Il n'eut pas besoin d'achever. Tout le monde sait que l'on ne peut hériter que d'un mort.

***

Alvin se tourna vers son voisin en une ultime imploration. Sa bouche s'ouvrit pour la proférer, mais n'en eut pas le temps. Il tournait le dos au bord de la route et ce fut par là que surgit la mort, une mort aussi rapide qu'un coup assené à la base du crâne avec un tuyau de plomb.

Sa bouche se referma lentement, mais ça n'était plus qu'un réflexe musculaire.

Ils sortirent le cadavre de la voiture, l'attirant dans la pénombre de la route. La voix traînante — qui était naturelle et non pas affectée — s'éleva de nouveau :

— Tu l'as fini ?

— Je pense que oui, mais je vais lui en donner un autre coup, pour plus de sûreté.

Un bruit sourd, puis leurs pas s'éloignèrent pesamment, avec la lourdeur mesurée des hommes chargés d'un fardeau.

Ils furent absents un long moment, tandis que la voiture attendait, vide. Il en revint d'abord un, celui à la voix traînante. Il s'assit au volant, mit le moteur en marche, scruta la route en avant et en arrière, puis attendit en achevant de lacer les souliers du mort à ses pieds, boutonnant la chemise, serrant la cravate.

Quand ce fut fini, il donna deux petits coups de klaxon pour marquer son impatience. Au loin, des phares, gros comme des pois, étaient apparus au sommet d'une côte et disparaissaient maintenant dans le creux qui les séparait de la voiture en stationnement. Il leur faudrait encore cinq bonnes minutes pour arriver là.

Le deuxième homme, Chuck, se matérialisa brusquement à côté de la voiture, se frottant les mains avec satisfaction.

— Au poil, ce puits abandonné, murmura-t-il en s'asseyant. C'est chouette que je m'en sois souvenu. Tu m'as entendu faire dégringoler le reste de la margelle sur le gars ?

— Non, c'est trop loin d'ici.

— Un jour, dans des années, s'ils creusent assez profond, ils se rendront peut-être compte qu'un bonhomme a été jeté là. Mais, mon vieux, ils pourront jamais dire qui c'était !

Il sortit de sa poche quelque chose qui avait l'air

d'un pan de chemise roulé en boule. Il le déplia partiellement, laissant voir des reflets roux, puis il enfouit de nouveau le tout dans sa poche.

— Qu'est-ce que t'as là ? demanda l'autre.

— Ses dents, j'ai dû me servir du tuyau de plomb pour les avoir, mais ça valait le coup. T'as jamais entendu dire qu'ils pouvaient identifier un mec rien qu'avec ses dents ?

Les phares, derrière eux, s'épanouirent, puis diminuèrent un instant d'intensité en doublant la voiture immobile et s'éloignèrent rapidement vers l'horizon.

— Nous avons hérité d'une chouette bagnole, remarqua Chuck avec satisfaction. Où qu'on va maintenant ?

— Nous allons nous diriger vers la frontière, comme nous le faisions quand nous l'avons rencontré.

— Il nous faut un permis de sortie, non ?

— Nous en avons un. Il se préparait lui aussi à passer la frontière et nous en avons hérité avec tout le reste, y compris les soixante-cinq mille dollars... Oh ! permettez-moi de me présenter : Alvin Kern, habitant Garfield Road, à Scranton, Pennsylvanie... Et voici mon associé et ami, qui fait le voyage avec moi... à la suite d'un héritage.

Chuck s'envoya une claque sur la cuisse :

— Et quel héritage, mon vieux !

*
**

Le roadster gris continuait sa course sous l'ardent soleil de la côte, poursuivant son ombre sans jamais pouvoir la dépasser. A sa gauche, les dunes ondulaient mollement. Dans le ciel, le soleil semblait aussi avancer avec lenteur, comme pour l'accompagner, tandis que la route fuyait en arrière, telle une courroie sans fin.

Seul le ronronnement du moteur troublait le silence.

Pour la première fois depuis une demi-heure, Chuck parla enfin :

— Tu crois pas qu'on devrait se débarrasser de la bagnole ! Ça fait deux jours qu'on roule et on est suffisamment loin maintenant. C'est la bagnole qui peut nous faire pincer.

« Alvin Kern », les mains collées au volant, continua de regarder droit devant lui :

— Abandonner la bagnole, voilà, au contraire, ce qui pourrait nous faire pincer, rectifia-t-il. Une ou deux heures plus tard, son abandon serait constaté et les flics commenceraient à se poser des questions. Tant que nous sommes dedans, nous n'avons aucun souci à nous faire. Je suis Alvin Kern voyageant avec un ami. Dès l'instant que nous la quittons, je suis quelqu'un d'autre et les flics ne tardent pas à se demander ce qu'est devenu le propriétaire de cette voiture abandonnée.

— Ouais, mais il peut être attendu quelque part. Quelqu'un est peut-être en train de se demander ce qui l'a retardé et lorsqu'il ne le verra pas arriver...

— Il allait au Mexique, c'est indiqué sur le permis. Eh bien, nous y allons aussi. Il n'aurait pas pu y arriver plus tôt que nous, car nous n'avons pas perdu de temps en route.

Chuck lui donna soudain une série de légers coups de coude, en signe d'avertissement. Derrière eux, un point noir que l'on apercevait depuis un moment dans le rétroviseur, avait grossi jusqu'à devenir une automobile qui se rapprochait rapidement.

— C'est une voiture de la police routière, et à la façon dont ils roulent, ils ne sont pas simplement en balade. Ils ont dû nous repérer quand nous nous sommes arrêtés pour manger, tout à l'heure. Passe-moi le feu.

— Tu n'y penses pas ? Ils nous font signe de nous ranger.

— T'es fou ! hurla presque Chuck comme l'autre ralentissait.

— Ecoute, si nous perdons la tête, nous allons nous faire plomber. Réfléchis donc que deux citoyens respectables comme nous, ne prennent pas la fuite quand les flics leur font signe de s'arrêter.

La voiture se rangea au bord de la route éclatante de soleil.

— Ce n'est pas pour excès de vitesse. Alors ? Je te l'avais dit d'abandonner cette satanée bagnole, non ? ragea Chuck.

— Et moi je te répète qu'un monsieur en voyage d'affaires n'abandonne pas sa voiture. Les flics auraient immédiatement flairé quelque chose de louche. Ta gueule, les voici.

Un nuage de poussière les environna tandis que l'autre voiture s'arrêtait en avant d'eux. Un policier en descendit et se dirigea vers eux en regardant leur numéro.

« Alvin Kern » se pencha négligemment à la portière :

— Quelque chose qui ne va pas, sergent ?

Le policier ouvrit son carnet, le consulta, regarda de nouveau la plaque, puis le carnet :

— Pennsylvanie trois trois deux huit, lut-il à haute voix.

Un moment de tension suivit, qui s'enfla comme une bulle près d'éclater. La main de « Kern » serra le genou de son compagnon pour l'inciter au calme.

Le policier referma son carnet et le remit dans sa poche avant de répondre.

— Vous concerne pas. Ce huit à la fin de votre plaque vous met hors de cause. Le type que nous recherchons a également un roadster gris et il roule aussi, avec un autre type, mais son numéro est Pennsylvanie trois trois deux neuf. Ils ont écrasé un négrillon au croisement d'Orange Country, vers dix heures ce matin et ne se sont pas arrêtés.

En s'en retournant vers sa voiture, il regarda de nouveau la plaque et secoua la tête :

— Y a de ces coïncidences !

Sortant son mouchoir, il s'épongea le visage :

— Fait drôlement chaud !

Relevant légèrement le menton, il renifla l'air en faisant une grimace :

— Y a un coyote qui a dû crever dans les parages. Allez, Carter, taillons-nous, c'est pas eux.

En refermant sa portière, il esquissa un signe d'adieu amical. Puis la voiture fit demi-tour et repartit dans la direction d'où elle était venue.

Chuck s'affaissa un peu sur la banquette, comme un cornet de glace fondant au soleil :

— Tu parles d'une émotion ! Foutons vite le camp d'ici. Il a raison, le cogne, ça pue comme s'il y avait plein de poissons pourris sur la plage !

« Alvin Kern » fit remarquer en démarrant :

— Où serions-nous maintenant, si je t'avais écouté et que nous nous soyons enfuis ? Dans la prison du comté très probablement, jusqu'à ce qu'ils aient découvert les raisons qui nous incitaient à fuir.

***

Le pompiste hocha la tête :

— Oui, moi aussi, maintenant que vous me l'avez fait remarquer. Vous avez probablement dû rouler dans de la vase. Pourtant, ça ne se voit pas sur vos pneus.

— La route était sèche comme une pierre de four, contredit Chuck.

— Vous avez peut-être écrasé un lièvre ou une bête quelconque qui sera restée accrochée sous la voiture. C'est déjà arrivé. Si vous voulez bien rouler jusque sur la fosse, je vais y jeter un coup d'œil.

— Non, nous n'avons pas le temps, coupa « Kern ». Combien je vous dois ?

Quelques minutes plus tard, ayant traversé le village, ils se retrouvèrent sur la grand-route, avec les étoiles du Texas scintillant au-dessus de leurs têtes.

— Notre dernière nuit de ce côté-ci de la frontière, dit celui qui conduisait. Je suis en train de faire des calculs pour que nous arrivions à Laredo juste après le lever du jour, à l'ouverture du pont international. Comme cela, nous pourrons traverser tout de suite, sans avoir à attendre. Demain soir à cette heure-ci, nous roulerons sur la route de Mexico et s'ils veulent nous faire faire demi-tour, ils pourront toujours siffler ! A ce moment-là, nous nous procurerons une autre paire de plaques, et nous vendrons la bagnole après l'avoir fait repeindre. Là-bas, ils ne la retrouveront jamais.

Portant une main à ses lèvres, il envoya un baiser dans l'espace :

— Après ça, une vie de pacha ! Soixante-cinq mille dollars, ça fait un drôle de paquet, une fois changés en pesos !

— Et pas de droits de succession à payer ! gloussa Chuck.

Sa bouche esquissa une grimace et il s'éventa avec son chapeau :

— Voilà que ça sent de nouveau... Chaque fois que le vent tourne... Peut-être que, dans ce pays, ils utilisent un nouvel engrais qui...

— Non, c'est pas ça, coupa l'autre. J'ai remarqué que ça sent plus fort quand on est en ville. Si c'était dû à un engrais, ce serait le contraire.

Il alluma une cigarette, pour essayer d'annihiler un peu l'odeur :

— Mais c'est quand même un bien petit inconvénient pour hériter de soixante-cinq mille dollars !

Le roadster gris se joignit à la file de voitures attendant l'ouverture du pont.

— Y en a toujours autant que ça pour passer de l'autre côté ? grommela Chuck d'un air soucieux, en scrutant l'alignement de voitures en avant d'eux.

— C'est mieux que si nous étions seuls. Nous sommes noyés dans le nombre et il n'y a aucune raison pour que nous attirions plus particulièrement l'attention. Détends-toi, mon vieux, ou tu finiras par avoir une dépression nerveuse !

Chuck s'épongea le front :

— Allons faire un tour en ville, pendant une demi-heure, et nous reviendrons quand le pont sera ouvert...

Son compagnon regarda dans le rétroviseur :

— Trop tard maintenant, nous sommes bloqués par-derrière. Nous ne pourrions plus nous dégager de la file.

Chuck sursauta soudain, comme frappé d'une idée subite, et il pâlit :

— La photo sur le permis ! C'est la sienne !

— Il y a longtemps que j'ai arrangé cela, comme c'était prévu. Je l'ai remplacée par la mienne, à l'aide de deux bouts de papier gélatineux. Si on n'y regarde pas de trop près, ça doit passer.

La brise matinale vint rafraîchir ceux qui attendaient l'ouverture du pont et Chuck grimaça :

— Voilà que ça sent de nouveau ! Je croyais qu'on en était débar...

— Ça y est, c'est ouvert !

La file de voitures s'ébranla, progressant par petits bonds à mesure que l'une d'entre elles quittait le poste de douane, à l'entrée du pont.

— N'aie pas l'air nerveux. C'est l'affaire d'une minute.

Chuck alluma une cigarette et se laissa aller contre le dossier de la banquette :

— Sois tranquille, assura-t-il du coin de la bouche. A présent, ça va.

Ils avancèrent un peu, s'arrêtèrent de nouveau. La plaque d'Oklahoma qui était devant eux s'engagea enfin sur le pont et ils arrivèrent à leur tour devant le poste.

Un garde s'approcha :

— Permis de conduire ?

L'homme qui était au volant le lui tendit.

— C'est vous Kern ? s'enquit l'autre en parcourant le permis du regard.

— C'est moi.

— Quel est le but de votre voyage ? demanda le garde en rendant le permis.

— Voyage d'affaires.

— Qui vous accompagne ?

— Mon associé, Charles Kendall.

— Vous avez un permis de sortie ?

« Kern » lui présenta le document. L'autre y jeta un coup d'œil et le lui rendit, puis leva le bras pour faire signe aux sentinelles de laisser passer. « Kern » relâcha la pression de son pied sur le frein, se préparant à démarrer dès que le signal serait donné. Chuck exhala silencieusement un petit soupir de soulagement.

— Transportez-vous des appareils de radio, jumelles, ou caméras ?

— Non, rien de tout cela, répondit affablement « Kern ».

— Bon. Un coup d'œil dans votre malle arrière et vous pourrez filer.

L'homme assis au volant fouilla posément dans ses

poches, en extirpa le porte-clefs de Kern et le remit au garde :

— C'est celle-ci.

Le douanier s'éloigna vers l'arrière.

— Nous ne l'avons jamais ouvert, murmura Chuck. Suppose qu'il y trouve une caméra ou un poste de radio...

— Eh bien, il nous le confisquera, c'est tout. Mais, sois tranquille, il n'en trouvera pas. Le voici qui revient déjà...

Un revolver apparut soudain, braqué sur eux dans l'encadrement de la portière, derrière lequel le garde paraissait un peu verdâtre. Chuck voulut ouvrir de son côté, mais il se trouva confronté avec un second revolver tenu par un autre garde. Il y eut un coup de sifflet et une escouade rappliqua au pas de gymnastique, l'arme prête à faire feu.

— Dégagez-vous de la file... Rangez-vous de côté !

Deux hommes armés montèrent à l'arrière, pour veiller à la bonne exécution de l'ordre.

— Maintenant, descendez tous les deux, avec les mains au-dessus de la tête... Vous êtes en état d'arrestation !

— Comment... pourquoi ? bégaya le conducteur tout en obtempérant.

Chuck le suivit, l'instant d'après, pâle comme un linge et les genoux tremblants.

L'odeur écœurante qui les hantait depuis si longtemps, les environna avec une intensité sans précédent.

— Pour ça, répondit le douanier avec un geste du pouce.

De la malle arrière, comme un épouvantable diable à ressorts, émergeaient la tête et les épaules, déjà en état de décomposition avancée, d'une femme qui leur était totalement inconnue.

⁂

Dans la cellule où on les enferma, en attendant qu'ils fussent ramenés en Pennsylvanie pour y être inculpés de meurtre, Chuck gémit amèrement à l'adresse de son compagnon :

— Ce qui est le plus dur à avaler, c'est qu'ils nous ont pincés, non pas pour ce qu'on a fait, mais pour ce que l'autre mec avait fait ! Son cadavre à lui, ils ne le découvriront probablement jamais ! Et nous, nous allons griller à sa place, sans pouvoir prouver qu'on n'y est pour rien !

Il enfouit son visage dans ses mains en frémissant :

— Il ne s'est pas contenté de nous laisser sa bagnole, ses papiers et son fric. Il nous a légué aussi son crime. Tu parles d'un héritage !

Titre original : BEQUEST
(traduit par M.-B. Endrèbe)

CAUCHEMAR

Tout d'abord, je ne pus voir que ce beau visage, ce splendide visage de femme, flottant dans les ténèbres, tel un masque blanc légèrement lumineux, comme si un petit projecteur avait été braqué sur lui, d'en bas. Un beau visage que je savais être traître, que je semblais ne connaître que trop bien, au point que mon cœur en était déchiré.

Il n'y avait encore aucun danger : juste ce visage en forme de masque. Mais je savais qu'il y avait aussi un danger latent, auquel je ne pouvais échapper. Je savais que tout ce que j'allais faire, je devais le faire, et pourtant cela m'était odieux. J'aurais voulu tourner les talons et m'enfuir de cet endroit, quel qu'il fût. J'essayai même de le faire, mais je ne pus y parvenir.

Quand j'étais entré, la situation était assez simple car il n'y avait qu'une porte. Mais, maintenant, les murs autour de moi n'étaient plus que portes, un octogone de portes dont les chambranles se touchaient sans le moindre espace entre eux. Je voulus en ouvrir une, puis une autre, une troisième... Ça n'était jamais la bonne : je ne pouvais pas m'en aller.

Mais ma tentative avait déclenché le danger dont j'avais constamment senti la menace autour de moi.

J'avais provoqué, précipité ce que je voulais fuir, tout en ne sachant pas encore ce que c'était.

Devant mes yeux horrifiés, le beau masque perdit sa placidité de camée, prit une expression méchante, vindicative et, soudain, parla :

— Il est juste derrière toi !

Les yeux parurent s'épanouir, telles des fusées, tandis que les dents étincelaient en un sourire qui tenait de la morsure.

La clarté devint plus diffuse, comme si quelqu'un réglait l'éclairage de la scène à l'aide d'un jeu d'orgues. Elle était maintenant trouble, d'un bleu verdâtre, comme sous-marine. Et dans cette clarté, je vis mon danger lever lentement la tête, d'un mouvement qui avait aussi quelque chose de sous-marin.

Une tête mâle, bien sûr : le danger est toujours mâle.

Tout d'abord, ce ne fut qu'une masse obscure et confuse, telle de la fumée solidifiée, par exemple. Puis cela se mut, se déroula tout en s'étrécissant, se dressa finalement, sombre sur l'arrière-plan bleuâtre.

Puis le danger vint à moi, avec une lenteur cataleptique. Je voulais le fuir, pivoter sur moi-même et courir, mais je ne pouvais bouger, pas même lever mes pieds, comme s'ils étaient emprisonnés dans un socle de ciment. Je ne pouvais qu'osciller à partir de cette base rigide.

Je ne savais pas très clairement pourquoi je voulais fuir, ni ce que *cela* allait me faire, mais j'avais conscience que c'était atroce, horrible.

Il avançait toujours, un peu plus vite maintenant, faisant sans cesse diminuer le peu de distance qui nous séparait encore. Ses contours continuaient d'être imprécis, comme quelque chose émergeant de la boue, comme une silhouette d'argile molle. Je voyais les bras qui s'en dégageaient, ne pouvais éviter leur étreinte et sentais la pression de ses mains sur mon cou. Il en serrait les côtés plus que ma gorge, comme s'il voulait me briser le cou plutôt que m'étrangler. Ses pouces notamment me causaient une douleur intolérable en pressant sous mes oreilles, tout contre le maxillaire, là où la chair est le plus tendre.

Il se mit à dessiner un mouvement de spirale, sans me lâcher, comme s'il voulait détacher de mon corps ma tête et mon cou en s'arrangeant pour que la colonne vertébrale suive.

Je griffai ces mains impitoyables en essayant de les écarter de moi. Je parvins à en détacher une de mon cou, mais elle m'échappa aussitôt en me griffant l'avant-bras, en travers du poignet. Même au sein de l'anéantissement total qui me menaçait, je ressentis la brûlure de cette lacération, puis la main reprit la place d'où je l'avais si péniblement arrachée.

Je frappai d'abord par en dessous ce corps penché vers moi, puis, ma résistance faiblissant, je me contentai de le repousser pour finir par m'accrocher à lui, dans le geste instinctif de l'homme qui se noie. Un bouton se détacha sous mes doigts et je m'y cramponnai avec la stupide ténacité d'un agonisant.

Puis, comme j'étais si long à mourir, comme mon cou mettait si longtemps à se détacher, il se lassa de cette méthode sûre mais trop lente. Sa voix s'éleva soudain, s'adressant au masque macabre et j'entendis chacune de ses paroles très distinctement :

— Passe-moi ce poinçon qui est aiguisé, ou autrement ça va durer toute la nuit !

De chaque côté de lui, j'élevai mes mains en une muette protestation et je sentis que quelque chose était mis dans l'une d'elles, quelque chose dont la forme évoqua dans mon esprit, celle d'un poinçon. Une pensée fulgura dans ma tête :

— Elle s'est trompée ! Elle l'a mis dans ma main, à moi !

J'affermis mon étreinte autour de l'arme improvisée, la levai et l'enfonçai en lui par-derrière. Nous étions si inextricablement enlacés que j'eus l'impression de me frapper moi-même, mais le poinçon s'enfonça sans effort, comme dans du beurre, et j'eus davantage de peine pour le retirer.

Il suivit le mouvement de l'arme que je retirais et tomba à la renverse. Après un moment, je m'approchai de lui, rampant sur mes mains et mes genoux. Et maintenant qu'il était trop tard, je pouvais enfin distinguer son visage, comme si une clarté vacillante se jouait sur lui. Soudain, ce n'était plus un monstre informe, mais un homme comme moi. Un homme sans défense et inoffensif qui me regarda d'un air de reproche, comme pour me dire : « Pourquoi m'avez-vous fait ça ? »

Je ne pus endurer cela et, me penchant sur lui, je cherchai à tâtons l'emplacement de son cœur. Non point pour le secourir, mais pour éteindre ce regard accusateur. Quand je sentis le cœur sous mes doigts, j'y enfonçai violemment le poinçon et me reculai aussitôt.

Le masque, qui était toujours présent à l'arrière-plan, émit un hurlement atroce, puis disparut comme tiré par des fils.

J'entendis une porte se fermer et je me retournai vivement pour voir par laquelle la femme s'était enfuie, afin de m'en souvenir et l'utiliser à mon tour. Mais, comme toujours dans ces cas-là, je ne fus pas assez prompt. Le temps que je me retourne, elle avait disparu et toutes les portes étaient semblables.

J'allai à elles, les essayant l'une après l'autre, mais aucune n'était la bonne, aucune ne voulait s'ouvrir, et je ne pouvais pas m'en aller de là. J'étais pris comme dans un piège, enfermé avec ce qui gisait sur le parquet et qui constituait toujours un danger pour moi, un danger encore plus grand que lorsqu'il bougeait et s'attaquait à moi. L'effroi et la terreur que je n'avais cessé de sentir à l'état latent, devenaient maintenant plus imminents que jamais, semblant se cristalliser au-dessus de ma tête, pour éclater et m'inonder.

La source de cet effroi et de cette terreur, c'était ce qui gisait sur le parquet. Il me fallait le cacher, l'enfermer quelque part. Une impulsion me poussait à le faire, d'autant plus irrésistible qu'elle était illogique.

J'ouvris l'une des nombreuses portes qui m'avaient jusqu'alors résisté et, derrière elle, dans la clarté bleuâtre qui continuait de baigner la scène, je découvris un profond placard. C'était comme s'il n'avait pas été là avant, comme s'il venait de se former instantanément pour répondre à mes besoins. Je soulevai ce qui gisait sur le parquet et j'y parvins aisément. Il était devenu léger, aussi facile à jeter sur l'épaule qu'un tapis roulé ou un petit matelas. Je l'accotai debout dans un angle du placard, n'ayant pas la place de le mettre autrement.

Puis je refermai la porte sur lui et m'appuyai de tout mon poids contre elle, la pressant avec mes mains de chaque côté du miroir, comme pour la faire adhérer plus étroitement à son chambranle. Mais le danger semblait continuer à sourdre à travers elle, telle une vapeur. Je savais que ça n'était pas suffisant, qu'il me fallait faire davantage, sinon la porte s'ouvrirait de nouveau.

Alors, abaissant mon regard, je vis, au-dessus du bouton, une clef qui saillait. Cette extrémité-là de la clef avait la forme d'un trèfle à trois feuilles et le bord intérieur de chaque feuille était finement ciselé. Elle était en métal jaune, du cuivre ou du bronze doré... une clef comme on n'en fait plus.

Je la fourrai dans la serrure et quand je voulus l'en retirer, je fus surpris de la longueur de sa tige. On eût dit qu'elle était interminable. L'autre extrémité apparut enfin, avec ses deux drôles de petites dents dont chacune se repliait, comme les bras d'une croix gammée.

Quand je l'eus sortie de la serrure, je la fourrai dans ma poche mais, au même instant, le bouton fut tourné de l'intérieur et malgré que je l'eusse fermée à clef, la porte commença de s'ouvrir. Elle s'ouvrait avec lenteur, mais inexorablement, et dans un instant, elle allait démasquer à mes yeux une indicible horreur. L'abominable chose à quoi tendait tout cela, allait m'être révélée.

Et là-dessus, je m'éveillai.

Mon traversin était tombé par terre et ma tête l'avait suivi, si bien qu'elle pendait maintenant au bord du lit et mon visage était couvert de sueur.

Je me redressai, m'appuyai sur un coude et soufflai bruyamment avant de dire :

— Seigneur ! Je suis rudement content de m'être réveillé !

Je m'essuyai le front avec la manche de mon pyjama, me frottai les lèvres avec la main, comme pour m'ôter un mauvais goût de la bouche. Je secouai la tête afin d'en chasser les dernières brumes du cauchemar, puis je regardai le réveil. Il était l'heure de me lever, mais même s'il avait été plus tôt, qui eût cherché à se rendormir en sachant qu'il courait le risque de renouer avec un pareil cauchemar ?

Je m'assis au bord du lit, posant mes pieds par terre, et me mis à enfiler mes chaussettes.

Les rêves sont vraiment de drôles de phénomènes. D'où viennent-ils ? Où s'en vont-ils ?

Ayant empli le lavabo d'eau froide, j'y plongeai mon visage pour achever de me réveiller et, après ça, tout redevint normal, rationnel et d'une rassurante familiarité. L'amical grattement de peigne, l'action de remonter ma montre, d'attacher le bracelet de cuir à mon...

J'interrompis mon geste, laissai pendre les deux extrémités du bracelet, si bien que ma montre faillit tomber et ma main libre dut la retenir en hâte.

Je demeurai ainsi un long moment à considérer mon poignet avant de rabattre ma manchette, puis je haussai les épaules. Qu'était-ce, après tout ? Une simple égratignure.

— C'est ce qu'on peut appeler un rêve réaliste, pensai-je. J'ai dû me griffer moi-même, avec mon autre main, tandis que je me débattais dans les affres du cauchemar et ce détail s'y est incorporé.

Il ne pouvait pas en être autrement, bien sûr.

Je continuai de m'habiller. Aujourd'hui, la cravate bleue. Je n'étais pas dandy au point d'en changer tous les jours... non, tous les deux jours seulement. Je relevai mon col, disposai ma cravate et rabattis de nouveau le col...

Mes mains restèrent en place, paraissant maintenir le col de chaque côté de mon cou, comme si j'avais peur de le voir s'envoler bien que ce fût un col tenant. Une partie de moi-même était prête à s'effrayer, s'affoler, tandis que l'autre s'y opposait, me forçant au calme.

Mais une chose était certaine. La veille, lorsque je m'étais déshabillé, je n'avais pas ces meurtrissures, d'un brun rougeâtre, qui apparaissaient légèrement de chaque côté de mon cou, comme si des doigts cruels avaient exercé là une impitoyable pression.

Bon, d'accord, je n'avais pas ces marques la veille, mais, lorsque je m'étais déshabillé, je n'avais pas encore eu non plus ce rêve. Alors pourquoi s'émouvoir ? L'explication de l'égratignure était également valable pour ces marques. J'avais dû me faire ça moi-même, et c'était ce qui avait engendré l'attaque au sein de mon cauchemar.

Me plantant devant la glace, j'essayai de retrouver la posture que j'avais dû prendre, afin de voir si c'était physiquement possible. Ça l'était, mais au prix d'une contorsion presque grotesque, qui me faisait croiser les bras devant ma poitrine pour que ma main droite attrape le côté gauche de mon cou et vice versa. Peut-être, quand on a un sommeil agité prend-on des positions aussi anormales ? Je n'en savais rien, mais je ne me sentais pas aussi convaincu par mon explication que j'aurais voulu l'être. Les traces étaient là et la position du pouce par rapport aux autres doigts — tous clairement marqués — indiquaient bien comment les mains devaient être placées.

Mais, plus troublantes encore que la vue de ces marques étaient la douleur que je ressentais lorsque je les palpais du bout des doigts, la raideur de mon cou lorsque je voulais le remuer. Comment avais-je pu ne point m'éveiller lorsque je m'étais pareillement serré le cou ? Mais ma raison ripostait que si c'était une autre personne qui m'avait serré aussi fortement le cou, je me serais réveillé encore plus vite !

Je me forçai à poursuivre la routine quotidienne, boutonnai mon col qui dissimula en partie mais pas complètement les meurtrissures, nouai ma cravate, enfilai mon veston, puis mon pardessus. J'étais prêt à partir.

La dernière chose que je fis, fut celle que je fais toujours en dernier, une de ces petites manies dont on ne peut se corriger. Je plongeai la main dans la poche de mon veston afin de m'assurer que j'avais suffisamment de monnaie pour payer mon autobus et mon ticket de repas, sans avoir besoin de m'arrêter quelque part pour changer un billet. J'en sortis une poignée, dont une bonne partie glissa aussitôt entre mes doigts soudain raidis. Deux ou trois pièces seulement demeurèrent dans ma paume, autour du bouton. Je ne cherchai même pas à me baisser pour ramasser celles qui étaient tombées : mon épine dorsale m'eût certainement refusé le mouvement.

C'était un bouton qui ne m'appartenait pas. J'en eus la certitude avant même d'avoir vérifié la chose. Je sentis que j'allais le comparer aux boutons de tous mes vestons, mais je savais déjà que ce serait en vain. Quelque chose dans sa forme, sa couleur, me le disait : jamais mes doigts n'avaient dû l'insérer dans une boutonnière, sans quoi ils s'en seraient souvenu. Pour aussi extravagant que cela semble à première vue, des boutons peuvent se différencier entre eux presque autant que des cravates.

Et quand je refermai ma main autour de lui, je retrouvai exactement la sensation que j'avais eue *en l'arrachant.*

C'était le bouton du cauchemar.

J'ouvris si violemment la porte de ma penderie qu'elle alla rebondir contre le mur et se referma presque du même coup. Je comparai le bouton à tous ceux de mes vêtements, même quand ils étaient d'une couleur ou d'une taille totalement différente, et j'acquis ainsi la certitude que ce bouton ne m'avait jamais appartenu.

Cette fois, je ne pouvais pas dire : « J'ai fait ça moi-même, pendant que je dormais. » Il ne provenait pas de mon pyjama et quand bien même c'eût été le cas, j'aurais dû encore expliquer comment il avait échoué dans la poche de mon veston.

Et ça n'était pas un fantôme de bouton. Il avait une réalité bien tangible, avec ses quatre trous dans lesquels restaient encore emmêlés des débris de fil noir.

Mais ma raison s'insurgea malgré tout, et je m'empressai de lui venir en aide :

— Non, non... J'ai dû le ramasser dans la rue et oublier ensuite que je l'avais fait.

Seulement, c'était invraisemblable. Jamais de ma vie je ne m'étais baissé pour ramasser un bouton.

— Ou la dernière fois que j'ai envoyé ce costume chez le teinturier, ils me l'auront rendu en laissant dans la poche ce bouton qui appartenait à un autre client et avait été mis là par erreur.

Mais j'avais eu l'occasion de remarquer, une bonne douzaine de fois, que les teinturiers rendaient toujours les vêtements nettoyés avec la doublure des poches tirée à l'extérieur.

A bout d'arguments, je haussai finalement les épaules en me disant :

— Voilà qui montre à quel point un cauchemar peut agir sur les nerfs.

Je pris un mouchoir propre, mais avant de le mettre dans ma poche, je le passai furtivement sur mes tempes et le sentis ensuite tout humide.

— Il vaut mieux que je sorte sans plus tarder et que j'aille prendre une tasse de café ! me rabrouai-je.

J'ouvris la porte de ma chambre et, avant de la claquer derrière moi, je m'immobilisai, comme chaque jour, pour m'assurer que j'avais bien ma clef et que je ne risquais pas de me trouver « enfermé dehors » quand je rentrerais le soir.

Mais, au lieu d'une seule clef, ma main en ramena deux.

Mes lèvres s'écartèrent spasmodiquement comme lorsqu'on reçoit un coup imprévu.

La clé qui se trouvait sur le dessus avait une de ses extrémités en forme de trèfle à trois feuilles et le bord intérieur de chaque feuille était finement ciselé. Sa tige était d'une longueur excessive pour la grosseur de sa tête et elle se terminait par deux drôles de petites dents dont chacune se repliait, comme les bras d'une croix gammée. Elle était en métal jaune, du cuivre ou du bronze doré. Une clef comme on n'en fait plus.

Je demeurai à la caresser machinalement avec le pouce de la main au creux de laquelle elle reposait. Pendant un long moment, ce pouce fut la seule partie de mon corps qui parût vivre.

Puis je rentrai dans ma chambre et refermai la porte derrière moi avant de m'asseoir pesamment au bord de mon lit. Mais ma mémoire associa ce dernier au cauchemar et je me relevai aussitôt, plus effrayé que jamais. Je m'approchai du miroir qui était au-dessus de la commode et, tirant avec un doigt sur la paupière inférieure, je regardai avec une extrême attention le blanc de mon œil. Je n'aurais su dire pourquoi je faisais cela, ni ce que cela pouvait m'apprendre. En tout cas, ça ne m'apprit rien.

A un autre moment, je regardai par la fenêtre, comme pour m'assurer que le monde extérieur était toujours là. De l'autre côté de la rue, les maisons avaient leur air habituel, le même air que la veille. La dame du troisième, comme chaque matin, avait mis ses draps et couvertures à la fenêtre. Au bord du trottoir, le livreur des Glacières Réunies pointillait un pain de glace avec son pic pour le couper en deux. Un petit garçon s'en allait à l'école en balançant son cartable, un pied dans le ruisseau, l'autre sur le trottoir.

S'il y avait quelque chose d'anormal, ça n'était pas dehors, mais dans la chambre, avec moi.

Je décidai que le mieux était encore d'aller à mon travail, que cela m'exorciserait peut-être. Je m'enfuis de ma chambre, presque comme si elle était hantée. Il était trop tard maintenant pour que je m'arrête quelque part prendre mon petit déjeuner.

De toute façon, je n'en avais aucune envie, mon estomac s'y serait refusé. En fin de compte, je n'allai pas non plus à mon travail ; j'aurais été incapable de faire quoi que ce fût. Je téléphonai donc que j'étais trop malade pour aller travailler et, bien que je fusse debout sur mes deux jambes, ça n'était pas un mensonge.

Je passai le reste de la journée à errer au soleil, me déplaçant avec lui. Jamais il ne me paraissait assez brillant, ni assez chaud, car je demeurais glacé intérieurement. J'évitais l'ombre, même celle d'un store ou d'un arbre.

Malgré cela, tandis que les autres s'épongeaient le front, je continuais d'avoir froid. Et, à mesure que les heures s'écoulaient, l'ombre l'emportait sur le soleil qu'elle finit par vaincre. La nuit survenait et, avec elle, les rêves qui sont des cauchemars.

Il était tard quand je me rendis chez Cliff. Ma décision d'y aller était prise depuis plusieurs heures déjà, mais ce fut à dessein que je tardai à le faire. La première fois que j'arrivai devant chez eux, je pus voir par la fenêtre de devant qu'ils étaient encore à table. Je fis inlassablement le tour du pâté d'immeubles, jusqu'à ce que Lil se lève de table pour emporter la vaisselle sale dans la cuisine et que Cliff s'installe dans son fauteuil. J'agis ainsi pour que Lil ne me demande pas de m'asseoir à table avec eux.

Je sonnai et Lil vint m'ouvrir la porte tout en achevant de s'essuyer les mains avec son tablier.

— Oh ! bonsoir, fit-elle cordialement. Je disais justement à Cliff que tu te faisais rare.

Je désirais me trouver seul avec son mari, mais il me fallut d'abord passer dix minutes avec elle. Lil était ma sœur, mais ce que j'avais à dire ne pouvait être dit à une femme. Je ne sais pourquoi, mais c'est ainsi : aux femmes, on ne confie que ce dont on est sûr ; les choses qui vous effraient, si l'on doit en faire part à quelqu'un, c'est à un homme.

Enfin, Lil déclara :

— Je m'en vais terminer la vaisselle et, après, je reviens.

Dès qu'elle eut quitté la pièce, je chuchotai :

— Prenez votre chapeau et venez faire un tour avec moi. J'ai besoin de vous parler... à vous seul.

Au moment de sortir, il cria en direction de la cuisine :

— Vince et moi allons nous dégourdir les jambes. Nous revenons dans deux minutes !

— Rien que de la bière, hein, Cliff... si c'est pour ça que vous sortez ! riposta-t-elle aussitôt sur un ton d'avertissement.

Cela ne réussit qu'à lui mettre dans la tête l'idée d'aller dans un bar, qu'il n'avait pas précédemment, mais je lui dis :

— Non, Cliff, je veux pouvoir vous expliquer ça clairement, car c'est déjà assez brumeux. Alors, continuons de marcher, nous serons plus tranquilles.

Comme il était rarement assis dans la journée, ça n'était pas pour l'enchanter, je suppose, mais il avait bon caractère et ne récrimina point. Cliff était détective [1] et je serais probablement allé le trouver même s'il avait exercé une autre profession. Mais dans ce cas, ça s'imposait doublement.

— Qu'est-ce qui ne va pas, mon garçon ? me dit-il, se rendant compte que j'avais besoin d'encouragement.

1. Parvenus à cet endroit, les fidèles de William Irish ont certainement le sentiment d'avoir déjà lu une histoire à peu près semblable, et ce n'est pas une impression trompeuse. Dans le recueil *l'Œil trouvé* (même éditeur) figure une nouvelle intitulée *Stupéfiant* dont le point de départ est identique, mais le dénouement différent. C'est, à ma connaissance, un cas sans précédent dans la fiction policière *(N.d.T.)*.

— Cliff, la nuit dernière, j'ai rêvé que j'avais tué un type. J'ignore qui il était et où c'était censé se passer. Il m'a griffé le poignet, ses doigts ont laissé des marques de chaque côté de mon cou, et je lui ai arraché un bouton qui est demeuré dans ma main. Ensuite, après l'avoir tué, je l'ai enfermé dans un placard, dont j'ai mis la clef dans ma poche. Et quand je me suis réveillé... Tenez, regardez...

Nous nous étions arrêtés sous un réverbère et je relevai la manchette de ma chemise pour lui montrer l'égratignure :

— Vous voyez ?

Il me dit que oui.

J'abaissai alors mon col de chaque côté et demandai :

— Est-ce que vous distinguez des marques sur mon cou ? Elles sont en train de virer au noir.

Il me dit que oui.

— Et le bouton se trouvait dans la poche de mon pantalon, avec ma monnaie. Je l'ai laissé sur le dessus de ma commode. Si vous voulez venir jusque chez moi, vous pourrez le voir aussi. Et, enfin, j'ai retrouvé la clef avec la mienne, dans la poche où je mets toujours celle-ci. Je l'ai là, je vais vous la montrer. Je la trimbale depuis ce matin.

J'eus quelque difficulté à l'extraire de la poche, car ma main tremblait et elle se prit dans la doublure, mais je réussis enfin à la présenter à Cliff.

Il la prit et l'examina, avec curiosité, mais sans faire le moindre commentaire.

— Elle est exactement comme celle que j'ai vue dans mon cauchemar, balbutiai-je. Même forme, même couleur, même dessin. Le poids aussi est le même et...

En entendant sur quel ton je parlais, Cliff abaissa un peu la tête et m'observa en fronçant légèrement les sourcils :

— Tu es à bout de nerfs, hein ? fit-il en posant sa main sur mon épaule pour en apaiser le tremblement. Il ne faut pas... Tu ne dois pas te laisser aller comme ça.

Mais ce dont j'avais besoin, c'était d'explications et non de sympathie.

Il soupesa la clef dans sa main :

— Où as-tu pris cette clef, Vince ? Je veux dire : où l'as-tu prise *avant* que tu en rêves ?

Je lui saisis le bras à deux mains :

— Mais vous ne comprenez donc pas ce que je viens de vous dire ? Je ne l'avais pas *avant* d'en rêver. Je ne l'avais jamais vue auparavant. Et quand je me suis réveillé, elle était devenue *réelle* !

— Et il en a été de même pour le bouton ?

Je hochai affirmativement la tête.

— Et ça t'a drôlement travaillé, hein ? Mais pas seulement à cause de l'égratignure, de la clef et du bouton, n'est-ce pas ? Est-ce parce que tu as peur que ton cauchemar ait été une chose réelle ?

En entendant cela, je me rendis compte que, jusqu'à ce moment-là, il n'avait pas vraiment compris. Bien entendu, ça n'était pas ces vestiges tangibles de mon cauchemar qui me terrifiaient, mais ce qu'ils me donnaient à supposer. S'il s'était simplement agi d'une clef découverte dans ma poche, je ne serais pas allé trouver Cliff pour lui en parler. Mais si la clef existait réellement, alors, elle devait pouvoir ouvrir quelque part la porte d'un placard recouverte d'un miroir. Et si elle ouvrait un placard, il devait y avoir un cadavre à l'intérieur de celui-ci. Tout aussi réel. Le cadavre d'un homme qui m'avait griffé et avait tenté de me tordre le cou avant que je ne le tue.

J'essayai de dire cela à Cliff. J'étais trop faible pour pouvoir le secouer, mais j'en esquissai le geste :

— Ne comprenez-vous pas ? Il y a dans cette ville une serrure correspondant à cette clef... derrière la porte qu'elle ferme, il y a le cadavre d'un homme... Et je ne sais pas où ! Mon Dieu, je ne sais pas où, ni qui est cet homme, ni comment et pourquoi c'est arrivé... Je sais seulement que je devais être là-bas et que... et que j'ai dû faire ça... Autrement, comment cela me serait-il revenu à l'esprit dans mon sommeil ?

— Tu es à bout de nerfs, dit-il en émettant un bref sifflotement entre ses dents. Tu as besoin de boire un verre de quelque chose et, Lil ou pas Lil, tu vas le boire ! Viens !

Il m'entraîna en me prenant le bras, tandis que je balbutiais :

— Rien que du café... Allons quelque part où... les lumières sont bien brillantes !

Le bar où nous entrâmes était éclairé de façon tellement éblouissante que même les mouches projetaient une ombre.

— Maintenant, nous allons reprendre tout ça à ma façon, dit Cliff en reposant sa chope et léchant la mousse qui adhérait à sa lèvre supérieure. Raconte-moi de nouveau ton rêve.

Je m'exécutai.

— Je n'y comprends rien, dit-il alors en secouant la tête, visiblement déconcerté. Connaissais-tu cette fille, ce masque ou je ne sais quoi ?

J'appuyai fortement l'extrémité d'un de mes doigts sur la table :

— Non, *maintenant* je suis sûr de ne pas la connaître. Mais dans mon rêve, je savais qui elle était et j'avais le cœur brisé de la revoir, comme si elle m'avait trahi ou quelque chose du même genre.

— Eh bien, dans le rêve, qui était-elle ?

— Je l'ignore. Je le savais *alors,* mais plus maintenant.

— Jésus ! fit-il en buvant un peu plus de bière. J'aurais dû commander un whisky ! Ecoute : il s'agissait peut-être d'une actrice de cinéma que tu avais vue récemment dans un film ? Ou d'une photo que tu avais remarquée dans un magazine ? Ou peut-être simplement d'une passante dont le visage avait retenu ton attention ?

— Je ne sais pas, je n'en sais rien. J'avais le sentiment de la connaître beaucoup mieux que ça, puisqu'il m'était si pénible de la revoir, de comprendre qu'elle me haïssait...

— Et l'autre, l'homme ?

— Non, il ne me rappelait personne non plus. D'ailleurs, je n'ai pour ainsi dire pas vu son visage, sauf à la fin, quand c'était déjà trop tard. Et puis, lorsque la porte s'est ouverte de nouveau après que je l'eus enfermé dans le placard, j'ai eu le sentiment que j'allais découvrir quelque chose d'horrible... à son sujet, je crois... mais je me suis réveillé avant que ça se produise.

— Et, enfin, l'endroit où tu étais ? Tu dis qu'il n'y avait que des portes autour de toi. As-tu été dans un endroit comme ça, récemment ? As-tu vu une pièce de ce genre, dans un film ou une illustration de magazine ? En décrivait-on une semblable dans une histoire que tu as lue ?

— Non... Non... Non.

— Alors, laissons de côté le rêve, n'en parlons plus, fit-il en agitant sa main comme pour chasser des miasmes, ou ça va finir par me gagner aussi ! Dis-moi plutôt ce que tu as fait hier soir... avant de rêver ?

— Rien. Simplement ce que je fais tous les soirs. J'ai quitté mon travail à l'heure habituelle, dîné comme d'habitude...

— Tu es sûr que ça n'est pas dû à la pénible digestion d'un *welsh-rarebit* ?

Je répondis à son sourire, mais sans gaieté :

— Cette clef n'est pas due à un *welsh-rarebit,* mais à un serrurier. Si vous la jetez sur cette table, vous l'entendrez tinter et si vous voulez la mordre, vous vous y casserez les dents ! *Et je ne l'avais pas quand je me suis couché hier soir.*

Cliff se pencha vers moi :

— Ecoute, Vince, il y a une explication très simple à propos de cette clef. C'est forcé, car il n'est pas possible qu'elle soit sortie de ton rêve. Ou bien, tu te promenais et, avisant cette clef par terre, tu l'as ramassée à cause de sa forme parti…

J'agitai les mains pour l'interrompre :

— Inutile. J'ai essayé de me fournir des explications semblables ce matin, et ça n'a pas marché. Je n'ai absolument pas souvenance d'avoir jamais fait quelque chose comme ça. D'ailleurs, même si je ne me rappelais pas comment je l'avais ramassée, je me serais souvenu de la clef elle-même.

— Cherches-tu à me faire croire que tu n'oublies jamais plus un objet une fois que tu l'as vu ?

— Non, dus-je convenir à contrecœur.

— Ça vaut mieux ! Surtout s'agissant d'un objet aussi banal qu'une clef…

— Mais cette clef n'est nullement banale, elle est même très originale. Et je suis sûr de ne l'avoir jamais vue, ni ramassée auparavant. Elle m'est totalement inconnue !

Il eut un geste apaisant :

— Bon, bon… ça n'est pas forcément cette explication. La clef a encore pu venir dans ta poche, sans que tu t'en rendes compte, d'une douzaine d'autres façons. Tu as pu accrocher ton pardessus sous une étagère au bord de laquelle était posée cette clef. Quelque chose l'aura fait tomber et elle aura été arrêtée au passage par ta poche béante…

— Les poches de mon pardessus ont des rabats…

— L'un d'eux pouvait s'être enfoncé dans la poche. Ou bien encore, cette clef a pu tomber de la poche d'un autre pardessus suspendu à côté du tien. Quelqu'un passe, la voit par terre, pense qu'elle est tombée de *ton* pardessus et la remet…

— J'ai fourré les mains dans mes poches au moins une douzaine de fois hier et la clef n'y était pas. Mais elle y était ce matin… après que je l'eus vue très distinctement dans mon sommeil durant la nuit !

— Une supposition qu'elle ait été dans ta poche, mais que ta main ne l'ait pas touchée… C'est possible, non ?

— *Non.* Quand j'ai voulu sortir ma clef, ce matin, celle-ci était *sur* elle dans ma poche. Alors, hier soir, quand j'en ai eu besoin pour ouvrir ma porte, comment aurais-je pu prendre ma clef sans sortir aussi celle-ci ? Or, je suis bien sûr de n'avoir eu, hier soir, que ma seule clef en main.

Du geste, il me concéda le point, peut-être parce qu'il ne pouvait faire différemment :

— Bon, comme tu voudras ; admettons que la clef *n'était pas* dans ta poche hier soir. Ça ne prouve pas pour autant que ton cauchemar ait été une chose réellement vécue.

— Ah ! vraiment ? m'exclamai-je. Eh bien, moi, je trouve que si, par exemple !

— Ecoute, Vince, dans ce genre d'histoires, il n'y a pas de demi-mesure. C'est une chose ou c'est l'autre. Tu as rêvé tout ça… ou alors, ça s'est réellement produit. Tu as vingt-six ans, tu n'es donc plus un gosse. Sois sûr que si tu t'étais bagarré avec un type et qu'il t'ait pris à la gorge, comme dans ton cauchemar, et que tu l'aies poignardé dans le dos, tu t'en serais drôlement rendu compte et tu te souviendrais de tous les détails, c'est moi qui te le dis ! Je n'ai jamais accordé beaucoup de crédit à ces histoires de gens qui marchent dans leur sommeil et font des choses à leur insu. Ils peuvent faire quelques pas hors de leur lit, oui, peut-être, mais dès que quelqu'un les touche ou qu'ils se heurtent à quelque chose, ils se réveillent aussitôt. On ne peut pas les manœuvrer dans leur sommeil comme certains le...

— De toute façon, je n'ai pas pu marcher en dormant. Il bruinait quand je me suis couché hier soir et, ce matin, quand je me suis levé, les rues commençaient seulement à sécher. Je n'utilise pas de caoutchoucs et les semelles de mes souliers étaient parfaitement sèches quand je me suis chaussé.

— As-tu la moindre souvenance, aussi faible soit-elle, d'avoir été hors de ta chambre cette nuit, de t'être bagarré avec un type et de lui avoir flanqué un coup de quelque chose dans le dos ?

— Non. Mais je me souviens parfaitement de m'être couché, d'avoir *rêvé* toutes ces choses-là et de m'être réveillé au plus fort de mon cauchemar.

— Alors, ça règle toute l'affaire : rien ne s'est produit !

Il répéta avec entêtement :

— Ou tu fais les choses ou tu les rêves, il n'y a pas à sortir de là.

— Vous ne m'avez pas aidé le moins du monde, dis-je en plissant le front.

Ma remarque le laissa un instant décontenancé, sans doute parce qu'il se rendit compte que c'était vrai :

— Non, évidemment, pas si tu t'attendais à ce que je t'arrête pour avoir assassiné un type dans un rêve. Ou alors, il faudrait que l'arrestation ait également lieu dans un rêve, et quand je rêve je ne suis pas de service. Tu me prends pour un sorcier nègre, ou quoi ?

— Combien ? demandai-je au garçon d'un air mécontent.

— Dix-sept cafés... fit-il en actionnant la caisse enregistreuse.

Il était deux heures du matin.

— Je m'en vais coucher dans votre living-room, cette nuit, dis-je en chemin à Cliff. Je ne veux pas retourner dans ma chambre avant qu'il fasse grand jour... Mais ne racontez rien à Lil, n'est-ce pas ?

— Oh ! sois tranquille. Je ne voudrais pas qu'elle te croie le cerveau fêlé. Tu t'en remettras, Vince, t'en fais pas !

— Je ne m'en remettrai pas avant d'être allé au fond de cette histoire, déclarai-je sombrement.

⁂

C'est à peine si je dormis une heure dans toute ma nuit, mais c'était dû aux dix-sept tasses de café plus qu'à autre chose. Au cours de cette heure-là, je dormis comme je dors la plupart du temps, sans rêver.

Le lendemain matin, Cliff entra et se planta au pied de mon divan. Je rejetai les couvertures qu'il m'avait données et mis les pieds par terre.

— Comment t'as passé la nuit ? me demanda-t-il en baissant la voix. À cause de Lil, sans doute.

— Je n'ai pas rêvé, si c'est ça que vous voulez savoir, mais cela n'y change rien. Si j'avais été convaincu qu'il s'agissait d'un rêve, je serais retourné coucher dans ma chambre, même avec la crainte d'avoir un cauchemar pire encore. Mais je n'en suis pas convaincu, absolument pas. Ceci dit, allez-vous m'aider, oui ou non ?

Il se balança un peu sur la plante de ses pieds :

— Que veux-tu que je fasse ?

Quelle réponse donner à cette question ?

— Vous êtes détective. Vous avez la clef, et le bouton est dans ma chambre. Il a dû vous arriver parfois d'avoir encore moins d'indices pour commencer une enquête. Recherchez d'où ils proviennent ! Découvrez ce qu'on est en train de me faire !

Il réagit durement. Il avait très certainement mes intérêts à cœur, mais il pensa devoir me secouer :

— Assez sur ce chapitre, hein ? Je ne veux plus entendre parler de cette clef ? Je l'ai, je la garde, et tu ne la reverras plus ! Si tu continues à t'accrocher à ton histoire de fantôme, je t'aiderai, oui... mais je doute que tu apprécies beaucoup la façon dont je m'y prendrai. Je t'emmènerai chez un médecin.

L'égratignure sur mon poignet avait formé une petite croûte, déjà prête à se détacher. Je l'y aidai avec mon ongle, puis soufflai dessus. Après quoi, sans rien dire, je gratifiai Cliff d'un regard appuyé, plus éloquent que des paroles. Il en comprit le sens, mais ne voulut pas pour autant se rendre à mes raisons.

Au même instant, Lil appela :

— Hé, les hommes ! C'est servi !

Quand je quittai leur maison, je n'étais pas plus avancé qu'en y entrant. J'étais toujours seul avec mes ombres.

Sur mon chemin, j'entrai dans le bureau des petites annonces d'un quotidien. Je rédigeai le texte d'une insertion et leur dis que je voulais faire passer ça dans la rubrique « Propriétés » tous les jours jusqu'à nouvel ordre.

Cette annonce n'avait pas été facile à composer. Il m'avait fallu presque une heure et quelque trois douzaines de feuilles avant que je me satisfasse du texte suivant :

Aimerais visiter vue location ou achat, maison avec pièce ou alcôve octogonale garnie miroirs. Autres détails importance secondaire si maison répond à cette condition, exigée pour raisons sentimentales. Ecrire Boîte... World-Express.

Pendant deux jours, cela ne donna rien, ce qui n'était pas autrement étonnant car il fallait que les réponses aient le temps d'arriver.

Le troisième jour, il y avait deux lettres m'attendant à l'agence. L'une émanait d'une certaine Mrs Tracy-Lytton — sur papier à la forme — qui se disait désireuse de louer sa maison pour l'hiver, afin d'aller passer la mauvaise saison en Floride. Sa maison comportait, au premier étage, une salle de bains tapissée de miroirs. Certes, elle était carrée et non pas octogonale, mais cela ne pourrait-il faire l'affaire ? Très certainement, quand j'aurais visité...

L'autre lettre était signée par un nommé Kern. Il avait une petite salle à manger octogonale aux parois en briques de verre dont il pensait, lui aussi, qu'elle pourrait faire mon affaire.

Le quatrième jour, je n'eus aucun courrier. Le cinquième, une demi-douzaine d'enveloppes me furent remises par l'employée du *World-Express*. Avant d'ouvrir les enveloppes, je ne pus m'empêcher d'être étonné qu'il y eût sur le marché tant de maisons comportant une pièce aussi peu banale. Mais quand j'eus lu ces lettres, je sus qu'il n'en était rien. Trois d'entre elles provenaient d'agences me proposant leurs services pour le cas où je ne trouverais pas ce que je cherchais. Deux autres m'étaient adressées par des entrepreneurs disposés à m'installer une pièce répondant à mes exigences, si je ne la trouvais pas déjà existante. Et la sixième était l'œuvre d'un monsieur qui se déclarait prêt à faire les frais d'installation d'une pièce semblable dans sa maison, si je voulais bien signer un bail de longue durée.

Ensuite les lettres se raréfièrent. L'une d'elles

réveilla un moment mes espoirs. Une vieille actrice, propriétaire, dans la proche banlieue, d'une villa qu'elle n'occupait pas, m'informait que la pièce attenante à la chambre à coucher, comportait une sorte de paravent composé de huit miroirs, à l'aide duquel on pouvait transformer à volonté ladite pièce.

Je lui téléphonai, pris rendez-vous à son hôtel, et elle m'emmena visiter les lieux dans sa voiture. Je compris immédiatement que mon apparence et ma jeunesse rendaient douteux à ses yeux que je pusse payer le loyer demandé. Mais, par acquit de conscience, elle me conduisit quand même dans sa villa.

Dès que je vis le fameux paravent replié contre un mur, je me sentis pâlir et crus bien être sur une piste.

— Voici comment je le disposais quand j'essayais mes costumes, m'expliqua la dame.

Nous le dépliâmes autour de nous, de façon à transformer cette pièce banale en un octogone de miroirs qui me reflétèrent à côté de la dame attendant ma décision.

— Non, dis-je finalement, non.

Elle ne pouvait pas comprendre :

— Mais pourquoi ? Cela fait bien un octogone de miroirs. Avec un tout petit peu d'imagination...

Oui, mais aucun des huit miroirs ne comportait une serrure dans laquelle pût s'insérer la clef que j'avais retrouvée dans ma poche. Or c'était ça qui importait, mais je ne pouvais le lui expliquer.

— Je vous fixerai sous peu, lui déclarai-je quand nous regagnâmes la voiture pour rentrer en ville.

L'annonce continuait de passer régulièrement, mais sans plus apporter de résultats. La réserve de pièces tapissées de miroirs avait été apparemment épuisée. Le journal me téléphona pour savoir si je désirais poursuivre encore ma campagne d'insertions.

— Non, répondis-je avec découragement. Laissez tomber.

Entre-temps, Cliff avait dû repérer l'annonce et comprendre que j'en étais l'auteur, car il lisait très attentivement les journaux. Ou peut-être ne l'avait-il point remarquée et souhaitait-il simplement « me changer les idées ». Quoi qu'il en fût, je le vis arriver de bonne heure, le jour suivant qui était un dimanche. Je ne lui demandai même pas s'il était en congé, car je l'imaginais mal se rendant à son bureau en pull-over.

— Asseyez-vous, Cliff...

— Non, me dit-il aussitôt, avec quelque embarras. Je suis venu parce que Lil et moi avons l'intention de partir avec la voiture passer la journée à la campagne. Lil a préparé un repas froid pour trois et...

C'était donc ça.

— Ecoutez, Cliff, dis-je sèchement, je me porte très bien. Et si vous pensez que j'ai besoin d'une journée au grand air pour exorciser les démons qui sont en moi...

Il était décidé à se montrer diplomate — suivant les instructions de Lil probablement — et qui n'a pas vu un policier vouloir faire preuve de diplomatie, n'a vraiment rien vu. Il me raconta qu'ils étrennaient la nouvelle Chevrolet d'occasion qui venait de remplacer l'ancienne... que Lil était en bas, dedans... et que je devrais descendre lui dire bonjour. J'y consentis et il sortit derrière moi, emportant mon veston et fermant la porte à clef.

Il apparut, dès le départ, que l'excursion ne tarderait point à mal tourner.

Tout d'abord, Cliff n'était pas un chauffeur bien fameux, mais il n'était surtout pas homme à supporter qu'on lui donne des conseils sur la façon de conduire une voiture. Il se perdit en cours de route et nous n'arrivâmes jamais où ils avaient primitivement eu l'intention d'aller. Après avoir erré sur je ne sais combien de routes, nous finîmes par tomber d'accord pour nous installer dans une prairie infestée de mouches.

Lil fit contre mauvaise fortune bon cœur en assurant que c'était certainement aussi bien que l'autre endroit. La bière était tiède, la boîte qui contenait les œufs durs avait disparu mystérieusement, et nous passâmes plus de temps à chasser les mouches qu'à manger. Pour couronner le tout, des nuages noirs s'accumulèrent dans le ciel avec une telle rapidité que nous n'eûmes pas le temps de regagner la voiture avant l'ouverture des écluses célestes. Ensuite, assis dans nos vêtements humides, nous dûmes à nouveau errer de cahot en cahot sous la conduite de Cliff, à travers une campagne trempée de pluie et de brouillard.

Finalement, même la réserve de patience de Lil fut épuisée. D'abord, elle avait peur des éclairs et du tonnerre, ensuite son nouvel ensemble était en piteux état.

— Arrête-toi à la première maison que tu verras et sortons de cette voiture ! cria-t-elle soudain à son mari. Je n'en peux plus, je n'en peux plus ! gémit-elle en cachant son visage au creux de mon épaule.

— Je ne vois déjà pas devant moi, comment veux-tu que je sache s'il y a des maisons ou pas ! grogna Cliff qui, de fait, était obligé de conduire le front contre le pare-brise.

Je frottai la buée du carreau, à côté de moi, et regardai au-dehors. Une sorte de portique, style jardin japonais, parut flotter le long de la voiture.

— Un peu plus loin, après le prochain tournant, dis-je, il y a un petit chemin. Si vous le prenez, il nous conduira à une maison avec un grand porche sous lequel nous pourrons nous abriter.

Ils réagirent tous les deux en même temps :

— Comment le sais-tu ? s'enquit Cliff.

— Tu es déjà venu par ici ? me demanda Lil.

Incapable de répondre à la question de Cliff, je dis « non » à ma sœur.

Après que la voiture eut suivi un moment le petit chemin dont j'avais parlé, il n'y avait toujours pas de maison en vue.

— Est-ce que tu cherches à nous égarer encore un peu plus, Vince ? me reprocha doucement Cliff.

— Non, ne vous arrêtez pas, continuez, insistai-je. Vous allez y arriver... A gauche, vous allez trouver deux piliers de pierre qui marquent l'entrée de la propriété et vous...

Le coup d'œil que Cliff me lança par-dessus son épaule me fit m'interrompre avec gêne et je passai à deux reprises la main dans mes cheveux :

— Bon sang, balbutiai-je, je me demande bien comment je sais ça...

A partir de ce moment-là, Cliff ne parla presque plus. Il devait souhaiter que je me sois trompé, qu'il n'y ait pas de...

Brusquement, Lil lui donna une petite tape sur l'épaule :

— Les voilà, les voilà ! Tourne, Cliff, tourne à gauche !

C'était à peine si on pouvait les distinguer... deux formes grisâtres émergeant du rideau de pluie et dont on eût été bien en peine de dire ce qu'elles étaient.

Nous passâmes entre elles, tandis que Cliff virait sans prononcer une parole. Dans le rétroviseur, je voyais ses yeux, très noirs et dont le regard avait quelque chose d'accusateur.

Une minute s'écoula, puis une maison, avec un

vaste porche vitré, surgit de la brume et s'immobilisa devant nous dans un grand grincement de freins.

C'est à peine si j'eus conscience de courir vers le porche en étendant mon veston au-dessus de Lil serrée entre nous deux. La bière était tiède lorsque je l'avais bue dans la prairie, mais elle semblait maintenant former un bloc de glace au creux de mon estomac. Et je savais bien que ce n'était pas des gouttes de pluie sur mon front, mais de la sueur froide.

Une fois sous le porche, nous nous secouâmes en frappant du pied, comme le font les gens qui ont été trempés par une averse.

— Oh ! si seulement nous pouvions entrer ! gémit Lil.

— La clef est sur le rebord de la fenêtre, derrière un des pots de géraniums, dis-je aussitôt.

Cliff passa la main derrière les pots et en extirpa une clef qu'il inséra dans la serrure, d'une main légèrement tremblante. La clef tourna et la porte s'ouvrit. Je vis le dos de Cliff se raidir, comme s'il voulait s'empêcher de me regarder.

Nous entrâmes derrière lui.

L'orage avait tellement assombri la journée que, une fois dans la maison, nous baignâmes dans une sorte de crépuscule. Je vis la main de Lil se tendre vers un bouton de porcelaine qui se trouvait à gauche de la porte.

— Pas ce bouton, c'est celui du porche, dis-je aussitôt. Le bouton qui allume le hall est à droite.

Cliff le découvrit en refermant la porte qui l'avait caché jusqu'alors. Il était en cuivre et non en porcelaine. Cliff l'actionna et une lampe s'alluma au plafond, à quelques mètres de nous. Lil avait machinalement manœuvré le sien et le porche s'éclaira un bref instant avant qu'elle l'éteignît de nouveau.

Je les vis se regarder, puis ma sœur se tourna vers moi :

— C'est une blague ou quoi ? Comment se fait-il que tu saches tant de choses concernant cette maison, Vince ?

Cliff intervint, d'un ton bourru :

— Simple coup de chance de sa part, dit-il, visiblement désireux de la tenir à l'écart du monde ténébreux où lui et moi nous trouvions.

La lampe allumée par mon beau-frère éclairait un hall et un escalier à rampe sculptée, une rampe d'acajou, comme les panneaux qui recouvraient les murs. On sentait tout de suite que les gens habitant cette maison ne devaient pas être pauvres.

— Y a quelqu'un ? cria Cliff en direction de l'escalier.

— Oh ! non, je t'en prie, implorai-je.

Lil franchissant un seuil sans porte, alluma dans un living-room. Nous la suivîmes seulement du regard ; elle ne cherchait que chaleur et réconfort, tandis que nous avions bien d'autres préoccupations en tête.

Je remarquai que le parquet était très beau, mais les meubles étaient recouverts de housses qui leur donnaient des allures de fantômes, et le lustre du living-room était enveloppé de tarlatane.

— Les gens qui habitent ici doivent être absents pour l'été, déclara Lil, en connaisseuse. Mais c'est curieux qu'ils n'aient pas pensé à couper l'électricité. Heureusement que tu es dans la police, Cliff ; autrement, nous risquerions des ennuis pour être entrés comme ça...

Tout en parlant, ses mains exploraient le manteau d'une cheminée d'onyx noir, puis j'entendis un déclic tandis qu'elle exhalait un soupir de satisfaction :

— Cheminée électrique !

L'âtre se mit à rougeoyer. Lil se frotta le bras et secoua sa jupe afin de se sécher, nous oubliant momentanément tellement elle était heureuse de pouvoir enfin se réchauffer.

Je regardai Cliff et, silencieusement, gagnai l'escalier, tandis que, de son côté, sans faire non plus le moindre bruit, il se dirigeait vers le fond du hall. Nous avions, l'un comme l'autre, quelque chose de furtif dans notre allure.

Sur le palier, je découvris une chambre à coucher, également livrée aux housses, et, au-delà, une salle de bains à deux portes. J'ouvris la seconde porte et me trouvai dans une autre chambre. Celle-ci me ramena dans le couloir en face d'une porte ouverte dans l'encadrement de laquelle je vis un homme... qui était moi, immobilisé au milieu d'un mouvement, avec un visage d'une extrême pâleur au-dessus d'un col qui n'était pas aussi blanc. J'avançai d'un pas, puis d'un autre. Je me vis alors en double, en triple puis quatre, cinq, six, sept Vince me regardèrent d'un air effrayé et, quand je refermai la porte dont je venais de franchir le seuil, une huitième image de moi-même s'ajouta aux autres.

Je demeurai là, vacillant au milieu de tous mes reflets. Puis j'entendis le pas de Cliff derrière moi et, quand je me retournai, sa haute silhouette se substitua à l'un de mes reflets. Vivement, il me saisit par l'épaule pour m'empêcher de tomber tandis que je gémissais :

— Oh ! mon Dieu, c'est ici... c'est la fameuse pièce dont je me souvenais !

— Oui, fit Cliff d'un ton bref. Puis il ajouta : Essuie ton front, tu es tout...

Bien qu'il m'eût dit cela uniquement par besoin de parler, je passai ma manche sur mon front.

— Est-ce que vous l'avez ? demandai-je alors.

Je n'eus pas besoin de préciser à quoi je faisais

allusion. Il fouilla dans sa poche et sortit son anneau de clefs auquel il l'avait ajoutée. J'aurais voulu qu'il ne l'ait pas gardée, qu'il l'ait jetée. J'étais comme l'autruche lorsqu'elle éprouve le besoin de cacher sa tête dans le sable.

Il la sélectionna parmi les autres... la clef finement ouvragée... la clef comme on n'en fait plus...

Sur les sept miroirs restants, il n'y en avait que trois comportant une serrure : ceux qui étaient parallèles aux murs.

Cliff enfonça la clef dans une de ces serrures et la fit tourner sans la moindre difficulté, comme doit tourner une clef dans la serrure pour laquelle elle a été conçue. Quelque chose fit *cluck* et le miroir pivota sur ses gonds. Une crampe me tordit l'estomac mais, derrière le miroir, il n'y avait qu'un placard vide.

Restaient deux portes.

La voix de Lil monta jusqu'à nous :

— Qu'est-ce que vous fichez là-haut, tous les deux ?

On eût dit qu'elle nous parvenait d'un autre monde.

— Qu'elle ne monte surtout pas ! implorai-je Cliff.

Je ne sais pourquoi, mais je ne voulais pas que mon agonie morale eût une femme pour témoin.

— Attends en bas ! Lil, cria mon beau-frère. Vince a retiré son pantalon pour le faire sécher.

Nous l'entendîmes répondre :

— Bon, mais comme j'ai faim, je m'en vais aller voir s'ils n'ont pas laissé quelque chose...

Sa voix s'éteignit vers l'arrière de la maison, où devait se trouver la cuisine.

Cliff avait déjà mis la clef dans la serrure de la seconde porte et quand j'entendis le *cluck,* je fermai instinctivement les yeux.

— Regarde, Vince !

En rouvrant les paupières, je vis quelque chose de noir au milieu du placard et l'espace d'un instant, je crus...

C'était un coffre-fort peint en noir, mais dont le cadran, resté de la couleur de l'acier, était déchiqueté, comme si l'on s'y était attaqué à l'aide d'une foreuse ou d'un chalumeau.

— C'était devant ce coffre qu'il était accroupi, la... la nuit où il me paraissait ramper sur le sol, me surpris-je à dire. Et il devait avoir un chalumeau par terre, devant lui... c'est ce qui faisait cette clarté bleuâtre et rendait son visage à elle, semblable à un masque...

Un sanglot s'enfla dans ma gorge :

— Et dans l'autre placard, celui que vous n'avez pas encore ouvert, c'est là que je l'ai mis...

Cliff se dirigea vers le placard en question, comme s'il n'y pensait point avant cela, ce qui n'était pas le cas, bien sûr.

Je me sentis comme liquéfié :

— Non, non ! implorai-je en le tirant par la manche. Pas tout de suite ! Attendez encore une minute, donnez-moi le temps de...

— Assez ! coupa-t-il en dégageant son bras.

J'entendis la clef tourner dans la serrure, puis les gonds de la porte et mon cœur gémirent à l'unisson.

Cliff regarda à l'intérieur du placard tandis que la porte n'en était encore qu'entrouverte et que je ne pouvais rien voir, puis il acheva de repousser le battant.

Le placard était vide.

Cliff frotta une allumette afin de mieux pouvoir examiner les parois du placard. Quand sa main s'immobilisa, je vis une trace sombre sur le bois plus clair. Du sang séché.

Il n'y en avait pas beaucoup : juste ce qui peut

filtrer, à travers les vêtements, d'une blessure dans le dos. A la clarté d'une autre allumette, mon beau-frère étudia le plancher, mais le sang n'avait pas coulé jusque-là. Je voyais très bien maintenant, sur la paroi du fond, à quel endroit s'étaient arrêtées les deux petites traînées sombres — l'une un peu plus longue que l'autre — les vêtements ayant agi à la façon d'un buvard avant qu'elles aient eu le temps de couler jusqu'en bas.

L'allumette s'éteignit et avec sa clarté disparut le sang séché.

— Quelqu'un de blessé s'est trouvé dans ce placard, convint Cliff en hochant la tête.

Quelqu'un de mort, rectifiai-je, mentalement.

Lil s'assoupit, après le casse-croûte improvisé qu'elle avait préparé avec ce qu'elle avait pu trouver dans le réfrigérateur et le buffet.

Dans le monde tranquille qui était encore le sien, manger et dormir continuaient à être des choses dont on éprouvait le besoin. Mais pas dans celui qui était devenu le mien.

Nous mangeâmes cependant avec elle, tandis que le secret que nous partagions, Cliff et moi, était comme une hache sanglante prête à s'abattre sur nos têtes.

Je crois que si Lil ne s'était pas mise à dodeliner de la tête, Cliff n'eût pas hésité à me traîner de nouveau dehors, sous la pluie, pour que nous pussions parler sans risquer d'être entendus par elle. Tandis qu'il mangeait, sa main gauche tambourinait sur la table ; il me faisait penser à un moteur tournant déjà, et n'attendant plus qu'un coup de démarreur.

Moi, j'avais peine à avaler.

— Qu'as-tu, Vince ? s'enquit Lil à un moment donné. Tu ne manges pas ?

— Non, il n'a pas faim !

D'un ton rogue, Cliff avait répondu pour moi.

Nous la laissâmes étendue sur le divan du living-room, où le radiateur électrique continuait de chauffer. Dès qu'elle eut fermé les yeux, Cliff retourna dans le hall, en me faisant signe de le suivre, d'un mouvement de tête impératif, sans même me regarder. J'obéis et il me souffla :

— Ferme la porte. Je ne veux pas qu'elle nous entende.

Je fermai la porte, puis nous regagnâmes de conserve la cuisine où nous avions mangé, tous les trois, quelques minutes auparavant. De la présence de ma sœur, il me sembla que la pièce conservait quelque chose d'affectueux, mais au premier regard que me jeta Cliff, ce fut fini. C'était un regard comme on s'attend à en voir dans le sous-sol d'un commissariat de police.

Sans m'en offrir, il alluma une cigarette que ses lèvres agitèrent ensuite avec colère, puis il enfonça profondément ses mains dans ses poches, comme pour les empêcher de s'abattre sur moi.

— Parlons un peu de la clef des songes ! me lança-t-il soudain.

Regardant le carrelage du sol, je dis :

— Vous pensez que j'ai menti, n'est-ce... ?

Je ne pus aller plus loin, car il vint brusquement à moi, me clouant littéralement au mur, non point avec ses mains qui demeuraient enfoncées dans ses poches, mais avec son regard :

— C'est un *rêve,* hein, qui t'avait enseigné quel chemin prendre pour arriver ici ? Et c'est dans un *rêve* aussi, que tu avais vu les deux piliers indiquant l'accès de la propriété ? Dans un *rêve,* que tu avais découvert où l'on cachait la clef de la porte d'entrée ? Et quel bouton commandait l'éclairage du hall ou du porche ? Tu sais ce que je te ferais, si tu n'étais pas le frère de Lil ? Je t'enfoncerais ta bouche de menteur à travers la tête !

Et à voir ses mains s'agiter spasmodiquement dans ses poches, je devinai qu'il avait grand-peine à se retenir de le faire.

— Tu es venu me trouver pour que je t'aide, mais tu n'as pas eu assez de courage pour me dire : « Cliff, je suis allé la nuit dernière à la campagne, dans une propriété comme ci et comme ça, où j'ai tué un type, pour telle raison. » Non, il a fallu que tu me sortes une histoire de rêve ! Quel que soit son crime, j'ai de la considération, du respect, pour un gars qui a le courage de venir l'avouer. Je peux même comprendre celui qui nie jusqu'à la gauche, et lui trouver des excuses… car c'est humain. Mais aller trouver quelqu'un en misant sur le fait qu'il a épousé votre sœur… abuser de sa confiance, le rendre ridicule… Ça, c'est indigne, c'est sans excuse ! « Regardez, j'ai trouvé cette clef dans ma poche, ce matin, en me réveillant… Regardez ce bouton que j'ai trouvé… Comment ont-ils pu venir là ? »

Une main jaillit enfin de sa poche, mais ce fut pour jeter rageusement sa cigarette à travers la pièce, tandis qu'il crachait par terre, moins peut-être parce qu'il avait parlé vite et rageusement que pour me signifier son mépris :

— Pour un rêve, c'était un drôle de rêve, ouais ! Mais il est fini, à présent, et Bébé est réveillé !

Sa main gauche recouvra aussi sa liberté pour s'abattre sur mon épaule :

— Maintenant que nous sommes sur les lieux, nous allons repartir à zéro, tous les deux. Je m'en vais te faire cracher tout ce que tu sais. Après ça, je verrai ce que j'en ferai, mais moi, au moins, je veux *tout* savoir !

Comment pourrait-il me faire dire ce que j'ignorais ?

— Que faisais-tu ici, la nuit où c'est arrivé ? Qu'est-ce qui t'a amené dans cette maison ?

Je secouai désespérément la tête :

— Mais je n'étais pas venu ici avant aujourd'hui... J'ai vu cette maison pour la première fois tout à l'heure...

Son poing me frappa au menton et bien qu'il n'y eût pas mis toute sa force, ma tête cogna douloureusement contre le mur.

— Qui as-tu tué ? Comment s'appelait ce type ?

— Mais, gémis-je, comprenez donc que je suis déjà en enfer de ne...

Il me décocha un autre coup de poing, mais que j'esquivai. Il dut estimer que c'était de la récalcitrance et sa colère s'en accrut :

— Veux-tu me répondre, Vince ? Vas-tu me répondre, dis ?

— Je ne peux pas. Vous me demandez des choses que j'ignore !

Il me frappa encore et je ripostai sans grande conviction, comme l'on s'efforce de frapper quand on se sent attaqué :

— Qui était ce type ? Pourquoi l'as-tu tué ? Pourquoi ? *Pourquoi ?*

Il m'avait finalement saisi par les épaules et me secouait. Je me dégageai et m'écartai de lui. Nous demeurâmes un instant à nous mesurer du regard, puis il se rapprocha de nouveau en disant :

— Tu ne vas pas t'en tirer comme ça. J'en ai fait parler de plus coriaces que toi. Je connais la méthode. Ou tu parleras ou, lorsque tu sortiras de mes mains, tu ne vaudras guère mieux que le gars que tu as tué !

Il était sincère, je le sentais. Le policier s'était déchaîné en lui et plus rien ne l'arrêterait en face de ce qu'il estimait être mon entêtement à nier l'évidence.

Mes fesses heurtèrent le bord de la table. Je la

contournai vivement afin de la mettre entre nous, et Cliff brandit une chaise en serrant les dents.

Au même instant, derrière moi, j'entendis la porte claquer contre le mur et je vis Cliff abaisser le bras qui brandissait la chaise, en regardant par-dessus mon épaule, fixement.

Je me retournai. Sur le seuil de la cuisine, un homme nous considérait, un revolver à la main.

Il y eut une seconde de silence total qui nous donna une impression d'éternité, puis l'inconnu demanda :

— Qu'est-ce que vous faites ici, tous les deux ?

Cliff acheva de reposer la chaise par terre, calmement.

— Nous sommes entrés nous abriter de la pluie. Est-ce que ça vous convient ? répondit-il avec un reste de l'agressivité qui avait été précédemment dirigée contre moi.

— Montrez-moi vos papiers... et vite ! fit l'autre en s'avançant d'un pas à l'intérieur de la cuisine.

Cliff sortit son portefeuille de sa poche revolver et le jeta en direction de l'homme, de façon qu'il glisse sur le carrelage jusqu'à ses pieds. Puis, se tournant vers l'évier, il se servit un verre d'eau qu'il but, sans attendre le verdict de l'inconnu. Après quoi, tout en s'essuyant le menton avec sa manche, il revint réclamer ses papiers. Sur la vue de ceux-ci, l'autre avait rengainé son revolver et son visage s'était détendu :

— Merci, Dodge, dit-il avec une nuance de respect. Vous appartenez à la Brigade criminelle, hein ?

Cliff demeura de marbre :

— Et vous, si vous nous disiez un peu qui vous êtes ?

— Brown, attaché au bureau du shérif. Je suis chargé d'avoir l'œil sur cette maison. J'étais allé chez moi manger un morceau et...

Il se tourna à demi vers le hall :

— Comment êtes-vous entrés ? Je croyais avoir bien tout barricadé pourtant...

— La clef était derrière un des pots de fleurs du porche, dit Cliff.

— Ah ? fit Brown, d'un air surpris. Alors, il s'agit d'une seconde clef, car l'autre ne m'a pas quitté depuis une semaine. C'est drôle que nous n'ayons point su qu'il en existait un double...

Je déglutis péniblement, mais ma gorge ne fut pas soulagée pour autant.

— Je passais en voiture pour m'assurer que tout était en ordre, continua l'adjoint du shérif, quand j'ai vu de la lumière dans la cuisine. Puis, lorsque je suis entré, je vous ai entendus tous les deux...

Son regard se porta vers la chaise, mais il ne demanda point à propos de quoi nous nous disputions pareillement. De toute façon, je devinais qu'il n'aurait pas obtenu de réponse. L'attitude de Cliff signifiait clairement qu'il s'agissait d'une discussion intime, ne concernant pas l'intrus. D'ailleurs, il riposta par une autre question :

— Pourquoi devez-vous spécialement surveiller cette maison ?

— Parce qu'un meurtre y a été commis la semaine dernière.

Ce fut comme si un gouffre se creusait subitement dans mon estomac.

— Ah ! oui, racontez-moi donc un peu ça, fit Cliff, imperturbable, en s'asseyant à califourchon sur la chaise dont il m'avait menacé. De nouveau, il sortit son paquet de cigarettes et se servit. Mais, cette fois, il le lança ensuite de mon côté, sans toutefois aller jusqu'à m'accorder un regard. Comme on jette quelque chose à un chien... Non, même pas, car on a ordinairement de l'affection pour le chien.

Mais ce simple geste suffit à me faire comprendre son désir de voir « notre affaire » rester uniquement entre nous... du moins pour le moment.

— Offres-en, me dit-il d'une voix dure, toujours sans me regarder.

— Merci beaucoup, mais j'ai les miennes, répondit l'autre en s'approchant de la table contre laquelle il appuya sa hanche.

De la sorte, il se trouvait devant moi et ne pouvait plus voir mon visage, ce qui était aussi bien. Il s'adressait uniquement à Cliff, m'ignorant avec superbe. Si, dans mon esprit torturé par la peur, il y avait encore eu place pour un sentiment de ce genre, j'aurais apprécié l'ironie de la situation : l'adjoint du shérif allait raconter son histoire en tournant le dos à l'homme qui risquait fort d'en avoir été le principal héros ! On le sentait tout heureux de parler boutique, sur un pied d'égalité, avec un flic important de la ville. Il s'auréola d'une bouffée de fumée :

— Cette maison appartenait à des gens riches, nommés Fleming...

L'espace d'une seconde, Cliff me sonda du regard, puis considéra de nouveau son interlocuteur avant que celui-ci ait eu le temps de remarquer quoi que ce fût. Comment aurais-je pu réagir ? C'était la première fois que j'entendais ce nom. Il n'avait pour moi aucune signification particulière.

— Le mari était souvent absent, faisant de longs voyages d'affaires. Il n'était justement pas là lorsque ça s'est produit. En fait, nous n'avons pas encore pu le joindre pour le mettre au courant. La femme était fort jolie...

— Etait ? entendis-je Cliff murmurer.

L'autre continuait, racontant l'histoire à sa façon :

— ... un peu tête en l'air. Il y a même quelques dames ici pour dire qu'elle flirtait derrière le dos de son mari, mais on n'a jamais rien pu établir de semblable, bien qu'on l'ait vue souvent en compagnie d'un jeune homme. Celui-ci était plus exactement un ami du ménage et sortait souvent avec les Fleming. Il se nommait Dan Ayers...

Cette fois, ce fut moi qui, mentalement, répétai :

— Se nommait ?

L'homme prit un temps, se racla la gorge, raya le linoléum du bout de son pied. Ce n'était pas sa cuisine, n'est-ce pas ? D'ailleurs, pour l'instant, ça n'était plus la cuisine de personne, sinon celle d'un pauvre type nommé Fleming qui se croyait encore sur le point de retrouver la chaude intimité de son foyer.

— Bob Evans, le gars qui livre le lait dans le secteur, venait de s'engager avec sa camionnette dans le chemin qui mène ici, l'autre mercredi, à l'aube, quand il aperçut, sur la mousse du sous-bois, ce qui lui parut être un tas de chiffons. Fort heureusement, Bob est d'un naturel curieux et il arrêta la camionnette pour mieux examiner la chose. Il s'agissait en réalité de la pauvre petite Mrs Fleming, toute couverte de rosée, de feuilles et de...

— Morte ? l'interrompit Cliff.

— Mourante. Elle avait dû passer des heures à se traîner à plat ventre en direction de la grand-route, dans l'espoir d'y trouver du secours. Elle était sans doute trop faible pour pouvoir crier bien fort ; d'ailleurs, il n'y aurait eu personne pour l'entendre. Elle était arrivée presque jusqu'aux deux piliers qui marquent l'entrée de la propriété et que vous avez peut-être remarqués en venant. Lorsque Bob la trouva, elle était sans connaissance. Laissant tomber sa tournée, il la transporta aussitôt à l'hôpital. Les médecins déclarèrent qu'elle avait les deux jambes brisées, une fracture du crâne, des contusions internes, et pas la moindre chance de s'en tirer. Ils ne se trompaient point : elle mourut à la fin de l'après-midi.

Je n'aurais pas cru que respirer pût être aussi pénible. Jusqu'alors, ça m'avait paru très simple, à la portée de tout le monde, mais je découvrais soudain que cela demandait un terrible effort.

Le bruit que je faisais attira un bref instant sur ma personne l'attention du narrateur. Puis il se tourna de nouveau vers Cliff, avec cet air d'aimable supériorité qu'affectent les professionnels à l'égard du profane :

— Ça paraît l'impressionner drôlement. Il n'a pas l'habitude, hein ?

— Qu'était-il arrivé ? demanda Cliff, sans même me regarder. Dieu ! comme il me haïssait en cet instant !

— Eh bien, tout d'abord, nous n'en avons trop rien su. Nous avions seulement la certitude qu'elle avait été écrasée par une voiture, et nous avions même retrouvé la voiture au bord de la grand-route, à peu de distance du chemin. Il y avait des cheveux et du sang aussi bien sur les pneus que sur le pare-chocs... et c'était la voiture de Dan Ayers.

« Pendant que nous retrouvions ainsi la voiture, mon chef, lui, qui était allé jusqu'à la maison, constatait que le coffre-fort avait été forcé et vidé. Il se trouve à l'étage au-dessus, dans une pièce tapissée de miroirs. Je vous y conduirai tout à l'heure, si vous voulez...

— Non ! lança durement Cliff. »

Mais c'était à moi qu'il s'adressait.

Je reposai la bouteille de whisky sur l'étagère où je venais de la repérer. C'était un peu comme se faire opérer de l'appendicite sans être anesthésié.

— Pourquoi ne va-t-il pas dans une autre pièce, si ça le rend malade comme ça ? s'enquit l'autre avec condescendance.

— Je veux qu'il reste avec nous. Il faut qu'il s'y habitue, répondit Cliff.

— La découverte du coffre nous fit comprendre ce qui s'était passé. Ou, du moins, nous crûmes l'avoir compris. Vous savez comment sont ces affaires qui semblent vous attendre, où l'on n'a rien à rechercher ? Eh bien, ça paraissait en être une. Ayers avait appris que Fleming gardait pas mal d'argent dans son coffre, même lorsqu'il partait en voyage. Ce soir-là, il avait raccompagné Mrs Fleming chez elle et s'était arrangé pour pouvoir s'introduire de nouveau dans la maison un peu plus tard, ou bien y était resté caché à l'insu de Mrs Fleming. Puis, à un moment donné, sortant de sa chambre, elle avait dû le surprendre en train de forcer le coffre et s'enfuir aussitôt pour tenter de lui échapper...

— Pourquoi n'a-t-elle pas téléphoné ? questionna posément Cliff.

— Vous comprenez, il ne s'agissait pas simplement d'une tentative de cambriolage. Elle avait dû lire sur son visage qu'il était décidé à la tuer pour l'empêcher de parler. Pas question donc, pour elle, de chercher à prévenir la police. Le plus urgent était de fuir pour ne pas être tuée. Elle avait réussi à sortir de la maison, mais, avec la voiture, il la rattrapa sur le chemin. Elle avait tenté de se réfugier dans le sous-bois, mais il s'écarta lui-même du chemin et la rejoignit avant qu'elle atteigne la ligne des arbres qui eussent arrêté la voiture. Nous avons relevé des traces de pneus qui racontent clairement l'histoire. Ça n'a pas été un accident, mais un meurtre commis délibérément à l'aide de l'auto. Il l'a renversée, lui a passé dessus une première fois, puis une seconde fois en marche arrière. Il a dû penser qu'elle était morte, mais elle n'était encore que mourante.

J'écrasai la première larme dans mes cils, mais la

seconde m'échappa et roula jusqu'à mon menton. La vie me paraissait soudain magnifique, tandis que je me répétais : « *Je ne sais pas conduire ! Je ne sais pas conduire !* »

Cliff sortit de nouveau son paquet de cigarettes, l'ouvrit puis me le jeta ; seulement, cette fois, il me regarda et sourit en disant :

— Il n'en reste plus qu'une, mais prends-la.

Je l'allumai et souris à Cliff, à travers les larmes qui m'empêchaient de bien le voir.

Notre compagnon continuait :

— Le gars avait commencé par fuir dans la bagnole, mais s'étant vite rendu compte qu'elle le ferait repérer rapidement, il l'avait abandonnée où nous l'avons retrouvée. Je n'insiste pas davantage car, ça, c'est l'affaire telle que nous pensions l'avoir reconstituée le mercredi matin.

« On déclencha une alerte générale en diffusant le signalement de Dan Ayers. Puis vers cinq heures de l'après-midi, Mrs Fleming reprit conscience un bref instant — Waggoner, mon chef, était resté à proximité avec l'espoir de pouvoir la questionner — et la première chose qu'elle murmura fut : « Dan... comment va-t-il ? Il n'a pas tué Dan, au moins, dites ? » Ce qu'elle nous apprit alors nous fit retourner dare-dare à la maison. Nous ouvrîmes les portes que dissimulent certains miroirs de la fameuse pièce et dans l'un de ces placards, nous découvrîmes le cadavre d'Ayers. Il avait été poignardé dans le dos avec une alêne, un poinçon ou quelque chose du même genre, et était mort depuis la nuit précédente. Mrs Fleming, elle, mourut peu après cette découverte et c'est ainsi que fut démolie notre première hypothèse, laquelle semblait pourtant découler clairement des constatations faites. »

Cliff ne posa pas tout de suite la question, sans

doute parce qu'il lui en coûtait, et ce fut seulement après un moment de silence qu'il demanda :

— Avez-vous découvert quelque chose à propos du véritable assassin ?

— Pratiquement tout... sauf le gars lui-même. Mrs Fleming était dans la chambre aux miroirs, en même temps que les deux hommes, lorsque le drame a commencé. Elle a survécu suffisamment longtemps pour nous dire ce qu'elle avait vu et tout est consigné dans le dossier de l'affaire... lequel est dans le bureau du chef.

Cliff se frappa les genoux, comme s'il hésitait à prendre une décision, puis se leva :

— Allons voir ce dossier, dit-il en se dirigeant vers la porte et il ajouta, en se retournant vers moi : Viens aussi, Vince. Je vais laisser un mot à Lil.

J'avais les jambes raides et ne le rejoignis pas immédiatement. Il m'attendit en répétant :

— Viens, Vince. Je sais que ça n'est pas de ton ressort, mais il vaut quand même mieux que tu nous accompagnes.

— N'avez-vous donc aucune pitié ? haletai-je en passant devant lui, la tête baissée.

***

Bien que la distance fût courte entre la voiture de Brown dont nous descendions et le bureau du shérif, Cliff me marcha deux fois sur les talons. Ce dut être accidentel, mais je crois bien que, sans cela, je me serais figé sur place. Et Cliff devait l'avoir compris.

Waggoner était beaucoup plus jeune et plus soigné que je ne m'y attendais. C'était la première fois que je rencontrais un policier campagnard. Je les imaginais mâchonnant des brins de paille et en manches de chemise, avec des bretelles. Au lieu de cela, il fumait une pipe de Dunhill et son pantalon avait un pli donnant à penser que sa femme le repassait chaque matin. Nous entrâmes tous les quatre dans son bureau, qui se trouvait au fond de la première pièce et je les écoutai discuter un moment de l'affaire, sur le plan général. Puis Waggoner répondit « oui » à une question de mon beau-frère, tout en ouvrant un tiroir de classeur pour y prendre un dossier.

— Oui, répéta-t-il, Mrs Fleming nous en a fait une description assez détaillée. Voici la transcription de l'entretien que j'ai eu avec elle, à l'hôpital. J'avais emmené un sténographe qui a tout noté...

Il prit quatre feuilles dans le dossier qu'il se mit à parcourir pour les résumer, tandis que je pensais avec effroi « Mon Dieu, quatre pages de détails sur moi ! »

— La façon dont nous supposions que Mrs Fleming avait été tuée, était parfaitement exacte, tout comme notre hypothèse concernant le vol et la façon dont il avait été interrompu. Notre erreur concernait seulement l'assassin. Au lieu que Mrs Fleming ait été tuée par Ayers, comme nous le pensions, Ayers et elle ont été tués par cet homme. Après l'avoir vu poignarder son ami, elle s'est enfuie de la maison, mais l'assassin a pris la voiture d'Ayers et l'a rattrapée dans le chemin, où il l'a écrasée impitoyablement. Après quoi, le meurtrier retourna achever de vider le coffre et dissimuler le cadavre d'Ayers. Il referma aussi soigneusement la maison, afin de retarder le plus possible la découverte du drame... etc... etc... continua-t-il en tournant une page. Puis le doigt qui suivait les lignes s'immobilisa : Ah ! voici ce que vous voulez, Dodge. L'assassin a vingt-cinq ans environ, le teint clair. Ses pommettes, un peu saillantes, faisaient ombre sur ses joues à la clarté de la torche lorsque celle-ci vacillait devant son visage...

J'appuyai mon menton au creux de ma main, afin que mes doigts s'allongent contre la joue qui était tournée de leur côté. Je me trouvais près de la fenêtre obscurcie par la nuit, tandis que les trois autres étaient rassemblés autour du bureau de Waggoner sur lequel une lampe portative était allumée.

Le doigt du policier sauta un paragraphe, puis s'immobilisa de nouveau :

— Il a les cheveux châtain clair. Mrs Fleming s'est même souvenu qu'il les coiffait avec la raie à gauche... C'est bien d'une femme de remarquer des choses comme ça en un pareil moment !... et qu'une assez longue mèche tombait constamment sur ses yeux.

Ma main remonta pour jeter ma mèche en arrière, mais celle-ci retomba presque aussitôt, ainsi qu'elle le faisait toujours.

— ... les yeux fixes et vitreux, comme s'il n'avait plus toutes ses facultés...

Je vis Cliff regarder pensivement le plancher, puis relever de nouveau la tête.

— Il avait sous son veston un pull-over tricoté, et elle a même remarqué que celui-ci avait été reprisé, près de l'encolure, avec une laine de couleur différente.

Lil me l'avait tricoté comme cadeau de Noël et un bout d'allumette enflammée y avait fait ensuite une grosse brûlure. Quand je l'avais porté à ma sœur, elle n'avait plus de laine semblable et avait dû faire une réparation de fortune qui se remarquait au premier coup d'œil...

Le pull-over était dans ma chambre, mais il me sembla voir son reflet quand je me tournai vers la vitre obscure.

La voix continuait :

— Il nous a fallu près de deux heures pour lui soutirer tout cela, car elle était extrêmement faible. Elle est morte ensuite sans savoir que Ayers avait été tué en même temps qu'elle...

J'entendis le craquement des feuilles qu'il repliait. Durant un instant, personne ne dit mot, puis Cliff demanda :

— Ils sont enterrés, maintenant ?

— Oui, tous les deux. Inhumation provisoire en ce qui concerne Mrs Fleming, car nous n'avons pas encore pu arriver à joindre son mari. A ce que j'ai compris, il voyage actuellement en Amérique du Sud...

— Vous avez des photos d'eux ?

— Oui, mais prises après leur mort. Vous voulez les voir ?

Comprenant soudain ce qui allait se passer, je sentis mon sang se glacer et mes yeux se tournèrent vers Cliff, l'imporant : « Ne m'obligez pas à regarder ces photos devant eux, je vais me trahir ! Je ne puis en endurer davantage, je suis à bout de résistance ! »

— Oui, volontiers, répondit-il avec détachement.

Waggoner les sortit du dossier et dans la vitre obscure, je vis ces rectangles luisants passer de main en main.

Parce que je ne voyais ainsi qu'un vague reflet de leurs gestes, la façon dont Cliff s'y prit m'échappa. Je pense qu'il détourna leur attention en parlant soudain avec prolixité et véhémence, alors que les photos étaient encore entre ses mains, si bien que Waggoner oublia de les remettre dans le dossier. Après quoi, je ne sus plus ce qu'étaient devenues les photos.

Un moment plus tard, ils se levèrent, la lampe fut éteinte et Cliff me dit :

— Tu viens, Vince ?

Nous sortîmes du bureau et regagnâmes la rue. Brown proposa de nous ramener chez les Fleming :

— C'est sur mon chemin...

Il s'assit au volant et Cliff prit place à côté de lui. J'allais m'asseoir sur la banquette arrière quand la voix de Cliff m'immobilisa, une main sur la poignée de la portière :

— Vince, fais un saut jusque dans le bureau de Mr Waggoner, voir si je n'y ai pas laissé mes cigarettes.

Puis il retint Waggoner près de la voiture en se livrant à une démonstration de vive cordialité :

— Je tiens absolument à ce que vous veniez me voir quand vous aurez affaire de notre côté...

Sa voix se fondit derrière moi, tandis que je retraversais, seul, la première pièce obscure. Je savais pourquoi mon beau-frère m'avait renvoyé dans le bureau de Waggoner. Il ne pouvait pas y avoir oublié ses cigarettes puisqu'il m'avait donné la dernière qu'il eût, dans la cuisine des Fleming.

A tâtons, je retrouvai le cône de la lampe, encore tiède, et la rallumai. Les photos étaient là ; au dernier moment, Cliff les y avait laissées à mon intention.

Celle de la femme était sur le dessus. A la clarté de la lampe, son visage parut reprendre vie dans ma main, perdant la raideur de la mort, retrouvant la vue. Il me sembla entendre de nouveau sa voix : « *Il est juste derrière toi !* » Et l'homme s'anima aussi dans mon autre main. Je reconnus le regard qu'il m'avait jeté, lorsque je m'étais penché sur lui après l'avoir déjà blessé à mort : « *Pourquoi m'avez-vous fait ça ?* »

Le cône de lumière bondit vers le plafond, puis je me retrouvai étendu sur le plancher, avec trois paires de pieds autour de moi et des voix mâles discutant au-dessus de ma tête :

— Il a tourné de l'œil.

— Les photos, sans doute, hein ? Là-bas, à la maison, j'avais déjà remarqué qu'il était vivement impressionné tandis que je vous relatais les grandes lignes de l'affaire...

— Il n'est pas bien et suit actuellement un traitement. Il a fréquemment des évanouissements...

C'était Cliff qui venait de dire cela. Ayant mis un genou à terre, il me souleva la tête et approcha un verre d'eau de mes lèvres.

Entre son visage et le mien, il n'y avait que la largeur de ce verre.

— Oui, soupirai-je.

— Tais-toi, fit-il sans presque bouger les lèvres.

Il m'aida à me relever et me soutint jusqu'à la voiture. Ça fait une drôle d'impression de s'appuyer sur quelqu'un qu'on sait être désormais votre ennemi. Mais je n'avais pas la force de faire autrement.

— Ça va aller maintenant, dit Cliff en refermant la portière arrière, dont le claquement évoqua pour moi la porte d'une cellule.

Waggoner demeura derrière nous, planté au bord du trottoir, après avoir été aspergé de « A bientôt ! » et de « Merci beaucoup ».

Cliff et moi n'échangeâmes pas une seule parole. Avec Brown au volant, ça ne nous était pas possible.

Lil nous attendait dans la voiture de Cliff et elle était furieuse. Pendant la moitié du trajet de retour, elle l'accabla de reproches :

— Tu as un fier toupet de m'avoir laissée toute seule dans cette maison où je n'avais pas le droit de me trouver, pour t'en aller discuter le bout de gras avec deux péquenots de flics ! Tu aurais pu me laisser un mot me disant où tu étais. Mais non ! Et c'était ton jour de congé ! C'est bien simple, je ne peux pas passer un seul jour de l'année avec toi sans que tu me parles de la Brigade, des affaires de la Brigade et des gars de la Brigade ! Tu n'en as donc pas ta suffisance tout le long de la semaine ?...

Je crois que, pour une fois, Cliff était heureux de l'entendre ainsi bourdonner sans arrêt à ses oreilles ; ça l'empêchait de penser trop continûment à moi.

Lil ne se calma qu'aux abords de la ville et le silence glacial qui pesa alors sur la voiture, pouvait être attribué à une bouderie consécutive au « savon » que Cliff venait de recevoir. A un moment donné, alors que nous étions presque arrivés, Lil s'enquit :

— Qu'as-tu, Vince ? Tu n'es pas bien ?

Dans le rétroviseur, elle avait vu que je me tenais la tête.

— La balade a été un peu trop fatigante pour lui.

Cette remarque déclencha un supplément de commentaires acerbes :

— Evidemment, avec la façon dont *tu* conduis ! La prochaine fois, cherche à ne *pas aller* où nous devons aller comme cela, nous y arriverons peut-être !

J'aurais hypothéqué ma part de ciel pour me retrouver dans le monde quotidien où ma sœur continuait d'être, le monde où l'on se querelle et l'on se boude, mais où l'on ne tue pas. Seulement, je n'avais même pas cette ressource, au fond, car il ne me restait plus aucun espoir de ciel.

Nous nous arrêtâmes devant chez moi et Cliff dit :

— Je monte un instant avec Vince.

Je gravis l'escalier devant lui et, une fois dans l'appartement, il parla dès qu'il eut refermé la porte, sans élever la voix, aussi posément que possible :

— Lil attend en bas et je m'en vais la reconduire à la maison, avant toute chose. J'aime Lil, et... ce sera déjà assez terrible pour elle quand elle apprendra... Je veux que, avant cela, elle ait au moins une bonne nuit de sommeil.

La main sur la poignée de la porte, prêt à la rouvrir pour s'en aller, il ajouta :

— Prends la fuite... c'est encore ce que tu peux faire de mieux. Fous le camp quelque part, où ta sœur et moi nous ne serons pas obligés d'assister à l'hallali... Si tu es encore ici quand je reviendrai, je t'arrêterai pour le meurtre de Dan Ayers et de Dorothy Fleming. Je n'ai pas besoin de te demander si tu les as tués : tu t'es évanoui rien qu'à voir les photos prises après leur mort.

Il tourna le bouton de la porte, d'un geste douloureux :

— Suis mon conseil et ne sois plus ici quand je reviendrai. Je vais faire un rapport à la Brigade et ils le transmettront à Waggoner... Puis, demain matin, je leur remettrai ma démission.

J'étais appuyé contre le mur, comme si j'essayais de sortir de la chambre là où il n'y avait pas de porte :

— J'ai peur, balbutiai-je.

— Les assassins ont toujours peur... après. Je serai de retour dans une demi-heure.

Il s'en alla en refermant la porte.

Pendant près de la moitié de cette demi-heure qu'il m'avait, pour ainsi dire, jetée au visage, je ne bougeai pas. Puis j'allumai au-dessus du lavabo et fis couler l'eau chaude. Ma main caressa mon menton qui piquait un peu, mais ça n'était pas cela qui me préoccupait. J'ouvris la petite armoire laquée et j'y pris la crème à raser, le rasoir, une lame neuve, machinalement, comme je le faisais chaque jour. Puis je remis en place le tube de crème et le rasoir.

L'eau chaude continuait à couler. Je souffrais déjà tellement, que je ne sentis pas la douleur de l'entaille quand je la fis. L'eau emportait le rouge qui coulait de moi.

A la gorge, c'eût été plus rapide, seulement, je ne m'en sentais pas le courage. Les Romains s'y prenaient ainsi jadis ; c'était plus lent, mais tout aussi efficace. Je m'entaillai également le poignet gauche, puis je jetai la lame.

Quand Cliff essaya d'ouvrir la porte, je voyais des taches noires passer devant mes yeux. Je ne voulais pas faire de bruit, pour qu'il pût me croire enfui, mais mes jambes cédèrent sous moi. Alors il cria :

— Ouvre, ou je fais sauter la serrure !

Ça n'avait plus d'importance ; quoi qu'il fît, il arrivait trop tard. Me traînant sur les genoux, j'allai tourner la clef dans la serrure puis, quand il entra, je me remis debout en disant :

— Vous auriez pu vous éviter de revenir.

— Je n'avais pas pensé à ça, répliqua-t-il en arrachant les pans de sa chemise pour me faire des ligatures au-dessus desquelles la peau devint toute bleue.

***

Ils ne me gardèrent pas à l'hôpital. Ils me mirent simplement des agrafes, puis me renvoyèrent chez moi en me disant de garder le lit pendant vingt-quatre heures, mais de ne pas me biler.

Je n'avais même pas pu réussir ça : ces lames de sûreté ne peuvent point faire d'entailles bien profondes.

Il était quatre heures du matin quand nous nous retrouvâmes dans ma chambre. Cliff me regarda pendant que je me déshabillais, puis ouvrit le lit pour que je m'y étende.

— L'arrestation est retardée ? demandai-je, mais sans la moindre nuance de sarcasme ou d'intérêt.

— Annulée, répondit-il. Je t'avais accordé une chance de fuite et tu n'en as pas profité. A la vérité, j'avais laissé Lil rentrer toute seule à la maison et je suis resté en bas, à épier ta porte. Quand un type s'ouvre les veines au lieu de s'enfuir, c'est qu'il y a quelque chose de vrai dans ce qu'il raconte. On ne se tue pas pour donner du corps à des mensonges. Tu m'as donc convaincu de ta bonne foi, sinon de ton innocence. J'ignore comment cela peut s'expliquer, mais je pense que tu ne sais vraiment pas ce que tu as fait cette nuit-là et que tu m'as dit la vérité au mieux de ta connaissance.

— Je suis à bout, je suis rendu, dis-je, et je n'ai même plus envie de discuter...

— Je crois qu'il me vaut mieux rester avec toi cette nuit.

Il prit un des oreillers et s'installa dans le fauteuil.

— Oh ! n'ayez aucune crainte... Je ne m'en vais pas recommencer, lui assurai-je. Mais je continue de penser que c'eût été la meilleure solution.

Nous parlions sans presque élever la voix, tellement nous étions exténués par la tension que nous avions endurée tout au long de la journée, et, en ce qui me concernait, il y avait aussi l'affaiblissement causé par la perte de sang. Une minute plus tard, l'un ou l'autre de nous se fût assoupi et c'eût été fichu, car jamais peut-être le concours de circonstances qui engagea nos pensées dans cette voie, ne se fût reproduit. Si le dosage de l'heure, du lieu, de l'humeur, varie d'un iota, le résultat n'est plus le même. C'était à cette minute seulement que cela pouvait se produire, et pas à une autre.

Cliff bâilla et étendit ses longues jambes pour s'installer plus confortablement dans le fauteuil dont le siège était bas. De la sorte, ses pieds passèrent au-dessus de la ligne encore légèrement humide qui allait du lavabo à la porte et rappelait ma tentative. Il la regarda et dit d'une voix endormie :

— T'avais choisi un drôle de moyen pour en finir.

— Je suppose que les gens pensent d'abord au gaz en pareil cas, répondis-je, en étant moi-même au bord de l'assoupissement. Mais comme il n'y a pas le gaz dans cette maison, je n'avais pas d'autre moyen...

— Une chance ! Si moins de maisons avaient le gaz, peut-être n'y aurait-il pas tant de suicides.

— Oui, mais quand votre ampoule est grillée et qu'on n'en a point de rechange, on se trouve bien embarrassé lorsqu'on n'a pas le gaz. Je me rappelle que c'est arrivé, une nuit, au type qui habitait la chambre voisine et il a dû se servir d'une bougie...

J'avais déjà fermé les yeux. Pour ce que j'en savais, Cliff dormait peut-être, mais ma voix somnolente avait encore une phrase à prononcer avant de se taire :

— C'était la nuit où j'ai eu le cauchemar.

— Comment sais-tu qu'il a dû se servir d'une bougie ? Tu étais donc chez lui à ce moment-là ?

Sa voix me fit rouvrir les yeux, tout comme ma dernière remarque semblait lui avoir fait rouvrir les siens. Il ne s'était pas redressé, sa tête était toujours sur l'oreiller, mais il s'était tourné vers moi.

— Non. Il a frappé et passé un instant la tête dans l'entrebâillement de la porte pour me demander si j'avais de la lumière. Il voulait savoir s'il s'agissait d'une panne affectant toute la maison ou si c'était simplement son ampoule qui était grillée. Il tenait sa bougie à la main...

— Pourquoi avait-il besoin de te demander ça ? Ne pouvait-il s'en rendre compte dans le couloir ?

— Dans l'escalier, ils éteignent après onze heures et demie. Je suppose que ce devait être déjà fait...

Cliff s'était maintenant redressé dans son fauteuil :

— Ce n'était quand même pas une raison pour venir te réveiller comme ça. J'aimerais savoir le reste de l'histoire...

— Mais c'est tout. Il n'y a rien eu d'autre.

— C'est ce que tu penses, mais nous allons voir ça. Tout d'abord, qui était ce type ? Ou bien était-ce la première fois que tu le voyais ?

— Oh ! bien sûr que non. C'était un nommé Burg, qui habitait cette chambre depuis une dizaine de jours. Quand nous nous rencontrions sur le palier, nous nous disions bonjour... vous savez comment c'est, dans les maisons meublées... Il nous était même arrivé de bavarder le soir, devant la porte de l'immeuble, quand nous n'avions rien d'autre à faire.

— D'où vient que tu n'aies encore jamais fait mention de cet incident, alors que je t'ai demandé plusieurs fois de me raconter tout, *absolument tout,* ce que tu avais pu faire ce soir-là avant de t'endormir.

— Mais ça n'avait rien à avoir avec... avec ce qui s'est produit plus tard, voyons ! Vous m'avez demandé constamment si j'étais sûr de ne pas me rappeler être sorti de ma chambre, mais je n'ai pas mis un pied dans le couloir quand il est venu comme ça... D'ailleurs, j'étais couché *et je n'ai pas eu besoin de me lever pour lui ouvrir la porte,* alors, vous voyez !

— Oh ! tu étais au lit ?

— Oui, depuis un bon moment déjà. Je lisais le journal comme je le fais chaque soir. Je venais de le finir et il y avait peut-être deux minutes que j'avais éteint, lorsque j'ai entendu frapper discrètement à la porte...

Cliff eut un geste approbateur :

— Oui, raconte-moi ça point par point, comme tu le ferais à un gosse de six ans.

Il avait quitté son fauteuil et se tenait près de moi, la tête penchée. Je me demandai pourquoi une chose aussi insignifiante l'intéressait à ce point.

— Je me suis tourné, en demandant : « Qui est là ? » Il m'a répondu d'une voix étouffée : « Burg, votre voisin. »

Cliff fronça les sourcils :

— D'une voix étouffée ?

Je haussai les épaules :

— Sans doute ne voulait-il pas réveiller tous les gens de l'étage !

— Oui, peut-être. Continue.

— De mon lit, comme vous le voyez, je puis atteindre la porte. J'ai donc étendu le bras, tourné la clef, et ouvert. Il était en manches de chemise et tenait cette bougie allumée devant lui. Il s'est enquis si l'électricité marchait chez moi. J'ai pressé la poire et la lampe s'est allumée.

— Alors, il est reparti ?

— Non, pas tout de suite, tout de suite... J'ai éteint de nouveau, mais il est encore resté une ou deux minutes à la porte.

— Pourquoi a-t-il éprouvé le besoin de s'attarder après avoir constaté que tu avais de l'électricité ?

— Eh bien, pour s'excuser de son intrusion, prendre congé, me souhaiter une bonne nuit, quoi !

— Quelles ont été exactement ses paroles ?

Vraiment, il était pire qu'un instituteur interrogeant un gamin !

— Vous savez bien comment ça se passe. Il a dit être navré de m'avoir dérangé et qu'il ne l'aurait pas fait s'il avait pensé que j'étais déjà couché. Il m'a demandé : « Vous êtes fatigué, n'est-ce pas ? Je vois que vous l'êtes. »

— Avec la lumière éteinte.

C'était un commentaire et non une question.

— Sa bougie éclairait mon visage. Il répétait : « Oui, vous êtes fatigué, vous êtes très fatigué. » Et le plus drôle de l'histoire, c'est que je n'en avais pas eu conscience plus tôt, mais je me suis alors rendu compte que, effectivement, j'étais fatigué.

— C'est un bonhomme qui me semble s'être répété, non ? Il t'a dit quatre fois que tu étais fatigué.

— Oh ! bien plus que ça... Il répétait ça en baissant insensiblement la voix... Je suppose qu'il devait être de ces gens qui ont l'habitude de se parler a eux-mêmes.

— Bon, bon, continue.

— Ma foi, c'est tout. Il a refermé la porte et s'en est allé tandis que je m'endormais comme une masse.

— Une minute, une minute ! Es-tu sûr que la porte a été refermée ? L'as-tu *vue* se refermer ? L'as-tu *entendue* se refermer ? Ou bien t'es-tu simplement imaginé qu'elle était refermée, parce qu'il devait en être normalement ainsi ?

Ah ! Il s'y entendait à embrouiller les gens, Cliff !

— Oh ! je somnolais déjà. Je me sentais très détendu, très...

— Attends... Est-ce que ça s'est passé ainsi ?

Il ouvrit la porte et la referma doucement. En entrant dans la gâche, le pêne fit *click*.

— Ou comme ça ?

Il avait rouvert la porte et il la referma en tournant le bouton, de façon que le pêne n'aille pas dans la gâche. Mais même ainsi, la porte fit un léger bruit en rencontrant le chambranle.

Cliff attendit un instant, puis dit :

— A la difficulté que tu as pour me répondre, je devine que tu n'as entendu aucun de ces deux bruits.

— Mais la porte a pourtant dû être refermée, protestai-je. Que vouliez-vous qu'il fasse ? Qu'il reste là toute la nuit ? La bougie a semblé s'éteindre. C'est donc bien qu'il m'a quitté et s'en est allé.

— La bougie a semblé s'éteindre... Et si tu avais eu cette impression parce que tes yeux se sont fermés ?

Comme je ne disais rien, il insista :

— Quelle sorte d'effet sa voix te faisait-elle ? Notamment quand il te répétait : « Vous êtes fatigué ? »

— Un effet apaisant. J'avais plaisir à l'entendre.

Cliff hocha la tête :

— Autre chose : comment tenait-il la bougie, par rapport à lui-même ? De côté ?

— Non, juste devant son visage, de telle sorte que la flamme m'apparaissait presque entre ses yeux.

De nouveau, il eut un hochement de tête :

— As-tu regardé la flamme fixement ?

— Oui, je ne pouvais plus en détourner mes yeux. Vous savez comme, dans une pièce obscure, une flamme attire le regard...

— Et s'il tenait la bougie comme tu dis, au-delà de la flamme, tu devais voir ses yeux ?

— Je crois que oui, en effet... Il a maintenu constamment la flamme de la bougie entre ses yeux et les miens.

Cliff eut une sorte de rictus :

— Les yeux fixes et vitreux, comme s'il n'avait plus toutes ses facultés, murmura-t-il.

— Quoi ?

— Je me remémorais un passage des déclarations que Mrs Fleming a faites avant de mourir. Autre chose : quand il t'est arrivé de bavarder avec ce type, comme tu dis l'avoir fait, le soir, devant la maison, de quoi parliez-vous ? T'en souviens-tu ?

— Oh ! un peu de tout... Nous causions à bâtons rompus. Vous savez comment c'est... on parle d'abord de généralités : le temps qu'il fait, le baseball, la politique. Puis on en vient à aborder des sujets plus personnels...

— ... Se documenter sur toi, marmotta Cliff sans que je puisse comprendre ce qu'il voulait dire. Puis il s'informa : pendant que tu étais avec lui, t'es-tu jamais surpris en train de faire une chose que tu n'avais pas l'intention de faire ?

— Non. Oh ! attendez... si ! Un soir, il avait une boîte de pastilles au menthol. Pendant que nous causions, il la sortait continuellement de sa poche pour m'en offrir. Or, s'il y a une chose que j'ai en horreur, c'est bien les pastilles au menthol. Je disais « Non, merci » à chaque fois, puis j'ai fini par céder et en prendre une. Après ça je lui ai presque vidé sa boîte !

Cliff me regarda d'un air sombre :

— Il mettait ta volonté à l'épreuve, pour se rendre compte de ta résistance.

— Vous semblez discerner quelque chose dans tout cela ? remarquai-je avec étonnement. Quoi donc ?

— Peu importe. Tu as eu suffisamment d'émotions comme ça pour l'instant. Dors, mon garçon. Tu as besoin de repos après avoir perdu tout ce sang.

— Où allez-vous ? questionnai-je en le voyant prendre son chapeau. Je croyais vous avoir entendu dire que vous passeriez la nuit avec moi ?

— Je retourne chez les Fleming... et aussi au bureau de Waggoner...

— *Maintenant ?* Vous allez retourner là-bas à une heure pareille ?

— Oui, Vince.

Et sur le seuil de la chambre, il ajouta :

— Ne désespère surtout pas... Nous allons finir par trouver le moyen de te sortir de là...

⁂

Il était plus de midi quand je me réveillai, ce qui n'avait rien d'étonnant après tout ce que j'avais enduré la veille.

Cliff n'était pas de retour.

Je me levai, m'habillai, mais n'osai pas sortir de ma chambre, même le temps d'aller boire une tasse de café. J'avais trop peur de manquer Cliff et de lui donner ainsi à croire que, finalement, j'avais préféré m'enfuir.

Il revint vers trois heures de l'après-midi et me trouva en train de faire les cent pas dans ma chambre, tenant un de mes poignets bandés avec l'autre main, car ils me faisaient maintenant beaucoup souffrir.

Mais, à côté de mon beau-frère, je paraissais frais comme tout. De larges cernes sous ses yeux attestaient qu'il ne s'était pas couché et la première chose qu'il fit, fut de s'effondrer dans le fauteuil, en envoyant valser ses chaussures. Puis il exhala un soupir de soulagement qui parut balayer la pièce.

— Où étiez-vous pendant tout ce temps ? lui demandai-je.

— Je suis déjà revenu une fois en ville, pour prendre quelque chose dont j'avais besoin et demander une permission de détente.

Son regard n'avait pas l'éclat qui caractérise le policier lancé sur une piste prometteuse, mais il paraissait moins abattu que la veille.

Il avait apporté avec lui un paquet plat enveloppé de papier brun. Il le déplia et, sans dire un mot, me présenta brusquement une grande photo dans un cadre de cuir.

Je mis une minute à reconnaître l'homme, à cause de certains détails déroutants. Ici, les cheveux étaient soigneusement peignés, au lieu de tomber en désordre sur les oreilles ; la lèvre supérieure était glabre, au lieu d'arborer une moustache hirsute et, par-dessus tout, le rayonnement de prospérité émanant du costume bien coupé, de la coûteuse cravate, suffisait à différencier totalement, de prime abord, cet homme-là de celui que j'avais connu sans cravate, avec une chemise déboutonnée au col pas très propre.

— C'est Burg ! m'exclamai-je. L'homme qui occupait la chambre d'à côté ! Où avez-vous... ?

— Je n'avais même pas besoin que tu me le confirmes. Il a déjà été identifié par la propriétaire et deux ou trois locataires à qui j'ai montré cette photo.

Soudain, il me révéla que le cadre avait deux panneaux, dont le second avait jusqu'alors été plaqué contre sa poitrine.

Et je la vis à nouveau me regarder.

Les trois fois, je l'avais vue différente. Maintenant son visage n'avait pas le masque haineux que je lui avais connu à la clarté du chalumeau, dans la chambre aux miroirs, ni le rictus funèbre de la photo trouvée sur le bureau de Waggoner. Non, elle souriait tranquillement, sans se douter qu'elle allait mourir.

— C'est aussi Joel, le mari de Dorothy Fleming, me dit alors Cliff. Waggoner m'a remis ce cadre qui provient de chez eux.

Il dut voir la faible lueur d'espoir qui s'allumait dans mon regard, car il secoua légèrement la tête en mordant sa lèvre inférieure. Sans doute valait-il mieux ne pas laisser à cet espoir le temps de prendre force.

Refermant le cadre, il le jeta sur le lit :

— Non, Vince, non, ça ne te tire pas d'affaire. Puisque tôt ou tard, tu sauras quelle est ta situation, autant te le dire tout de suite.

— Vous avez de mauvaises nouvelles à m'annoncer.

— Oui, assez mauvaises. Mais cela vaut quand même mieux que de continuer à se battre contre des ombres. Vince, tu as tué un homme dans la nuit de ce mercredi-là. Il n'y a pas d'erreur possible, alors, autant te pénétrer de cette réalité sans plus tarder. Il n'y a pas seulement le signalement fourni par Mrs Fleming au moment de mourir, et qui correspond tout à fait au tien. Il y a aussi les empreintes digitales que les hommes de Waggoner ont relevées sur le miroir derrière lequel le cadavre d'Ayers avait été dissimulé. J'ai pu me rendre compte que c'étaient les tiennes, en les comparant avec celles de ton verre à dents que j'avais emporté...

Je regardai la tablette de mon lavabo, sur laquelle le verre ne se trouvait effectivement plus.

— C'est toi et personne d'autre que toi, qui es entré chez les Fleming, qui as poignardé Dan Ayers avec un poinçon, et caché ensuite son cadavre dans le placard.

Sans doute me vit-il blêmir car il ajouta vivement :

— Mais ce n'est pas toi qui as tué Dorothy Fleming. Elle a été écrasée par une voiture et tu ne sais pas conduire. C'est la voiture d'Ayers qui l'a tuée, mais pas Ayers de toute évidence, puisqu'il venait lui-même d'être poignardé par toi. Cela prouve donc que quelqu'un t'a *amené* chez les Fleming et a attendu la suite à distance... distance suffisamment grande pour que cette personne ne pût être impliquée dans le coup, et cependant assez courte pour lui permettre d'intervenir opportunément si les choses tournaient mal et que l'une des victimes parût devoir échapper à son sort.

Cela ne me soulageait guère. Certes, mon crime diminuait de moitié, mais la moitié restante n'en demeurait pas moins accablante. Quand on sait avoir commis un meurtre, peut-on se sentir soulagé d'apprendre qu'on n'en a pas commis une douzaine d'autres ?

Je me laissai tomber sur le fauteuil et pris ma tête entre mes mains :

— Mais pourquoi ne me rendais-je pas compte de ce que je faisais !...

— C'est un point sur lequel nous reviendrons plus tard. Actuellement, je ne suis pas en mesure de prouver ce que je pense. Or une explication sans preuves, ça ne vaut rien. Et il n'y a qu'un moyen de prouver que les choses ont pu se passer ainsi : s'arranger pour qu'elles se passent de la même façon *une seconde fois.*

Je crus que l'un de nous deux devenait fou :

— Vous voulez dire : retourner là-bas et y commettre de nouveau mon crime... alors qu'ils sont enterrés tous les deux ?

— Non, simplement amener les mêmes circonstances, à se répéter. Evidemment, ça ne sera encore qu'une preuve indirecte, mais ça vaudra mieux que pas de preuve du tout.

— Ne pouvez-vous m'expliquer...

— Non, je crois préférable de garder les explications pour après. Autrement, tu serais tendu, nerveux, et tu risquerais de tout gâcher. Je désire au contraire que tu conserves bien ton sang-froid, car tout va dépendre de toi.

Je me demandais ce qu'il allait m'inciter à faire.

— Il est maintenant près de quatre heures, reprit-il, et nous n'avons plus beaucoup de temps. Pendant que j'étais là-bas, est arrivé un télégramme à Mrs Fleming. Il émanait de son mari, annonçant son retour d'Amérique du Sud pour aujourd'hui...

— Où allons-nous ? demandai-je tandis qu'il m'entraînait jusqu'à sa voiture.

Il me regarda tout en actionnant le starter.

— Quel est, en ce moment, l'endroit où tu souhaiterais le moins aller ?

La réponse était facile :

— Cette chambre aux miroirs, pour sûr !

— C'est ce que je craignais. Je suis désolé, mon garçon, mais c'est précisément l'endroit où il te faut retourner... et tu devras même y passer la nuit, seul, si tu veux enfin t'arracher à ce cauchemar. Alors, on tente le coup ou non ?

Il attendait patiemment ma réponse et je ne la fis pas trop tarder. En dépit du vide nauséeux que cette perspective creusait dans mon estomac, je finis par répondre :

— Allons-y.

*
**

J'étais assis par terre, à la porte du placard, quand je l'entendis arriver. Il y avait d'autres personnes avec lui et le silence de tombe qui avait régné jusqu'alors dans la maison, vola brusquement en éclats quand ils entrèrent dans le hall, mais je n'aurais su dire combien ils étaient. Leurs voix me parvinrent moins distinctement lorsqu'ils passèrent dans le living-room.

Je me levai aussitôt, prêt à l'action, mais j'attendis encore pour entrer dans le placard. Je savais que j'avais le temps, qu'il ne monterait pas tout de suite.

De loin en loin, je pouvais saisir une bribe de phrase :

— Pourquoi ne voulez-vous pas venir coucher chez nous, Joel ? Vous n'allez tout de même point passer la nuit ici, seul, après... après ce qui est arrivé ?

Je tendis l'oreille pour entendre la réponse, dont dépendraient tant de choses :

— Nulle part ailleurs je ne me sentirais aussi proche d'elle.

Les autres finirent par prendre congé et tous revinrent dans le hall.

— Tâchez de ne pas trop y penser, Joel. Prenez quelque chose pour dormir.

La porte d'entrée se referma. Une auto, puis une autre encore s'éloignèrent. Plus personne ne parlait et la maison avait presque retrouvé son silence d'avant. Mais *presque* seulement, car j'entendais quelqu'un marcher, retourner dans le living-room. Il y eut un bruit de carafe heurtant un verre, puis quelques notes furent égrenées sur le piano, comme lorsque la joie vous fait caresser le clavier au passage. Le déclic d'un commutateur retentit et quelqu'un entreprit posément de gravir l'escalier.

Il était temps pour moi de rentrer dans ma cachette. Je le fis à reculons, en entraînant à ma suite le panneau recouvert d'un miroir, mais sans le fermer tout à fait, afin de pouvoir respirer et voir.

Les pas étaient entrés dans la chambre à coucher, contiguë à la pièce où je me trouvais. La porte de communication était ouverte et un rayon de clarté coula soudain jusqu'à l'entrebâillement de ma cachette. Les volets furent fermés, puis une valise fut ouverte dont je pus même apercevoir quelques-unes des étiquettes collées sur le couvercle quand on le leva. Des hôtels d'Amérique du Sud. Je vis des mains sans corps plonger dans cette valise et en sortir un pyjama rayé, du linge plié, qui n'avait certainement jamais vu l'Amérique du Sud et qui avait dû demeurer pendant tout ce temps dans quelque casier de consigne automatique.

Mon cœur battit à grands coups et je m'appuyai contre le fond du placard. Brusquement je me souvins du sang qui maculait la paroi et ce fut comme si l'on m'appliquait un fer rouge dans le dos. Car c'était le sang de quelqu'un qui avait été tué par moi et non par l'homme que j'observais. Quoi qu'il pût arriver maintenant, jamais rien ne m'absoudrait de ce que j'avais fait. Il n'y avait pas d'erreur possible. Cliff me l'avait dit, et c'était vrai.

Le plafonnier de la chambre aux miroirs fut allumé et une lame de clarté s'infiltra dans le placard, du haut en bas, mais elle était trop mince pour qu'on pût voir quelque chose... de l'extérieur.

Moi, je voyais maintenant une partie de son dos. Il avait ouvert l'autre placard et manœuvrait la porte démolie du coffre-fort. Je l'entendis émettre une sorte de gloussement, comme si ce vandalisme l'amusait, puis il sortit différentes choses de ses poches, qu'il déposa sur les étagères du meuble. Des enveloppes jaunes qui pouvaient contenir des titres ou des billets de banque et quelques écrins. Puis il referma le lourd battant avec indifférence et fit demi-tour pour s'en aller.

C'était pour moi le moment d'intervenir.

Je pris dans ma poche le revolver que Cliff m'avait donné — son propre revolver — et je le tins braqué devant moi, à hauteur de la poitrine. Après quoi, j'avançai le pied et la porte pivota sans bruit sur ses gonds.

En achevant son demi-tour, il m'aperçut — la porte dissimulant le coffre n'ayant pas encore été refermée, il n'avait pas pu voir mon apparition dans son miroir — et cela lui causa un tel choc, que sa gorge émit un bruit semblable au grincement rauque d'une poulie rouillée. Son corps parut se tordre de la tête aux pieds et je crus qu'il allait tomber, mais il resta debout.

Il ne me fallait rien oublier.

Cliff m'avait ressassé ce que je devais dire et ne

pas dire. J'avais appris mon texte par cœur et je savais aussi — ce qui était encore plus important — que j'avais très peu de temps pour le dire. Cliff m'avait averti que cet homme et moi serions comme deux acrobates avançant sur une corde raide sans balancier. L'issue de la confrontation dépendrait de qui ferait un faux pas le premier.

La première recommandation de Cliff avait été d'attendre avant tout que l'autre parle, même si cela devait me demander une nuit d'attente. Enfin, l'homme que j'avais jusqu'alors connu comme étant Burg, mon voisin de palier, se décida à parler :

— Comment êtes-vous venu ici ? croassa-t-il.

— Est-ce que vous ne m'aviez pas montré le chemin ?

Je vis sa pomme d'Adam monter et redescendre avant qu'il pût articuler :

— Vous... vous êtes rappelé être venu ici ?

— Vous aviez pensé que je ne m'en souviendrais pas, hein ?

Son regard s'affola :

— Ça... ça n'est pas possible !

Le revolver et moi demeurions parfaitement immobiles.

— Alors, si c'est impossible, expliquez-moi comment il se fait que je sois ici.

Je vis son regard sonder le placard derrière moi et en me déplaçant à peine, avec mon pied j'en refermai presque complètement la porte.

— De... depuis combien de temps étiez-vous là-dedans ?

— Je suis arrivé peu après la tombée de la nuit, afin de pouvoir pénétrer dans la maison pendant que vous seriez au service funèbre.

— Vous n'êtes pas seul ?

— Non... j'ai ça, répliquai-je en redressant l'arme qui avait légèrement piqué du nez.

Dans la situation où il se trouvait, il lui était impossible de résister à l'envie de me poser la question qui lui brûlait les lèvres :

— De quoi vous souvenez-vous, au juste ?

Je me contentai de sourire. Un sourire qui sous-entendait bien des choses sans que j'eusse à les dire. Un sourire que Cliff avait appris à mes lèvres.

— Vous vous souvenez du trajet en voiture ?

Il avait dit cela à voix presque basse et j'eus le sentiment de le voir vaciller sur la corde raide dont Cliff avait parlé.

— Ce n'est pas possible ! Vous aviez le regard, le regard symptomatique...

— Quel regard ?

Il se tut, ayant recouvré son équilibre.

— Pendant tout le trajet, je tenais une punaise à dessin serrée dans la paume de mes mains.

— Alors pourquoi avez-vous fait tout... tout ce que je vous ai dit de faire... si docilement ?

— Je voulais savoir à quoi cela tendait. Je pensais que je pourrais peut-être en tirer profit par la suite, que si quelqu'un se donnait tant de mal pour...

— Vous auriez feint tout le temps ?... Non, je ne puis le croire ! Vous n'avez même pas eu un recul, ou un tremblement, quand je vous ai fait descendre de voiture, mis le couteau dans la main et poussé vers la maison, en vous disant comment y entrer et ce que vous devriez faire ensuite ! Vous auriez fait tout cela consciemment ?

— Bien sûr, parce que, d'une part, j'estimais que vous seriez plus facilement amené ensuite à cracher la forte somme pour me faire taire ; et, d'autre part, si j'avais tenté de me dérober à ce moment-là, c'est probablement moi qui aurais reçu le coup de couteau.

— Qu'est-il arrivé ? Qu'est-ce qui a foiré ensuite ?

— En traversant le hall, en bas, j'ai lâché le

couteau et j'ai été incapable de le retrouver dans l'obscurité. Je suis donc monté les mains vides, en pensant leur faire peur et pouvoir ainsi m'occuper moi-même du coffre. Mais Ayers a regimbé, il m'a jeté par terre et il était plus lourd que moi... Il a voulu me tuer pour que l'on ne sache point qu'il était l'amant de votre femme et que, par-dessus le marché, il avait été surpris en train de forcer votre coffre-fort. C'est par erreur, lorsque Ayers a crié à votre femme de lui passer le poinçon, qu'elle l'a mis dans ma main au lieu de la sienne. J'étais en état de légitime défense quand je l'ai poignardé.

Il hocha la tête, comme si cela éclaircissait enfin ce qu'il l'avait tant intrigué :

— Ah ! voilà qui explique ce changement d'arme qui m'avait déconcerté... et aussi pourquoi elle s'est enfuie comme ça de la maison... m'obligeant à intervenir moi-même. Heureusement, j'étais tapi derrière le capot de la voiture d'Ayers, pour surveiller le porche. Je l'ai vue arriver courant comme une folle. Ne sachant pas conduire, elle n'a pas cherché à monter dans la voiture et s'est élancée à pied sur le chemin, en criant. Je me suis installé au volant sans qu'elle m'ait vu. Je lui ai donné la chasse et je l'ai rattrapée, bien qu'elle ait tenté de m'échapper au dernier moment. Si je n'avais pas été là pour parer à l'imprévu, tout se fût terminé par un effroyable échec. J'aurais dû me rendre compte que je ne vous avais pas complètement sous mon contrôle...

Depuis longtemps, il avait chu de la corde. Mais j'avais encore à gagner une course contre la montre et à dire des choses sans savoir pourquoi je devais les dire.

— Non, votre contrôle était très efficace. Rassurez-vous, vous n'avez rien perdu de votre habileté.

— Mais vous venez de dire...

— Et vous l'avez cru. J'ignorais totalement ce que je faisais quand vous m'avez amené ici et envoyé exécuter ce sale travail à votre place. Depuis votre retour, n'avez-vous pas constaté qu'il manquait quelque chose dans la chambre de votre femme ? Un double cadre en cuir, qui contenait votre photo et la sienne. La police l'avait emporté et j'ai vu ces photos dans un journal. Je vous ai reconnu comme étant Burg. Je me suis aussi reconnu dans le signalement qu'on donnait de l'assassin — à cause d'un pull-over reprisé que je portais cette nuit-là — et me suis vaguement rappelé avoir été dans une maison semblable, avoir joué un rôle dans une scène de ce genre. Vous venez de vous accuser vous-même, à l'instant. Je ne suis pas revenu pour toucher ma part ou vous faire chanter. Rien de ce que vous pourriez me donner, ne saurait racheter votre vie. Vous avez choisi quelqu'un dont la volonté était faible, peut-être, mais dont la conscience est forte. J'étais un honnête homme. Vous m'avez fait commettre un meurtre. Je ne pourrai jamais m'en disculper aux yeux de la loi... Alors, vous allez me payer ça... maintenant... de *cette* façon !

— Attendez... non ! Ça ne vous avancera à rien ! Tandis que, vivant, je puis encore faire quelque chose pour vous. Je vous donnerai de l'argent et m'arrangerai pour que vous puissiez passer à l'étranger. Personne n'a besoin de savoir...

— Ma conscience, elle, saura toujours. C'est, maintenant, une conscience d'honnête homme dans le corps d'un assassin. Vous auriez dû me laisser en paix. Votre erreur a été de jeter votre dévolu sur moi, Fleming. Et cette erreur, vous allez la payer !

— Attendez, attendez ! implora-t-il de façon presque incohérente. Une minute encore... soixante secondes seulement...

Il sortit de sa poche une montre en or, très plate.

Une pression de son pouce fit s'ouvrir le boîtier, démasquant le cadran qu'il tourna vers moi.

Je compris ce qu'il cherchait à faire. Cliff m'avait recommandé d'être prudent. J'abaissai vivement mon regard vers ses souliers et le maintins là, en fronçant les sourcils sous l'effort, le revolver toujours braqué sur lui. Je sentais que quelque chose me poussait à relever les yeux. L'or poli du boîtier ouvert faisait courir un reflet sur ma poitrine, comme lorsque les enfants s'amusent à projeter le soleil sur vous à l'aide d'une petite glace.

— Regardez, implorait-il, regardez. Je ne vous demande qu'une minute encore... Voyez la grande aiguille est ici... Regardez, quand elle sera là...

La détente du revolver avait dû se coincer. J'essayais de la presser avec l'index et elle résistait. Ou bien alors, c'était le doigt qui ne m'obéissait plus.

Le reflet du boîtier venait taquiner mes paupières qui battaient désespérément et le front me faisait mal, tellement j'avais envie de lever les yeux.

Il y eut un léger déclic, comme s'il venait de tirer sur le remontoir pour déplacer les aiguilles. Instinctivement, je relevai mes paupières pour voir ce qu'il faisait. Il tenait la montre presque à hauteur de son front — comme il avait tenu la bougie, l'autre nuit — paraissant vouloir la mettre à hauteur de mes yeux pour que je pusse la regarder sans effort. Ainsi, il était comme certains médecins qui se fixent un petit projecteur sur le front pout mieux vous examiner la gorge.

Mon regard se heurta au sien, derrière la montre miroitante, et brusquement, je ne pus l'en détacher.

Une sorte de délicieuse torpeur m'alanguissait. Je n'avais plus de pensées qui fussent à moi. Mon cerveau était comme ouvert. Je conservai le contrôle de ma voix un peu plus longtemps que celui de mes autres facultés. Je m'entendis émettre un ultime avertissement, derrière lequel la menace avait perdu toute force :

— Je m'en vais tirer...

— Non, dit-il d'un ton apaisant, vous êtes fatigué, trop fatigué pour avoir envie de tirer sur qui que ce soit. Ce revolver est bien trop lourd pour vous. Pourquoi continueriez-vous à le tenir ?

Je l'entendis tomber avec un bruit aussi lointain que s'il avait chu dans le sous-sol. Oh ! comme c'était bon de n'avoir plus à le tenir ! Je me sentais pénétré par une exquise lassitude. La lumière s'éteignait, mais graduellement, doucement, comme si elle aussi était fatiguée d'éclairer. Le monde entier était las d'exister et quelqu'un me répétait d'un ton berceur :

— Vous êtes fatigué, fatigué, très fatigué... *Imbécile, maintenant, je vous tiens !*

*
**

Il me sembla qu'un météore explosait à l'intérieur de ma tête, me causant une vive douleur. Quand j'essayai d'ouvrir mes yeux, quelque chose de froid et d'humide, pressé sur mes paupières, s'employa à m'en empêcher. J'y parvins néanmoins, mais le monde environnant, au lieu de s'éclairer, comme lorsqu'on s'éveille lentement, me parut au contraire de plus en plus obscur, pesant, écrasant. La douleur s'accrut, se déplaçant de ma tête vers mes poumons, dans lesquels des poignards s'enfoncèrent, me privant de respiration.

Je sentais mes yeux sur le point de jaillir des orbites et je crus que ma tête allait éclater. Je me rendis compte que j'étais en train de me noyer. Je savais nager, mais je n'arrivais plus à me souvenir de ce qu'il fallait faire. Je voulus remonter à la surface, mais quelque chose m'en empêcha et je demeurai à onduler sous l'eau, comme cloué au fond.

Je me pliai en deux, tâtonnant le long de mes jambes. L'une semblait libre, je pouvais la lever, mais autour de la cheville gauche, une corde était enroulée que retenait à son autre extrémité quelque chose de lourd et de métallique. Quand j'essayai de soulever ce quelque chose, je me rendis compte confusément que c'était une de ces petites ancres comme on en utilise pour les embarcations de pêche.

Je ne pus me libérer et, suffoquant encore davantage d'être ainsi plié en deux, je me redressai. Mes mâchoires s'ouvrirent spasmodiquement, me faisant boire la mort.

Une forme sombre m'effleura et se fondit dans les ténèbres avant que j'eusse pu la saisir. Je n'en eus guère conscience que par le frémissement de l'eau.

Mon cerveau était en proie à un feu d'artifice qui l'empêchait de formuler la moindre pensée.

La forme sombre se manifesta de nouveau, plus proche cette fois, comme inversée par rapport à moi. Je sentis une main saisir ma cheville, puis une lame érafla mon mollet et j'eus l'impression qu'on cherchait à couper la corde qui me retenait.

Seul l'instinct de la conservation était encore comme une étincelle subsistant dans les ténèbres de mon cerveau. Je m'accrochai désespérément à cette forme et nous remontâmes à la surface, inextricablement mêlés l'un à l'autre. Je me refusais à la lâcher. Quelque chose me frappa au front et la dernière petite étincelle s'éteignit à son tour.

Quand je repris conscience, j'étais étendu sur une sorte d'embarcadère et il y avait des étoiles au-dessus de moi. J'étais en caleçon et maillot de corps, trempé comme une soupe et de l'eau jaillissait de ma bouche. Quelqu'un pressait mes côtés, tandis qu'une autre personne levait et baissait continuellement mes bras.

Je toussai à m'en étrangler et l'un d'eux dit :

— Ça y est ! Maintenant, il est hors d'affaire.

L'homme se redressa et je vis que c'était Cliff, en sous-vêtements lui aussi et non moins trempé que moi.

L'instant d'après, Waggoner se matérialisa de l'autre côté de mon corps. Il était tout mouillé également, mais n'avait retiré que son veston et ses souliers, n'ayant pas eu le temps, je suppose, de se déshabiller complètement. Il dit :

— Enveloppez-le dans quelque chose, puis retournons vite à la maison tous les trois et vidons la première bouteille que nous trouverons !

De la lumière, venant de je ne sais où, filtrait entre les sapins qui bordaient le petit lac et éclairait l'embarcadère. A sa clarté, je vis mes vêtements soigneusement pliés, sur la pile desquels il y avait une feuille de papier, maintenue en place par l'une de mes chaussures.

Cliff la prit et nous lut ce qu'il y avait d'écrit dessus :

« *Je suis recherché pour le double meurtre commis chez les Fleming. Comme ils m'auront tôt ou tard, il ne me reste pas d'autre issue que celle-ci.*

Vincent HARDY.

J'y voyais suffisamment clair pour reconnaître ma propre écriture quand Cliff me montra la feuille. Puis il demanda, en regardant Waggoner :

— Avons-nous besoin de ça ?

L'autre esquissa une moue dubitative, avant de déclarer :

— Non, je crois qu'il vaut mieux nous en passer.

Les gens du jury sont parfois assez obtus et ça pourrait embrouiller leurs idées.

Cliff se baissa pour prendre son briquet dans son veston et fit brûler la feuille jusqu'à ce qu'il lui fallût la lâcher sur les eaux du petit lac.

Après ça, je me sentis mieux, mais frissonnant. Regardant la clarté qui filtrait entre les arbres, je demandai :

— Qu'est-ce que c'est ?

— La voiture de Fleming, me renseigna Cliff. Il a pris un virage trop court en s'enfuyant d'ici quand nous sommes survenus. Il a capoté et la voiture a pris feu.

Je me sentis vaciller au bord de la nausée. A tout ce que j'avais enduré depuis dix jours, il ne manquait vraiment plus que ça.

— Je lui avais d'abord tiré dessus, dit posément Cliff.

— Nous lui avons tiré dessus tous les trois, rectifia Waggoner, et on ne saura jamais lequel de nous l'a atteint. C'est sans importance d'ailleurs. Puis la bagnole a pris feu et nous n'avons pu intervenir. D'ailleurs, il a fallu que j'aide Dodge à vous repêcher, car il n'est pas tellement bon nageur.

— Il nous fallait le blesser, pour rompre l'emprise hypnotique qu'il avait sur toi. Tu étais en train de te noyer volontairement et nous n'avions pas le temps de lui donner la chasse pour le forcer, sous la menace d'un revolver, à te rendre ton libre arbitre. C'est seulement après que nous avons découvert l'ancre.

Une silhouette venait vers nous, se découpant sur la clarté diminuante de la voiture incendiée. C'était Brown.

— Elle a complètement brûlé, annonça-t-il. Je l'ai aspergée de mon mieux pour empêcher que ça gagne les arbres.

— Retournons à la maison, dit Cliff. Vince claque des dents.

Je m'arrosai de whisky presque autant que j'en bus, après quoi ils me laissèrent m'assoupir. Nous passâmes tous les quatre la nuit dans la maison et je découvris par la suite que j'avais dormi dans le propre lit de Fleming. Mais au point où j'en étais, je crois que j'aurais même dormi dans le placard de la chambre aux miroirs, avec le cadavre d'Ayers à côté de moi !

Le lendemain matin, Cliff vint me trouver et eut une longue conversation avec moi, avant que les deux autres s'éveillassent. Je savais où j'allais devoir aller avec lui, un peu plus tard, mais maintenant, ça m'était égal.

— Est-ce que ç'a été utile ce que j'ai fait hier soir ? lui demandai-je.

— Bien sûr ! C'est ce qui a tout sauvé. Que penses-tu que j'aie fait, pendant la journée d'hier, avant son retour ? Pourquoi supposais-tu que je t'avais recommandé de rester dans l'alcôve et de ne pas le suivre dans une autre pièce ? Parce que j'y avais installé un micro et que nous étions tous les trois dans le sous-sol, à écouter ce que vous disiez pendant qu'un magnétophone l'enregistrait. J'avais vidé de ses cartouches le revolver que je t'avais donné, le supposant trop malin pour tenter de te faire quoi que ce soit dans sa propre maison. Seulement, il a réussi à t'entraîner au-dehors et dans sa voiture, si rapidement que nous n'avons pas eu le temps d'intervenir. Nous vous avons perdus et nous ne vous aurions peut-être pas retrouvés, si un conducteur de camion ne nous avait dit avoir aperçu une voiture roulant à fond de train en direction du lac. Nous avons alors immédiatement deviné ce qu'il méditait de faire.

« Nous n'aurions même pas pu l'inculper de ton

« suicide », car tu as tout fait seul, même t'attacher cette ancre au pied et la jeter dans le lac avant toi. Une personne ayant peur de l'eau, mais bien résolue à se tuer malgré cela, aurait pu prendre cette précaution. Tout semblait indiquer un suicide normal...

« Dès que tu m'avais relaté l'incident de la bougie, j'avais eu l'intuition qu'il s'agissait d'une affaire d'hypnotisme, mais comment le prouver? Il y a tellement de chiqué dans l'hypnotisme que la plupart des gens finissent par ne plus y croire. Mais, cette fois, j'avais deux officiers de police avec moi, qui ont vu — ou plutôt *entendu* — la chose se reproduire. Et notre triple témoignage constituera un fait dont le jury d'enquête sera bien obligé de tenir compte.

« Tu étais en état d'hypnose quand tu as tué ce type, voilà l'important. Autrement dit, tu étais tout aussi irresponsable et dénué de volonté que l'arme dont un assassin se sert pour commettre son crime. Ton cerveau ne fonctionnait plus, c'était celui de Fleming qui commandait à ton corps... »

Il s'interrompit et secoua la tête :

— Je crois qu'il me vaut mieux commencer par le commencement. Joel Fleming, voici quelques années, présentait un numéro d'hypnotisme dans les music-halls. J'ai retrouvé dans la maison suffisamment de coupures de presse et de vieux programmes pour qu'il n'y ait aucun doute à cet égard. Son nom de théâtre était *Dr Méphisto* et sans aucun doute il réussissait à hypnotiser certaines personnes, mais certaines personnes seulement... Avec Lil, par exemple, je crois bien qu'il serait tombé sur un os et se serait vite retrouvé en train de faire la vaisselle à sa place !

Il essayait de m'égayer et je lui dédiai un sourire reconnaissant, tandis que, redevenu sérieux, il continuait :

— Oui, l'hypnotisme n'est pas une fumisterie, mais ça ne réussit qu'avec certains sujets, plus influençables que la plupart des gens. Fleming abandonna le music-hall, voici quelques années pour se livrer à une activité totalement différente, dont nous n'avons pas à nous occuper, et qui lui fit gagner pas mal d'argent. Puis, comme beaucoup, il commit l'erreur de se marier avec une femme plus jeune que lui, qui tenait le vestiaire d'une boîte de nuit. Non seulement elle ne l'épousa que pour son argent et pour n'avoir plus à gagner sa vie dans un vestiaire, mais elle était déjà la maîtresse d'un repris de justice nommé Dan Ayers, qui était à ce moment-là en train de purger une peine de prison pour abus de confiance. Tu devines la suite, n'est-ce pas ? A sa sortie de prison, Ayers, trouvant ainsi une situation dont il pouvait tirer profit, cultiva l'amitié de Fleming et tous trois devinrent inséparables.

« Fleming voyageait souvent en Amérique du Sud, mais la dernière fois, il fit seulement semblant d'y partir comme d'habitude. Entre son précédent voyage et ce faux départ, il avait dû s'apercevoir de certaines choses qui lui firent découvrir la vérité. Il dut ressasser son infortune et songer à se venger. On dit que rien n'est aussi dangereux qu'une femme trompée. Je crois que c'est faux : elle est surpassée par le quinquagénaire apprenant l'infidélité de sa jeune épouse. D'ailleurs, il ne s'agissait pas seulement d'infidélité conjugale. Fleming découvrit que les deux amants comptaient mettre à profit son prochain voyage pour s'enfuir ensemble, en emportant tous les fonds et valeurs disponibles du ménage. Un détail est symptomatique : Fleming n'avait pas confié la combinaison du coffre à sa femme.

« Voilà donc quelle était la situation de base. A partir de là, nous ne pouvons émettre que des hypothèses, puisque les trois principaux acteurs de ce drame sont morts. Je ne cherche pas à défendre Fleming, mais je comprends la rage qui s'est emparée de lui en découvrant l'étendue de son infortune. Seulement, il a choisi une façon extrêmement lâche de se venger. Annonçant qu'il partait pour l'Amérique du Sud, il alla se terrer en ville, sous le nom de Burg, dans un meublé où il jeta son dévolu sur un gosse — qui ne lui avait jamais rien fait et qui avait tout autant droit que lui au bonheur — pour en faire l'instrument de son crime.

« Il te mit à l'épreuve, s'aperçut que tu étais un bon sujet pour un hypnotiseur et... bref, la suite a été enregistrée cette nuit par le magnétophone. Je dois reconnaître qu'il ne tenait pas à ce que tu sois arrêté. Il eût été tout aussi satisfait si tu n'avais jamais été pris. Mais il n'en reste pas moins que les indices tendaient à t'accuser, toi, et non lui. Sa méthode était bien plus sûre que le recours à un tueur professionnel, car elle supprimait tout danger de dénonciation ou de chantage.

« Evidemment, il fut obligé de t'amener en voiture chez les Fleming, puisque tu ne sais pas conduire. Peut-être, de toute façon, eût-il dû t'accompagner, car j'ai trop peu de connaissances touchant l'hypnotisme, pour savoir si le contrôle est aussi effectivement maintenu, quelle que soit la distance séparant le sujet de l'hypnotiseur. Quoi qu'il en soit, il dut se féliciter de t'avoir accompagné, car, ayant perdu le couteau qu'il t'avait donné, tu ne tuas que par raccroc, et Dorothy s'en fût sortie indemne, si Fleming n'avait été là pour intervenir à point nommé. C'eût été la catastrophe, car Mrs Fleming ayant donné l'alarme, on t'aurait arrêté sur-le-champ et, constatant l'état de stupeur dans lequel tu te trouvais, on aurait vite deviné le fond du drame, eu égard à la profession antérieure de Fleming. En outre, la police serait aussitôt venue enquêter dans ton meublé où il aurait été facile de relever les traces encore toutes chaudes du passage de Fleming-Burg. Il écrasa donc sa femme et te ramena ensuite chez toi.

— Comment se fait-il que, le lendemain matin, je me sois remémoré avec autant de précision l'instant du meurtre et leurs visages...

— Parce que l'emprise de Fleming sur ton cerveau n'était pas totale. Je me demande d'ailleurs si celle d'un hypnotiseur sur son sujet l'est jamais... Quoi qu'il en soit, cette scène dramatique filtra jusqu'à ton subconscient et tu t'en es souvenu à ton réveil, comme on se souvient d'un rêve. Et d'autres détails remontèrent aussi à la surface, quand tu revis les lieux : le raccourci, les piliers, les commutateurs du hall, etc.

— Mais pourquoi avais-je le sentiment de connaître cette femme alors que ça n'était pas vrai ? Pourquoi la vue de son visage m'emplissait-elle de tristesse ?

— C'étaient les sentiments de Fleming qui se transmettaient à ton cerveau. C'était sa femme qui, non seulement s'apprêtait à le quitter, mais était en train d'aider un autre homme à le voler.

Je m'étais assis au bord du lit pour lacer mes souliers et cela me rappela un autre détail :

— Il bruinait quand je me suis couché, ce soir-là, et lorsque je me suis réveillé le lendemain matin, les rues commençaient seulement à sécher. Pourtant, les semelles de mes chaussures étaient parfaitement sèches. Or, même si je n'avais eu qu'à traverser le trottoir quand il m'a ramené — et je doute qu'il se soit risqué à arrêter sa voiture si près de la maison — elles auraient été légèrement humides.

— Je me rappelle que tu m'avais déjà parlé de ça et que cela m'avait intrigué. Nous ne serons jamais bien fixés sur ce point, puisqu'il n'y a fait aucune allusion hier soir... Je ne vois personnellement qu'une explication : te souviens-tu si tu as retiré facilement tes chaussures, ce soir-là, ou bien — cela se produit de temps à autre — si le lacet « s'est noué », comme on dit, à l'une ou l'autre ?

Je sondai ma mémoire :

— Je n'en suis pas sûr, mais il me semble, en effet, qu'un des lacets s'était noué, si bien que j'ai dû retirer ma chaussure en forçant sans pouvoir la desserrer.

— Et le lendemain matin ?

— Je me suis chaussé normalement... sans quoi, ça m'aurait frappé, étant donné les autres faits anormaux que j'ai alors remarqués...

— Bien, ça confirme mon hypothèse. Voyant que, en t'habillant sous sa « direction », tu n'arriverais pas à défaire ce nœud pour te chausser, il est allé dans sa chambre, chercher une paire de chaussures à lui, qu'il a récupérées au retour après avoir, alors, pris le temps de dénouer ton lacet.

J'étais prêt et je me mis debout.

Waggoner et son adjoint partirent sans nous attendre. Il avait pensé, je suppose, que j'aimerais mieux m'en aller seul avec Cliff, et il tenait à me faciliter les choses au maximum.

Cliff et moi nous mîmes en route une demi-heure plus tard. Je savais qu'il me faudrait passer un certain temps dans une cellule de prison, mais ça m'était égal. Depuis que s'étaient dissipées les ténèbres où je me débattais, mon moral était bien meilleur.

Lorsque nous arrivâmes devant la maison du shérif, mon beau-frère s'enquit :

— Ça ne t'effraye pas trop, petit ?

A vrai dire, j'avais quand même un peu peur, comme lorsqu'on va se faire arracher une dent ou réduire une fracture. On sait qu'il n'y a pas moyen de faire autrement, mais on se sent drôlement plus content quand c'est fini.

— Pas trop, non, dis-je en me forçant à sourire.

— Tu verras, ça se passera bien, m'assura-t-il en me donnant de petites tapes affectueuses sur l'épaule. Je serai constamment avec toi, pendant tout le temps que ça durera. D'ailleurs, on n'aura probablement pas besoin de te faire passer en justice.

Et nous entrâmes ensemble chez le shérif.

Titre original : NIGHTMARE
(Traduit par M.-B. Endrèbe)

ADIEU, NEW YORK

A l'étage du dessous, je trouvai que ça sentait le gaz, mais sans y accorder autrement d'attention. Quand j'arrivai sur notre palier, l'odeur devint plus accusée. Quelqu'un devait avoir un four qui fonctionnait mal. Ces gens-là devraient bien alerter la Compagnie, si non ils risquaient de faire boum !

J'avais la clef dans mon sac mais, comme j'étais chargée de paquets je n'avais pas de main libre pour la chercher. Toutefois, comme il était plus de sept heures, je savais que Rafe devait être de retour et, avec mon coude, j'appuyai sur le bouton de sonnette. L'odeur de gaz assaillait plus vivement mes narines, comme si elle provenait de la fente de notre porte. J'en approchai soudain mon visage et je me rendis compte que ça n'était pas une impression, mais la réalité !

J'eus vraiment le sentiment que mon sang ne faisait qu'un tour, comme on dit.

— Rafe ! criai-je.

Je lâchai les sacs qui chargeaient mes bras et à deux mains j'enfonçai la clef dans la serrure, tandis que mon genou s'appuyait fortement contre le battant. La porte céda immédiatement à ma poussée et aussitôt je fus environnée par l'odeur douceâtre du gaz.

Dès l'entrée, je le vis.

Il était étendu sur le carrelage de la cuisine, le visage tourné vers le plafond, face à moi, mais ses paupières étaient closes. Il avait mis deux oreillers sous lui, en guise de matelas, et bourré du papier journal dans les rainures de la fenêtre. Son veston était suspendu avec sa cravate, au dossier de la chaise sur le siège de laquelle il y avait la lettre, l'inévitable lettre.

Tout cela, je m'en rendis compte d'un seul coup d'œil tandis que je fonçais vers la fenêtre. Je crois bien que j'ai dû sauter par-dessus lui, car la cuisine était toute petite, mais je ne m'en souviens pas. D'un seul geste, je remontai le châssis inférieur à fond et si violemment qu'une des petites vitres se détacha, car le mastic était vieux. Puis je courus fermer les robinets du fourneau à gaz.

Heureusement, Rafe ne devait pas avoir eu le temps d'en respirer beaucoup. Je m'en rendis compte quand je me laissai tomber à genoux près de lui. Son visage n'était pas bleuâtre, il n'était encore qu'abruti par le gaz et il ouvrit les yeux quand je le secouai.

— Il a fallu que tu reviennes, balbutia-t-il d'une voix pâteuse. Je raterai donc toujours tout ?

Se soulevant sur un coude, il palpa sa gorge d'un geste absent, s'essuya la bouche du revers de la main, puis se tâta la nuque comme s'il se demandait ce que c'était. Alors, sa bouche eut une drôle de petite grimace qui voulait être un sourire. Je souhaite que vous ne voyiez jamais votre mari sourire ainsi, car ça fait mal.

Nos visages étaient tout proches l'un de l'autre et nous nous regardions dans les yeux. De mon côté, la vision était brouillée, comme s'il pleuvait. Des deux mains, je le giflai, à droite, puis à gauche. Il battit simplement des paupières, mais cessa d'avoir cette crispation des lèvres en forme de sourire.

— Tu voulais me plaquer, hein ! Salaud !

Puis nous nous étreignîmes.

Nous devions avoir un drôle d'air, vus de la porte, assis comme ça par terre et dans les bras l'un de l'autre.

Il se remit debout le premier en s'agrippant à l'évier et continua de me regarder tandis que, machinalement, je relevais mes genoux et les entourais de mes bras.

— Y avait encore rien aujourd'hui, dit-il après un moment.

C'était sa façon de m'expliquer pourquoi. L'émotion avait été si forte que je n'avais plus la force de parler et je me contentai de lui décocher le sourire qui signifiait : « Ça ne fait rien, va. On se débrouillera quand même » et qui, à la longue, était devenu comme instinctif.

Il plongea la main dans la poche de son veston — celle de gauche, dont la doublure n'était pas trouée — et en extirpa une cigarette qu'il avait déjà fumée à demi plus tôt dans la journée. Il prit l'étui d'allumettes et renifla l'air :

— Je peux maintenant ?

Ç'aurait pu être drôle, mais ça ne me donna pas envie de rire.

— Oui, je crois que ça ne risque rien, répondis-je, car je ne sentais déjà presque plus le gaz.

Son regard s'abaissa vers mes mains, nouées, autour de mes jambes.

— Où est ton alliance ? me demanda-t-il.

— Sur le palier, dans deux sacs d'épicerie.

Il battit de nouveau des paupières, comme lorsque je l'avais giflé. Ce fut tout.

— Il vaut mieux que je les rentre, avant que quelqu'un ne les chipe, dit-il en allant les ramasser.

*
**

Il essaya de manger, mais s'arrêta après quelques bouchées :

— C'est plus fort que moi, fit-il. J'ai l'impression de mâcher nos vœux de mariage.

J'étais comme lui.

Il se leva, remit sa cravate et son veston. Puis, enfonçant les mains dans ses poches, il se mit à faire les cent pas dans la petite pièce, allant d'un mur à l'autre. Depuis des semaines, il faisait ça, inlassablement. Mais ce soir-là, après qu'il eut couvert ainsi quelque trois kilomètres, il saisit son chapeau comme pour aller poursuivre sa promenade ailleurs.

Mais je fus à la porte avant lui :

— Tu ne vas pas... (Je pointai le menton vers la cuisine) faire une autre bêtise, hein, Rafe ?

— Non, grommela-t-il, comme s'il avait honte d'avoir agi ainsi et le regrettait.

— Alors, où t'en vas-tu ainsi, brusquement, au milieu de la nuit ?

Je savais qu'il n'avait pas un sou sur lui.

— Je viens de penser à quelqu'un qui pourrait me prêter un peu d'argent, répondit-il en évitant mon regard.

— Qui ? Peux-tu me citer le nom de quelqu'un susceptible de nous avancer quoi que ce soit sur notre peau et que nous n'ayons pas encore sollicité ?

— Tu ne le connais pas, répondit-il gauchement, en essayant de m'écarter de la porte.

Mais je tins bon.

— Je connais tous ceux que tu connais, et tu le sais très bien. C'est à Freund que tu penses ? Ton ancien patron, le type à cause de qui nous sommes dans un pareil pétrin, celui qui t'a chassé comme un malpropre ? Tu le détestes trop pour aller l'implorer...

— Au point où nous sommes, j'implorerais n'impote qui. Et, dans le fond, il a une obligation morale à mon égard...

Mais ce n'était pas à Freund qu'il avait pensé. Je le compris à la brève surprise qu'exprima son regard. Et je savais que Freund était le dernier qu'il serait allé supplier. Les hommes sont comme ça quand ils en veulent à quelqu'un. Et Rafe était fier. C'était pour cela qu'il avait mis les deux oreillers sur le carrelage. Ne font ça, que ceux conservant encore leur fierté.

Je laissai finalement retomber le bras qui lui barrait le passage.

— Rafe, dis-je, j'aime pas l'air que tu as. Ne fais... ne fais rien qui ne soit pas à faire !

De nouveau, il eut son pénible sourire :

— Rafe, ne fais rien qui ne soit pas à faire, répéta-t-il. Laisse ta femme te servir son alliance à la sauce tomate, laisse-la bouffer ses rêves !

Il ouvrit la porte et sortit sur le palier avant d'ajouter d'une voix amère et dure :

— Couche-toi sans m'attendre.

— Rafe ! appelai-je.

Puis je courus chercher mon manteau et mon chapeau. Mais déjà il avait filé. Je descendis jusque dans la rue, sans pouvoir décider de quel côté il était parti.

*
**

Il était près de cinq heures du matin quand j'entendis sa clef dans la serrure.

Je lui avais obéi : je m'étais couchée sans l'attendre. Mais il ne m'avait pas dit de dormir. Et l'eût-il fait, que ça n'aurait rien changé.

Etendue dans l'obscurité, je l'écoutai rentrer. Je l'entendis refermer la porte, puis se déshabiller sans allumer, pour ne pas me déranger. Je gardai les yeux fermés, devinant ses gestes aux légers bruits qu'il faisait.

Il alla dans la salle de bains et je l'entendis se laver les mains longuement... Si longuement même que je finis par me demander s'il arrêterait jamais de le faire. D'ordinaire, c'était à peine s'il se les savonnait, de telle sorte qu'il me noircissait toutes mes serviettes. Et, tandis qu'il se les lavait, je l'entendis émettre une sorte de grognement qui était peut-être un bâillement.

Enfin, il vint dans la chambre et se coucha. Il s'endormit comme une masse. Après un moment, quand le jour commença de poindre, je me levai. M'approchant de la chaise au dossier de laquelle il avait suspendu son veston, je plongeai la main dans la poche, celle dont la doublure n'était pas percée. Quand je la ressortis, elle tenait cinq cents dollars, dix billets de cinquante que je dénombrai l'un après l'autre. Celui qui était sur le dessus de la liasse avait une tache d'encre rouge.

Cinq cents dollars, c'était exactement la somme dont nous avions besoin pour nous tirer d'embarras. Nous avions fait tant de fois le calcul, que nous le connaissions, maintenant par cœur. Cela avait remplacé la radio, pour nous aider à passer les soirées. Cinq cents dollars nous permettraient de payer tout : le loyer en retard, les notes en souffrance chez les fournisseurs, aussi bien que de rembourser l'argent qu'on nous avait prêté. Jamais nous n'avions osé espérer pouvoir les posséder d'un seul coup et nos débiteurs n'y comptaient pas plus que nous. Deux cents dollars eussent déjà constitué un envoi du ciel, et même pour cinquante, nous aurions battu des mains. Or, voilà que Rafe en avait cinq cents.

Mais ça n'était pas Freund qui les avait prêtés. Personne n'avait pu les lui prêter.

Je les remis où je les avais trouvés et regagnai le lit où je demeurai si parfaitement immobile que je me sentais comme morte.

Il était midi quand nous nous levâmes sans échanger une seule parole. Depuis longtemps, on ne nous livrait plus le lait, mais parce que ça n'était pas cher et que Rafe en avait besoin pour les petites annonces, nous continuions à payer le journal. Je le ramassai sur le paillasson et quand nous nous assîmes pour prendre le petit déjeuner, il se trouva entre nous sur la table, sans que personne l'eût ouvert, comme si nous faisions mine de ne pas le voir.

— Un peu plus de café ? proposai-je.

Rafe acquiesça.

Finalement, j'avançai la main vers le journal, mais subrepticement, en faisant progresser lentement les doigts sur la table. En agissant ainsi, je me trahissais, car jamais jusqu'alors je n'avais eu peur d'ouvrir le journal.

Rafe amorça un geste comme pour retenir le journal en posant la main dessus, mais il ne l'acheva pas et je fis semblant de n'avoir rien remarqué. Quand je me saisis du quotidien, Rafe se leva et quitta la pièce.

Il me sembla que ce journal pesait une tonne et, ayant besoin de mes deux mains pour le tenir, je reposai maladroitement ma tasse.

C'était en première page, avec une manchette bien grasse et noire. L'article sembla me sauter aux yeux, comme dans un film, lorsque, par le jeu de la caméra, on le voit grandir pour se détacher du reste de la page.

« *Anton Freund, un industriel retiré des affaires, a été découvert assassiné au rez-de-chaussée de sa maison, de bonne heure ce matin. Un voisin, connaissant les habitudes d'économie de Mr Freund et remarquant de la lumière chez lui, bien qu'il fît grand jour, alla aux renseignements...*

« Le vol semble avoir été le mobile du meurtre. En effet, il manque cinq cents dollars sur l'importante somme que Mr Freund avait l'habitude de garder chez lui. Ce qui est déconcertant, c'est que l'assassin se soit contenté de prendre cinq cents dollars, alors qu'il en avait beaucoup plus à portée de la main...

« Tout semble indiquer que l'agresseur était connu du défunt, lequel dut l'accueillir sans méfiance en dépit de l'heure tardive...

« Mr Freund a été frappé sur la tête à l'aide d'un lourd chenet provenant de la cheminée du living-room, et est mort d'une fracture du crâne. Il n'y a pas traces de lutte...

« La police incline à suspecter quelques anciens employés de Mr Freund qui n'ont cessé d'exprimer leur mécontentement depuis qu'il les congédia brusquement, voici plusieurs années, lorsqu'il décida de se retirer des affaires... On s'attend à une arrestation dans les vingt-quatre heures. »

Quand j'eus fini de lire, je plantai mes coudes sur la table et, saisissant ma tête à deux mains, je demeurai à regarder droit devant moi. A croire que je n'avais encore jamais vu le mur qui me faisait face. Aucun bruit ne me parvenait de l'autre pièce. Après un moment, quand mon cœur se fut remis à un rythme un peu plus normal, je repliai soigneusement le journal et le reposai de façon que le... enfin *ça,* fût du côté de la table, caché.

Quand je passai dans la pièce voisine, Rafe était debout près de la fenêtre, regardant au-dehors. Rien que la vue de son dos légèrement voûté et l'inclination de sa tête, ça me fit quelque chose. Et quand on peut aimer rien que la vue d'un dos, c'est qu'on aime vraiment.

— Ne crois-tu pas, dis-je, aussi calmement qu'il m'était possible, que nous ferions mieux de nous en aller d'ici ?

Il pivota sur lui-même comme si je l'avais frappé et nous nous regardâmes un long moment, sans rien dire. De cette façon, il sut que je savais. Oh ! Il n'était pas question d'en parler... C'eût été au-dessus de mes forces !

Finalement, ce fut moi qui rompis cet accablant silence :

— Ne reste pas trop à la fenêtre, dis-je en passant dans la chambre

Il me suivit jusqu'à la porte :

— Que penses-tu... qu'il me faille faire ?

— Qu'il *nous* faille faire, rectifiai-je aussitôt en enfilant ma robe.

— Ah ! non... gémit-il avec un geste pour me saisir les épaules.

Mais l'étreinte n'eut pas lieu, car la sonnerie de la porte d'entrée retentit soudain comme un signal d'alarme. Nous nous figeâmes sur place, telles deux statues fraîchement sorties de leurs moules. La phrase « *On s'attend à une arrestation dans les vingt-quatre heures* » fulgura devant mes yeux. Déjà ! pensai-je, au bord de la nausée. Oh ! non, qu'on nous laisse au moins une chance...

La sonnette retentit de nouveau, puis une troisième fois, impérativement.

Je pointai la main vers le placard en chuchotant :

— Je vais y aller. Si personne ne répondait, ils seraient capables d'enfoncer la porte.

Mais je ne pus l'empêcher de me suivre. Nous nous dirigeâmes tous deux vers le vestibule, sans faire de bruit, comme deux reflets sur l'eau.

La porte d'entrée comportait un petit judas où je risquai un œil après avoir soulevé le volet. Je vis le concierge qui ne regardait pas de mon côté.

— C'est Mason, fis-je comprendre à Rafe rien qu'en remuant les lèvres. Encore pour le loyer.

Sa main se porta aussitôt vers la poche gauche de son veston.

— Non ! chuchotai-je, terrifiée, hier, nous n'avions pas le sou !

Je lui fis signe de s'écarter de la porte que j'entrouvris à peine.

— Pouvez-vous enfin faire un petit quelque chose, Mrs Burns ? me demanda le concierge, apparemment sans le moindre espoir.

Je découvris que, en m'y employant de toutes mes forces, je pouvais sourire :

— Mon mari n'est pas là pour l'instant. Mais je crois que je pourrai vous donner un acompte à la fin de la semaine.

Il ne se montra pas insolent : simplement abattu. Depuis longtemps, nous avions usé ses réserves d'insolence :

— Mais vous m'avez dit ça tant de fois déjà ! Je ne veux pas répéter encore la même histoire à Mr Krafft. Ça ne prendra pas. Il l'a trop souvent entendue.

Je sentis que quelque chose était poussé dans ma main qui se trouvait derrière la porte. Je compris que c'étaient des billets pliés et, avec une sorte de sursaut, je maintins ma main hors de la vue du concierge. L'honnêteté foncière de Rafe l'emportait sur sa peur... Mais ce n'était vraiment pas le moment !

— Eh bien ! peut-être plus tard dans la journée, alors. Je vais voir ce que je peux faire, mais je ne vous promets rien.

Enfin, je refermai complètement la porte et

m'adossai au mur, à bout de force. Rafe voulut dire quelque chose, mais je plaquai vivement ma main sur sa bouche, puis nous nous éloignâmes ensemble de la porte, pour ne pas risquer d'être entendus.

Une fois dans la chambre à coucher, je dis :

— Mets une chemise propre.

Je la lui présentai et, lorsqu'il l'eut endossée, je la lui boutonnai, du col jusqu'à la taille, comme lorsqu'il allait se présenter pour une place et que je le voulais sur son trente et un... Drôle d'idée, à un pareil moment !

Puis je lui dis :

— Tu ne peux pas sortir habillé comme ça... Est-ce que quelqu'un t'a... vu ?

— Je ne sais pas. Je...

Je l'interrompis du geste, moins parce que le temps pressait que pour l'empêcher de me dire quoi que ce soit.

— Vite ! Donne-moi un de ces billets de cinquante... Toi, reste ici et promets-moi de n'en pas bouger, de ne pas répondre si l'on sonne à la porte.

— Hé ! Où vas-tu ? s'exclama-t-il derrière moi, mais j'étais déjà sortie sur le palier et avais refermé la porte de l'appartement.

Je dévalai l'escalier, mon sac bien serré sous le bras. Une fois dans la rue, je me contentai de marcher d'un pas rapide, comme je le faisais les autres jours pour éviter d'être interpellée par les commerçants chez qui j'avais des notes en souffrance.

Au coin de la rue, il y avait un magasin de confection pour hommes. Depuis deux ans, je ne lui avais accordé guère plus d'attention que si c'eût été une bijouterie, mais je me réjouis soudain qu'il fût si proche. Ce que j'allais faire était risqué et je m'en rendais compte, mais il eût été encore bien plus dangereux de laisser Rafe sortir. *On s'attend à une arrestation dans les vingt-quatre heures...*

Un vendeur vint à moi et je lui dis :

— Je voudrais un complet bleu marine, taille 38.

Il me regarda d'un air surpris, en m'expliquant qu'ils ne faisaient pas de ventes à condition.

— Oh ! mais j'ai l'intention de vous payer tout de suite, soyez tranquille ! ripostai-je. Seulement mon... mon frère vient tout juste d'apprendre qu'il doit faire un speech, aujourd'hui, à la cérémonie de remises des diplômes et nous avons été pris de court. Alors, n'ayant plus le temps de venir lui-même, il m'a envoyée...

Je fis mine de palper les tissus des modèles proposés, tandis qu'il se lançait dans son bla-bla-bla habituel. J'achetai un chapeau assorti, un feutre dont Rafe pourrait rabattre le large bord sur ses yeux. Taille 71/78. Le vendeur m'emballa le tout dans un grand froissement de papier qui agit sur mes nerfs comme le crissement d'une craie. Puis, respirant à fond, tel un nageur s'apprêtant à sauter du haut d'un plongeoir, je sortis de mon sac le billet que Rafe m'avait donné. La malchance voulut que ce fût celui avec la tache rouge, et je le tournai vivement de l'autre côté.

Le caissier l'examina, bien entendu, comme ses semblables ne manquent jamais de le faire désormais pour toute coupure supérieure à cinq dollars. Il n'émit aucun commentaire et procéda aux inscriptions que lui dictait le vendeur, tandis que je me sentais vieillir d'un an par minute.

On n'a jamais expliqué, du moins à ma connaissance, pourquoi lorsque quelqu'un vous observe avec attention, même si l'on ne voit pas cette personne, on a conscience de son regard, comme s'il pesait sur vous. J'éprouvais cette sensation tandis que j'attendais ma monnaie. Il n'y avait pourtant personne d'autre dans la boutique à cet instant, car le second vendeur venait de descendre dans la réserve. J'y étais seule avec celui qui s'était occupé de moi et le caissier.

Tournant la tête, je portai mes yeux vers la vitrine et, de l'autre côté de l'étalage, je vis un homme arrêté qui regardait à l'intérieur du magasin. Cela me fit une drôle de sensation le long de la colonne vertébrale.

Certes, il n'y avait rien d'extraordinaire à ce qu'un homme regarde l'étalage d'un magasin de confection pour hommes... rien, sinon qu'il se trouvait planté entre deux mannequins et me regardait, moi !

Il avait un feutre noir et une sorte de rictus sur son visage qu'il appuyait presque contre la glace. « Un policier ! » pensai-je, en me cramponnant au rebord du comptoir pour ne pas tomber. Je m'arrangeai pour continuer à l'observer du coin de l'œil et me rendis ainsi compte qu'il ne bougeait pas, attendant que je sorte.

Le caissier me rendit quinze dollars en me remerciant. Je mis le plus de temps possible à ranger cet argent dans mon sac, espérant voir l'homme s'en aller, tout en sachant bien qu'il n'en ferait rien. Le vendeur demeurait près de moi, pour me raccompagner jusqu'à la porte. Finalement, voyant l'ombre noire toujours collée à la vitrine, je demandai stupidement au vendeur :

— Y a-t-il une autre sortie ?

Comme si cela eût pu changer quoi que ce soit à ma situation, qui était celle d'un poisson rouge dans un aquarium !

Le vendeur fronça légèrement les sourcils :

— Non, il n'y en a qu'une. Serait-ce que... ?

Il tourna la tête vers l'entrée, mais ne remarqua rien car, pour la première fois, l'homme était en train de regarder les mannequins au lieu de m'épier.

— Oh ! fis-je, c'était juste pour savoir...

Et je pensais : « Si c'est un policier qui cherche Rafe, ce n'est pas en t'attardant ici que tu lui échapperas, car il finira par entrer. Et si ça n'en est pas un... Mais que pourrait-il être d'autre pour t'épier ainsi ? De toute façon, il faut que tu retournes auprès de Rafe, chaque minute compte... »

Prenant le grand carton plat et le sac à chapeau, je me dirigeai vers la porte. Les yeux de l'homme étaient de nouveau sur moi et il pivota sur lui-même pour ne pas me perdre de vue, si bien qu'il fut le dos à la vitrine lorsque je me retrouvai sur le trottoir.

Je me demandai s'il allait m'appréhender devant tout le monde, puis l'idée me vint brusquement que les enquêteurs n'avaient peut-être encore aucune certitude et que celui-ci allait justement me suivre pour... Alors, je pris la direction opposée à celle de la maison. Mon cœur battait à grands coups et je n'avais pas besoin de me retourner pour savoir que l'autre me suivait. Ce frisson qui me parcourait l'échine et ces picotements sur ma nuque, me l'affirmaient.

Avec désespoir, je pensai : « Il faut que je le sème ! Il faut que je me débarrasse de lui ! Autrement, je ne pourrai pas retourner à la maison et je serai coupée de Rafe... »

De toute évidence, l'homme n'avait pas l'intention d'intervenir pour l'instant. Il se contentait de me suivre. Courir n'était pas une solution, car il aurait eu vite fait de me rattraper. Un taxi pouvait me tirer d'embarras, à condition qu'il y en eût un — et un seul — à proximité. Mais je n'en voyais pas.

Soudain, j'eus conscience que l'homme s'était rapproché en deux rapides enjambées et je l'entendis chuchoter à mon oreille :

— Que diriez-vous d'un petit tour dans ma voiture, belle enfant ?

Ma réaction fut purement instinctive, car j'étais incapable de me servir de ma tête. Je fis demi-tour en lui décochant, de ma main libre, une gifle qu'il esquiva :

— Je vais appeler un agent ! criai-je, avec une fantastique inconscience.

Puis j'enfilai l'avenue parallèle à la nôtre et il ne me suivit pas.

C'est ainsi que je regagnai notre domicile du côté opposé à celui d'où j'étais partie. Ce type en quête d'une galante aventure m'avait fait perdre dix ou quinze précieuses minutes.

— Mets ça ! dis-je à Rafe dès que j'eus refermé la porte de l'appartement.

Un moment plus tard, ayant enveloppé son vieux complet et son chapeau dans des journaux, je les jetai dans le vide-ordures aboutissant à l'incinérateur. Quand je revins dans la chambre, Rafe avait déjà enfilé ses vêtements neufs. Je l'examinai d'un œil critique et rabattis encore un peu plus le bord du feutre sur ses yeux.

— Pas trop… Ça risquerait d'attirer l'attention, me fit-il remarquer, non sans raison.

Sur la commode, une photo de lui trônait dans un cadre. Je la pris, la déchirai et mis les morceaux dans mon sac.

— Mason et tous les voisins sont en mesure de donner mon signalement…

— Ça leur compliquera quand même un peu les choses.

Je fourrai une paire de bas dans la poche de mon manteau. Ce fut tout ce que j'emportai.

Arrivés devant la porte, je me tournai vers lui :

— Où allons-nous ?

— Quelle importance ? me répondit-il d'un air sombre. De toute façon, nous ne pourrons pas y rester longtemps. Nous réussirons peut-être à leur échapper pendant un an ou nous serons pincés dans une heure, mais une chose est d'ores et déjà certaine : nous n'aurons plus désormais de « chez nous », ni personne que nous puissions dire notre ami...

Il me regarda drôlement avant de poursuivre :

— Ça va être dur, mon petit, et je n'ai aucun droit de te demander... es-tu bien sûre de vouloir me suivre ? Pourquoi ne pas rester là en me laissant courir ma chance...

— Tu me prends pour qui ? ripostai-je, presque avec colère.

Alors il me saisit dans ses bras et nous nous étreignîmes désespérément, tandis que je pensais : « Jusqu'à ce que la mort nous sépare, mon chéri, jusqu'à ce que la mort nous sépare ! »

Notre amour, c'était tout ce qui nous restait.

Le palier était désert quand nous refermâmes doucement la porte, quittant pour toujours l'endroit où nous avions jusqu'alors vécu. Nous tenant par le bras, nous descendîmes l'escalier sur la pointe des pieds. Lui dans son complet neuf, moi avec mon sac bien serré sous le bras, nous avions l'air d'un jeune couple partant se promener. Mais si quelqu'un nous avait observés, nous aurions été trahis par nos yeux qui jetaient des regards traqués dans toutes les directions.

— Ne te contracte pas ainsi, n'aie pas cet air effrayé, me dit Rafe du coin des lèvres tandis que, sur mon bras, sa main essayait de me réconforter par une brève étreinte.

Un gamin, chaussé de patins à roulettes, vira devant nous sans perdre son équilibre ; sur le trottoir d'en face, une femme avançait avec deux sacs de papier brun, comme je l'avais fait si souvent et ne le ferais jamais plus. Etre sans le sou me paraissait soudain moins terrible que la veille. Oh ! être sans le sou, mais n'avoir pas cette crainte au cœur !

— Mon Dieu ! dis-je soudain. Mason cause avec le concierge du 66 et il va te voir dans ce complet neuf !

Je voulus battre en retraite mais, retenant mon bras, Rafe m'obligea à continuer dans la même direction :

— Trop tard : il nous a déjà aperçus. D'ailleurs, il suffit de le voir pour se rendre compte qu'il ne sait rien encore.

— Mais *après,* Rafe, après que nous serons partis, quand ils lui demanderont…

— Ils n'auront pas grand-chose à lui demander.

Comme nous nous rapprochions de Mason, je détachai lentement mon bras de celui de Rafe :

— Continue d'avancer, lentement, ne t'arrête pas, je te rattraperai, lui dis-je. Maintenant, j'ai un billet de dix dollars que je vais pouvoir lui donner pour qu'il nous fiche la paix. Laisse-moi faire.

M'écartant alors de lui, j'obliquai en direction de Mason :

— Je vous avais bien dit que j'aurais peut-être quelque chose pour vous ! gazouillai-je gaiement.

Mais à la façon dont il regardait le costume neuf de Rafe, je compris que dix dollars ne suffiraient pas à le faire taire.

— Je croyais vous avoir entendu dire que votre mari n'était pas à la maison ?

— Il n'y était pas, mais il vient de rentrer pour m'annoncer la bonne nouvelle. N'est-ce pas merveilleux ? Il a finalement trouvé un emploi et il faisait si miteux dans son vieux complet, qu'on lui a avancé de l'argent pour qu'il puisse s'en acheter un autre afin de pouvoir commencer à travailler lundi. C'est dix dollars que je vous donne, hein ? Vous n'aurez qu'à mettre le reçu dans la boîte aux lettres.

Mon Dieu, pensai-je, en rejoignant Rafe à petits pas pressés, ça va sûrement se retourner contre nous d'ici peu ! Et comme Mason n'allume l'incinérateur qu'à minuit, s'ils viennent avant cela, ce sera le premier endroit où ils iront regarder…

Je rejoignis Rafe au moment où il allait atteindre le coin de la rue, devant le magasin de confection. A travers les deux vitrines d'angle, on apercevait l'autre trottoir, celui où se trouvait l'entrée.

Sentant mon étreinte se resserrer autour de son bras, Rafe me demanda :

— Qu'y a-t-il ?

— Ne regarde pas à droite. Traversons vite de l'autre côté de la rue, avant que nous soyons arrivés au coin… C'est là que j'ai acheté ton costume et il y a un flic qui est en train de parler au vendeur !

Puisqu'il nous était impossible de revenir sur nos pas à cause de Mason, nous traversâmes la chaussée et continuâmes d'avancer sur l'autre trottoir. Nous étions maintenant exposés à la vue du vendeur, mais chaque pas que nous faisions nous éloignait de lui en nous rapprochant de l'entrée du métro, située à quelque deux cents mètres en avant de nous.

— Ne te retourne pas, continue de regarder devant toi ! me dit Rafe du coin des lèvres.

Sans ralentir le pas, j'ouvris le rabat de mon sac à hauteur du visage et, dans le petit miroir, je vis se refléter la rue qui était derrière nous. Le policeman et le vendeur étaient tournés de notre côté, nous regardant. Je vis l'employé pointer le bras dans notre direction, puis le laisser retomber.

— Ils nous ont repérés ! haletai-je. Nous sommes cuits !

Je sentis son bras se raidir contre le mien :

— Viens vite ! On a encore une chance de leur échapper !

Je pesai à son bras pour le retenir :

— Ne cours pas ! Ne cours pas ! Il nous rattraperait et... il est armé !

Cela me faisait l'effet d'un de ces cauchemars où l'on se sait poursuivi, mais incapable d'avancer. Derrière nous, j'entendais quelqu'un qui se rapprochait en courant bruyamment.

— Ne cherche pas à le frapper, Rafe ! Je t'en supplie ! Souviens-toi qu'il est armé !

Nous ne nous retournâmes pas, même à la dernière seconde, et rien qu'à ce détail, n'importe qui d'un peu futé eût deviné notre état d'esprit. Mais nous avions affaire à un flic.

Il nous dépassa et se planta devant nous, en s'employant à reprendre son souffle. Il n'avait pas sorti son revolver, mais paraissait en colère :

— Alors, quoi, vous êtes sourds ? Vous ne m'avez pas entendu vous appeler ?

— Oh ! c'était pour nous ? fis-je d'un air stupide.

— Ouais, madame, j'ai besoin de vous parler.

A moi ! C'était *à moi* qu'il voulait parler ! Si vous connaissez les femmes, vous n'aurez aucune peine à comprendre le soulagement que j'éprouvai. Avant même d'apprendre ce qu'il me voulait, il me suffisait, pour à nouveau respirer plus librement, de savoir que c'était après moi qu'il en avait. Je repris le contrôle de mes nerfs et demandai :

— Ah ! oui ? A quel sujet ?

— Est-ce que vous n'avez pas été importunée par un homme, dans ces parages, voici un moment ?

— Si, en effet, répondis-je sans hésiter. Je n'ai pas voulu en parler à mon mari, mais c'est exact.

— Le vendeur de chez Harold m'a dit qu'il l'avait vu vous suivre. Deux autres dames viennent de m'alerter, en me déclarant qu'il leur avait fait des propositions outrageantes... Pouvez-vous me donner son signalement ?

J'en étais bien incapable. Un détail cependant me revint à l'esprit :

— Il avait un chapeau noir et fumait un cigare. Il m'a causé une telle peur que je n'ai pas pris le temps de le regarder davantage. Je me suis mise à courir comme...

Rafe s'empressa de me donner la réplique :

— Pourquoi ne me l'avais-tu pas dit ? J'aimerais drôlement le coincer...

— Et moi donc ! sourit le policeman en faisant tournoyer son bâton.

J'eus soudain conscience d'avoir commis une gaffe : j'avais dit au vendeur que j'achetais un complet pour mon frère et voilà que je venais d'identifier l'homme qui le portait comme étant mon mari.

Le policeman ne semblant pas s'étonner de la chose, j'en conclus que le vendeur ne lui avait pas encore communiqué ce détail. Mais, lorsque le policeman retournerait auprès de lui en disant que mon mari avait grande envie de flanquer une trempe au type en question, ça ne manquerait pas de le frapper. Et quand, ensuite, il apprendrait qu'on recherchait Rafe, il établirait un rapprochement et serait à même de donner un signalement d'une précision telle que Rafe aurait aussi bien fait de garder son vieux complet et de ne pas perdre de temps à se changer.

Mais notre interlocuteur était visiblement désireux de nous exposer ce qu'il se proposait de faire pour retrouver mon suiveur, et de nous narrer les quelques mésaventures qu'il avait eues avec des individus de la même espèce. Enfin, en se rendant compte que nous esquissions un pas de côté pour l'inciter à prendre congé, il me dit :

— Si jamais vous le revoyez, madame... même

s'il vous laisse tranquille, n'hésitez pas à me le faire savoir. Vous me trouverez toujours dans le secteur.

Ayant dit, il s'en retourna vers le vendeur qui l'attendait sur le seuil du magasin, désireux de reprendre la conversation interrompue.

Tandis que nous nous hâtions vers l'entrée du métro, je dis à Rafe.

— J'ai gaffé. J'avais raconté au vendeur que le complet était pour mon frère et, maintenant, il l'a vu sur toi. Le flic va lui dire que tu es mon mari...

Il devina l'envie que j'avais de me retourner pour voir ce qui se passait et il me serra le bras en disant :

— Regarde devant toi.

Jamais je n'ai descendu un escalier de métro avec autant de plaisir que ce jour-là et quand ma tête se trouva au ras du trottoir, en dépit de la recommandation de Rafe, je jetai un coup d'œil derrière moi.

Mauvaises nouvelles !

Un petit jouet vert était venu se ranger devant le magasin, près du vendeur et du flic.

— Rafe, une voiture de la police !

Au-dessous de nous, une bouffée d'air chaud et fétide, accompagnant un roulement qui se fondit rapidement dans le lointain, nous avertit que nous venions de manquer une rame et qu'il nous faudrait attendre la suivante pendant cinq à dix minutes.

— C'est simplement une bagnole qui fait sa ronde habituelle, me dit Rafe.

— Non, c'est une voiture-radio et j'ai pu me rendre compte que leurs visages étaient tournés dans notre direction...

Nous atteignîmes le bas des marches, mais nous nous trouvions encore cachés à la vue de l'employé, assis dans un renfoncement.

— Tu vas aller à l'autre bout du quai et rester cachée derrière un des piliers... Ou non, mieux encore, tu vas aller dans les lavabos des dames et y rester jusqu'à ce que tu entendes arriver la prochaine rame. Moi, je vais remonter jeter un coup d'œil pour voir ce qu'ils...

— Non, Rafe ! Ne va pas te montrer ! Ne me laisse pas seule ici !

— Je ne t'abandonnerai pas, n'aie pas peur, mais il vaut mieux que nous ne passions pas ensemble au tourniquet. Vas-y toute seule d'abord...

Je savais qu'il n'avait pas de monnaie sur lui, juste les neuf billets de cinquante dollars.

— Je mettrai une pièce pour toi dans celui qui est au bout, à droite, Rafe. Fais bien attention qu'ils ne te voient pas...

Mais il m'avait déjà quittée, remontant les marches.

Vous savez comment fonctionnent ces tourniquets : ils comportent un contrôle automatique. On peut donc y mettre deux pièces à la fois et la seconde ne tombe que lorsque le tourniquet a fonctionné une seconde fois, sinon elle reste en attente dans la fente.

Je mis donc deux pièces à la fois et passai sur le quai en jetant un coup d'œil à l'employé qui lisait une circulaire et ne releva même pas la tête. Pourquoi l'aurait-il fait ? Il entendait à longueur de journée des gens actionner les tourniquets.

J'entrai dans les lavabos, comme me l'avait dit Rafe, et restai près de la porte. La rame que nous venions de manquer — par la faute de ce flic ! — avait nettoyé le quai, où je vis seulement, à l'autre extrémité, un homme occupé à regarnir un des distributeurs de bonbons.

J'entendis un bruit de rame s'approchant, mais c'était sur l'autre voie et je rentrai de nouveau dans les lavabos, en constatant que Rafe n'était toujours pas en vue.

Deux minutes plus tard un tourniquet fonctionna

bruyamment et je risquai un coup d'œil par l'entrebâillement de la porte. Ce n'était pas Rafe, mais un autre homme qui jeta un regard intrigué au tourniquet avant de poursuivre son chemin.

Pourquoi Rafe tardait-il tellement ? Il aurait dû m'avoir rejointe depuis longtemps ! Est-ce que les policiers lui avaient sauté dessus quand il avait reparu en haut des marches ? Non, sans doute pas car, dans ce cas, ils fussent descendus à ma recherche. Peut-être restait-il à regarder, comme fasciné, ce que faisaient les policiers...

Un grondement annonça l'arrivée de la rame que nous devions prendre et je sortis de ma cachette, l'angoisse au cœur. Il nous fallait absolument monter dans cette rame. Si nous la manquions, il nous faudrait de nouveau attendre dix minutes et, cette fois, nous serions sûrement fichus !

A ce moment, je vis enfin Rafe dévaler les marches. Rien qu'à son attitude, je compris que je ne m'étais pas trompée et que c'était bien nous que recherchaient les flics de la voiture-radio. Je me précipitai dans le wagon le plus proche, afin de retenir pour lui les portes qui commençaient déjà à se refermer.

Alors, tout alla de travers, comme si les dieux de la chance étaient déjà las de nous. Neuf fois sur dix, il est facile de maintenir ouvertes les portes automatiques en les repoussant lorsqu'elles tendent à se refermer. Mais je m'aperçus avec désarroi que celles de cette rame étaient directement commandées par le chef de train. Elles se refermèrent brusquement derrière moi, alors que je croyais avoir le temps de me retourner avant qu'elles ne fonctionnent de nouveau et le chef de train actionna le signal commandant le départ de la rame.

Je fis volte-face en criant : « Attendez ! ouvrez ! » mais sur le quai, quelque chose de pire venait d'arriver. Je vis Rafe plié en deux sur le tourniquet immobile, le souffle coupé par cette résistance imprévue, alors qu'il se précipitait pour me rejoindre. Quelqu'un était passé avant lui, profitant de la pièce que j'avais laissée dans le tourniquet, ou bien le mécanisme s'était coincé, comme cela se produit parfois. Non seulement Rafe n'avait pas une autre pièce à mettre dans l'appareil, mais la rame s'ébranlait, prenant de la vitesse.

Alors, brusquement, Rafe se baissa, passa sous le bras métallique et courut vers ma porte. Tel un éclair, l'employé du métro jaillit aussitôt de sa niche et s'élança à sa poursuite après avoir laissé tomber une chaîne formant barrage. Moi, je m'agitais derrière la vitre ; comme un poisson suffoquant dans un aquarium boueux, suppliant : « Laissez-moi descendre ! Mon mari ! *Mon mari !* »

Rafe devait continuer à courir pour se maintenir à ma hauteur !

— A la gare de Penn... [1], hurla-t-il à travers la vitre et le fracas du métro. Attends-moi à la gare de Penn !

Je le vis repousser de la main l'employé du métro pour se débarrasser de lui, et je criai de toutes mes forces :

— Ne le frappe pas, Rafe ! Ne le frappe pas !

Le quai arriva à son terme, et mari, employé, lumières restèrent en arrière, happés par les ténèbres. Chancelante, je me laissai tomber sur une banquette et me mis à pleurer de désespoir. Nous étions séparés ! La chose que je craignais le plus, que nous aurions dû éviter à tout prix !

Le chef de train me rejoignit et, maintenant que le mal était fait par sa faute, essaya de me rassurer

1. Pennsylvanie, une des gares de New York *(N.d.T.)*.

comme si j'étais simplement une de ces idiotes qui se perdent dans le métro :

— Ne vous tracassez pas, madame. C'est très simple... vous descendrez à la prochaine et vous prendrez une rame allant dans l'autre direction qui...

— Fichez-moi la paix ! ripostai-je en lui décochant un coup de pied dans les jambes.

Il s'écarta vivement en me jetant un regard péniblement surpris, et n'insista pas davantage.

Je ne pouvais pas descendre et revenir en arrière, car j'aurais croisé Rafe et nous ne nous sérions jamais plus retrouvés. Non, il me fallait continuer jusqu'à la gare de Pennsylvanie et l'attendre là-bas. Or, c'était le dernier endroit que j'eusse choisi pour cela, car c'est plein de flics qui, jour et nuit, guettent d'éventuels fugitifs.

Mon wagon se remplit peu à peu, cependant que défilaient les stations. Je gardais la tête baissée. Pas seulement parce que je ne voulais point laisser voir que j'avais pleuré, mais aussi parce que l'oisiveté forcée du métro incite les gens à y détailler leurs voisins. Au bout d'un moment quelqu'un descendit en abandonnant un journal dont je me saisis aussitôt pour me dissimuler derrière lui. Puis je finis par prendre conscience du texte qui dansait devant mes yeux.

« ... *un laitier empruntant pour sa tournée la rue qu'habitait Mr Freund, se rappelle avoir remarqué un individu, pauvrement vêtu, qui faisait les cent pas à proximité de la maison à l'heure où l'on estime que le crime fut commis. Cet individu disparut au coin de la rue et le laitier le vit revenir, quelques minutes plus tard, dans la direction opposée, comme s'il avait contourné tout le pâté d'immeubles. Il était de taille moyenne, plutôt maigre, vêtu d'un complet gris élimé et...* »

Ce devait être une édition postérieure à celle que nous avions reçue à la maison. Cela fait une drôle d'impression de lire un article concernant son mari, dans un journal ramassé sur une banquette de métro. A la dérobée, j'observai les visages qui m'entouraient, en pensant avec amertume : « Vous voudriez bien savoir ce que je fais ici, hein, tous tant que vous êtes ! »

— Pennsylvanie, psalmodia le chef de train.

Je descendis et suivis la longue arcade qui mène à l'aile principale de la gare, du côté de la 7e Avenue. J'avais le sentiment d'être très peu de chose, très seule, et totalement impuissante.

Le bureau des renseignements !

Rafe ne me l'avait pas indiqué, bien sûr, mais c'est parce qu'il n'en avait pas eu le temps. C'est toujours à cet endroit que l'on se donne rendez-vous, et nous étions trop novices dans l'art de fuir pour nous écarter encore beaucoup de la routine.

Je m'approchai du comptoir, pris une brochure au hasard et cachai mon visage derrière ses feuillets glacés, au-dessus desquels je voyais la grosse horloge de la gare. Quand je la regardai, la première fois, elle marquait 3 h 25.

Je savais qu'il ne me fallait pas trop épier la progression des aiguilles, car cela risquait de me faire perdre le contrôle de mes nerfs. Et pourtant, malgré moi, mes yeux se tournaient toujours vers elle. 27... 28... La demie.

Rafe aurait dû me rejoindre dans l'espace d'un quart d'heure s'il avait réussi à prendre la rame suivante. Mais je l'avais laissé aux prises avec l'employé du métro et il n'avait pas une seule pièce de monnaie sur lui, rien que ces billets de cinquante dollars. Je me rappelai soudain quelque chose que j'avais vu des milliers de fois sans y attacher d'importance. Une petite pancarte qui se trouve près de chaque guichet de métro, informant les usagers que la caissière n'est pas tenue de faire le change pour plus de deux dollars. Ne vous laissez jamais compromettre dans un meurtre sans avoir beaucoup de menue monnaie dans vos poches !

⁂

Je ne pense pas qu'il ait fait particulièrement froid, cet après-midi-là, à la gare de Pennsylvanie, mais mes mains comme mon cœur étaient glacés. 4 heures moins 24... moins 23... moins 22...

Finalement, le préposé aux renseignements se pencha vers moi :

— Puis-je vous être utile, Madame ?

En un sens, je lui fus reconnaissante de son intervention. Cela me fit du bien de l'entendre me parler, je me sentis moins oppressée. Pas beaucoup moins, mais un peu quand même.

— Mon mari m'a donné rendez-vous ici. Et il devrait être arrivé à l'heure actuelle.

— Vous prenez des vacances ?

— Euh, oui, mais si courtes que nous n'avons pas encore décidé où nous irions... Nous monterons dans un des trains en partance d'ici une demi-heure.

Quatre heures moins dix.

— Mon Dieu, faites qu'il arrive ! implorai-je en levant les yeux vers le dôme de la gare d'où tombait la lumière qui nous éclairait.

— Où dites-vous ? questionnai-je, en interrompant le préposé qui avait continué de parler.

— Atlanta, et là, vous pouvez faire le changement pour...

— Comme c'est loin ! balbutiai-je en frissonnant malgré moi.

Après un moment, il renonça, car j'étais par trop

inattentive, mais je me penchai par-dessus le comptoir en l'implorant :

— Continuez de me parler, voulez-vous ? Continuez !

Comme il laissait paraître sa surprise, j'insistai :

— Dites-moi dans quels autres endroits nous pourrions encore aller...

Mais cette attente me rongeait tellement que j'avais envie de hurler : « Rafe ! Ne me laisse pas seule ici ! Ne m'abandonne pas ! »

Quatre heures. Trois quarts d'heure s'étaient écoulés depuis que je l'avais quitté. Dans le miroir de mon sac, je me vis un visage étrangement gris : « Faites qu'il arrive, je vous en prie ! Faites qu'il arrive ! »

— Vous disiez ? s'enquit l'employé.

— Je disais que c'est assommant d'attendre.

Quatre heures cinq.

— Vous êtes toute pâle... Seriez-vous souffrante ? Pourquoi ne pas aller vous asseoir un peu dans la salle d'attente ?

Je m'agrippai au rebord du comptoir pour ne pas tomber :

— Non, je vais bien, et je préfère rester ici, car j'aurais trop peur de le manquer.

— Sans doute n'a-t-il pas pu se rendre libre aussi vite qu'il le pensait. Il doit avoir été retenu...

— Oui, haletai-je, je crains qu'il ait été retenu.

Enfin, je le vis, alors que je croyais ne plus jamais le revoir. Il arrivait du côté de la 7e Avenue, comme je l'avais fait, descendant les marches qui donnent accès au hall. Il les descendait lentement, comme s'il avait tout son temps. Il ne me cherchait pas du regard. Il semblait presque chercher à *éviter* de me voir. En effet, j'étais juste en face de lui, bien en vue, et cependant son regard parut glisser sur moi sans réagir.

Mes genoux étaient prêts au départ, ma main allait s'élever pour lui signifier : « Je suis là ! » et puis quelque chose me retint, une sorte de sixième sens sonnant l'alarme : « Attention ! Reste tranquille ! Ne bouge pas ! Il t'aurait vue... s'il avait voulu te voir. »

Je me détournai à demi pour prendre à nouveau une des brochures et y enfouir mon visage jusqu'aux yeux.

— Vous ne le voyez toujours pas ? me demanda l'employé.

— Non, toujours pas.

Arrivé au bas des marches, Rafe obliqua afin de passer loin de moi lorsqu'il atteindrait le milieu du hall. Puis il me sembla aussi qu'il faisait un petit geste. Je n'en fus pas sûre, mais je crus bien voir la main qui pendait le long de sa jambe s'en écarter un peu à deux reprises, comme pour me signifier : « Ne t'approche pas de moi » et il fallait être de mon côté pour s'en rendre compte. De l'autre côté, le mouvement était dissimulé par son corps.

Je ne remarquais pourtant rien d'anormal. Il n'y avait personne près de lui ou derrière lui. Les quelques gens qui se trouvaient dans le hall étaient visiblement occupés à autre chose. Nul ne le regardait. M'ignorant totalement, il vira sur sa gauche et se dirigea vers la longue rangée des guichets où l'on distribuait les billets.

Je pivotai lentement sur place, afin de pouvoir continuer à le voir. Il alla au troisième guichet en partant de la gauche. Pour ne pas avoir l'air de l'observer, je fis mine de consulter la brochure que je tenais à la main et, quand je relevai de nouveau les yeux, il s'éloignait du guichet, rangeant quelque chose dans sa poche de pantalon. Les billets sont remis dans de petites enveloppes rectangulaires, comme les places de théâtre. Il les avait apparemment retirés et froissait l'enveloppe dans sa main, tout en cherchant du regard un panier où la jeter, comme s'il se préoccupait de cette propreté à laquelle les New-Yorkais font ordinairement si peu attention. C'était bien le moment de s'en soucier !

Dans un angle, il y avait une fontaine, avec un cylindre de verre contenant des gobelets en papier et une corbeille pour y jeter lesdits gobelets après usage. C'est dans la corbeille qu'il se débarrassa de son chiffon de papier et, en l'y jetant, il me regarda pour la première fois depuis son arrivée dans le hall. Un bref regard, mais qui cherchait directement le mien. Puis il se détourna et entra dans la salle d'attente où je le perdis de vue.

Je me demandai pourquoi il m'avait regardée ainsi en jetant l'enveloppe. Un employé de gare m'incita à me mettre en marche, car il se dirigeait vers la corbeille en question, avec un sac visiblement destiné à en recueillir le contenu.

J'y parvins avant lui, sans avoir eu cependant l'air de me presser. Je mis un penny dans la fente du distributeur de gobelets.

— Un instant, lui dis-je avec brusquerie. Attendez que j'aie fini.

Il s'immobilisa, hésitant, subjugué par mon ton de commandement.

Je pris un peu d'eau dans le gobelet, l'avalai et soulevai enfin le couvercle de la corbeille. L'enveloppe froissée était sur le dessus, à portée de ma main. Je déposai le gobelet et emportai l'enveloppe au creux de ma paume.

J'allai jusqu'à l'autre bout du hall avant de la défroisser et d'y jeter un coup d'œil à la dérobée. Dans l'enveloppe, il y avait un des billets de cinquante dollars et sous le rabat, il avait trouvé le temps de griffonner, de façon presque illisible : « *Deux pour Miami. Laisse le mien au contrôle.* »

Je compris alors qu'il devait être pris en filature par quelqu'un. Il avait donc acheté un billet quelconque, sachant bien que son suiveur irait s'enquérir de la destination dès qu'il aurait quitté le guichet. Je me tournai vers le troisième guichet en partant de la gauche. Un homme en complet de tweed s'y trouvait. Mais des guichets sont faits pour qu'on y achète des tickets, alors...

Dès que l'homme fut parti, j'allai à mon tour au guichet et glissai le billet de cinquante sous la grille :

— Deux pour Miami. Quand part le prochain train ?

— Dans dix minutes. Voie 5.

Je laissai un des tickets dans l'enveloppe, dont je collai le rabat. Je tendis le mien au poinçonneur tout en lui remettant l'enveloppe :

— Vous la donnerez à mon mari. Il va arriver d'une minute à l'autre mais, si j'attends encore pour monter, j'ai peur que nous n'ayons plus de places assises.

— Et comment le reconnaîtrai-je votre mari ? Je ne suis pas censé...

— Il vous la demandera. Oh ! rendez-moi ce service, dites, monsieur ?

A contrecœur, il fourra l'enveloppe dans la poche supérieure de sa veste d'uniforme. Ce fut également à contrecœur que je me dirigeai vers les quais. Ce train éclairé, prêt à partir, avait quelque chose de tellement définitif. C'était comme si nous nous embarquions pour un voyage sans retour... c'était un peu comme mourir. Hier semblait si lointain maintenant...

Les deux premiers wagons étaient à demi pleins. Je montai dans le troisième, qui était encore presque vide, et m'assis sur la première banquette, du côté du quai.

Mais je ne pus rester longtemps ainsi. La fenêtre

était d'une opacité laiteuse qui m'empêchait de bien distinguer ce qui se passait au-dehors et elle ne s'ouvrait pas, parce que c'était un wagon à air conditionné. Je me relevai donc, laissant mon manteau pour marquer la place. J'allai me pencher à la portière. Il ne restait plus que quelques minutes avant le départ. Je vis un homme remettre un bouquet de fleurs à une jeune femme qui se trouvait dans le wagon précédent. J'enviai leur tranquille bonheur, me demandant ce qu'était la vie hors de New York. Existe-t-il un monde hors de New York ? Et je me réjouis que nous n'eussions pas d'enfants. Je sentis que chaque fois que je serais dans les bras de Rafe — si jamais je m'y trouvais de nouveau ! — je ne pourrais m'empêcher de penser à... Ce serait comme un spectre entre nous. Je me dirais : « Tu m'embrasses, mais tu as tué un homme... »

— Attention au départ !

Ce cri, le plus horrible que j'eusse jamais entendu, se mit à courir le long du train, se répercutant contre la verrière.

— Rentrez, la petite dame, que je ferme la portière ! me dit l'employé en arrivant à ma hauteur.

Je tentai de le repousser en disant :

— Non, attendez ! Attendez !

Je vis quelqu'un jaillir à l'extrémité du quai et, d'instinct, j'étendis les bras comme pour l'attirer plus vite à moi. Il arrivait en courant, presque plié en deux, au point qu'il semblait sans cesse sur le point de tomber. Je le tirai, l'employé le poussa, et la portière claqua derrière lui. Au même instant, le train se mit à rouler. C'était presque insensible, mais on s'en rendait compte, en voyant défiler les panneaux touristiques qui jalonnaient le quai.

Rafe avait une légère meurtrissure sous un œil et, d'un côté, son complet neuf était tout poussiéreux.

Sa cravate était de travers et il avait perdu son chapeau.

Le chef de train, qui survenait, le regarda fixement et Rafe me dit pour qu'il entende :

— Je courais tellement vite que je me suis étalé de tout mon long. J'ai bien cru que j'allais le manquer !

Mais la meurtrissure était d'un côté, la poussière de l'autre. Le chef de train nous quitta pour passer dans l'autre wagon. Je brossai de mon mieux le complet de Rafe, essuyai le sang de son visage avec mon mouchoir, lissai ses cheveux avec mes mains. Je ne lui demandai pas ce qui s'était passé, car j'avais peur de l'apprendre. Je l'entraînai vers l'intérieur du wagon en lui disant :

— Baisse un peu la tête, pour qu'on ne voie pas la meurtrissure.

Il n'y avait personne sur la banquette en face de la nôtre.

— Maintenant, nous ne risquons plus rien jusqu'à demain soir, murmura Rafe quand il eut retrouvé son souffle. Du moins, je le crois.

Nous avions jusqu'au lendemain soir à vivre, à être ensemble ! A partir de maintenant, nous serions toujours en sursis d'existence !

Me voyant céder un instant à l'accablement, puis me redresser, Rafe me dit :

— Essaye de t'en ficher. Nous devons nous y efforcer… sinon, nous deviendrons fous !

Je ne le pouvais pas. Cela me viendrait peut-être avec le temps, mais pour l'instant, j'en étais incapable. Et lui aussi.

La porte qui était en face de nous s'ouvrit brusquement, et un homme en complet de tweed entra dans le wagon. Le même homme que j'avais vu devant le guichet après que Rafe l'eut quitté. Nous en eûmes la respiration coupée.

Il vint dans notre direction, puis s'arrêta avant d'arriver à notre hauteur et s'assit en nous tournant le dos.

Nous nous reprîmes à respirer en regardant sa nuque. A partir de maintenant, nous allions vivre sans cesse ainsi, dans la crainte.

Nous nous engouffrâmes bruyamment dans l'obscurité du tunnel tandis que les lampes s'allumaient.

Nous partions, et je n'avais pas voulu cela, ni Rafe non plus, mais il n'y avait plus moyen de faire autrement. Nous ne pouvions pas retourner en arrière, ni nous arrêter quelque part : il nous fallait continuer d'avancer sans cesse, jusqu'à en mourir.

Dans le wagon qui vibrait, je faillis crier désespérément :

— Où allons-nous ? Qu'allons-nous devenir ?

Et, au bord des larmes, je pensai :

— Adieu, New York... Adieu, *nous* !

Titre original : GOOD BYE NEW YORK
(Traduit par M.-B. Endrèbe)

MEURTRES A LA SECONDE

Elle avait signé son propre arrêt de mort. Il ne cessait de se répéter qu'il n'avait rien à se reprocher, qu'elle était cause de tout. Il n'avait jamais vu l'homme, mais savait qu'il y en avait un. Cela faisait six semaines maintenant qu'il le savait. De petits détails le lui avaient appris. Un soir, en rentrant, il avait trouvé un mégot de cigare dans le cendrier, humide à un bout, encore chaud à l'autre. Sur le ciment, devant la maison, il y avait des traces d'essence ; or ils ne possédaient pas de voiture et il ne pouvait s'agir de celle d'un fournisseur, car ces traces indiquaient clairement que le véhicule avait stationné là pendant au moins une heure. D'ailleurs, il avait eu l'occasion, une fois, d'apercevoir la voiture en question, comme il descendait de l'autobus, à deux cents mètres de là. Une Ford déjà ancienne. Et quand il rentrait, sa femme était souvent très agitée, paraissant ne plus très bien savoir ce qu'elle faisait ou disait.

Il feignit de ne rien remarquer, car il était ainsi, Stapp. Il n'extériorisait pas ses haines, ni ses rancunes, car cela eût pu l'en guérir. C'était un de ces renfermés qui sont parmi les hommes les plus dangereux.

S'il avait été honnête avec lui-même, il eût

convenu que ce mystérieux visiteur de l'après-midi était une excuse qu'il se donnait, car il avait caressé le projet de se débarrasser de sa femme, longtemps avant qu'elle ne lui en eût fourni la raison, quelque chose en lui ne cessant de chuchoter : « Tue, tue, tue ! » C'était peut-être depuis qu'il avait eu cette commotion cérébrale et qu'on l'avait soigné à l'hôpital.

Il n'avait aucun des mobiles habituels. Elle ne possédait pas de fortune personnelle, il ne l'avait pas assurée sur la vie, sa mort ne lui serait d'aucun profit. Et il n'avait pas d'autre femme dans son existence. Elle n'était point acariâtre et ne se querellait pas avec lui. C'était une femme docile, très malléable. Mais il y avait cette chose dans sa tête à lui qui chuchotait : « Tue, tue, tue ! » Jusqu'à ces dernières semaines, il avait réussi à dominer cette impulsion, plus par crainte du risque, d'ailleurs, que par scrupule. La découverte qu'un inconnu rendait visite à sa femme les après-midi où il était absent, avait fini par déchaîner l'hydre de sa férocité. Et la pensée qu'il en aurait deux à tuer au lieu d'une seule, lui était maintenant un stimulant supplémentaire.

Aussi chaque jour, depuis six semaines, ne rentrait-il plus chez lui sans rapporter quelques petites choses de sa boutique. De très petites choses, tellement inoffensives en soi que, même si on les avait vues, personne n'aurait pu se douter que... De petits morceaux de fil de cuivre, très mince, comme il en utilisait dans son métier d'horloger... et aussi chaque fois, un tout petit paquet contenant une substance qui... certes, un expert en explosifs aurait pu la reconnaître, mais personne d'autre sûrement. Et dans chaque paquet, il y en avait juste assez pour que, si on l'enflammait, cela fît « Ffft ! » tel un *flash* de photographe, en s'éteignant aussitôt. Eparse comme cela, cette poudre ne pouvait faire aucun mal, sinon vous brûler la peau si vous vous approchiez trop près quand vous l'enflammiez. Mais, étroitement comprimée dans ce qui avait été une boîte à savon et se trouvait maintenant dans le sous-sol, la quantité d'explosif accumulée en trente-six jours — car le dimanche, bien sûr, il ne pouvait pas en rapporter, n'allant point à sa boutique — agirait tout autrement. Les enquêteurs ne sauraient pas dire au juste ce qui avait provoqué l'explosion, car il resterait vraiment peu de chose de la maison pour leur fournir des indices utiles. Ils penseraient que cela avait pu être causé par une poche de gaz naturel qui se serait formée dans le terrain sur lequel était bâtie la maison. Quelque chose du même genre s'était produit de l'autre côté de la ville, deux ans auparavant, et c'est ce qui lui avait donné cette idée.

Il avait aussi rapporté des piles électriques chez lui, des piles ordinaires, deux seulement et rien qu'une à la fois. Quant à l'explosif lui-même, personne ne pourrait jamais savoir où il se l'était procuré. Le fait d'en prendre une si petite quantité à la fois rendait ces vols pratiquement insoupçonnables. Et sa femme ne lui demandait pas ce qu'il avait dans ces petits paquets, parce qu'elle ne les voyait pas, cachés qu'ils étaient au fond de sa poche. (Bien entendu, il ne fumait jamais en rentrant chez lui.) Mais même si elle les avait vus, elle ne lui aurait probablement pas posé de questions. Elle n'était pas de ces femmes curieuses qui fourrent leur nez partout ; elle aurait sans doute pensé que c'étaient des pièces de rechange qu'il avait emportées pour faire des réparations à la maison ou quelque chose comme ça. Et puis il faut bien dire aussi qu'elle était tellement préoccupée de lui dissimuler les visites de l'homme en question, qu'il aurait probablement pu rapporter une horloge à gaine sous son bras sans qu'elle s'en rendît compte.

Eh bien, tant pis pour elle ! La mort était en train de tisser sa toile sous ses pieds, tandis qu'elle allait et venait, affairée, dans les pièces du rez-de-chaussée. Et lui serait dans sa boutique, occupé à réparer des montres... Le téléphone sonnerait : « Mr Stapp, Mr Stapp ! Votre maison vient d'être détruite par une explosion ! »

Tout paraît tellement simple après qu'on a eu une légère commotion cérébrale.

Il savait qu'elle n'avait point l'intention de s'enfuir avec l'homme en question et, tout d'abord, il s'était demandé pourquoi. Mais, maintenant, il pensait avoir trouvé la réponse. C'était parce que lui, Stapp, travaillait, alors que l'autre ne fichait évidemment rien de ses dix doigts, de telle sorte qu'il n'aurait pu subvenir aux besoins de Fran si elle l'avait quitté. Ce devait être ça ; sans quoi, pour quelle raison serait-elle restée ? Ainsi donc, aux yeux de Fran, il n'était bon qu'à lui fournir un toit ? Eh bien, il allait le lui faire voler en éclats, son toit !

D'ailleurs, il n'eût pas été content qu'elle s'en allât, car cela n'eût pas satisfait l'exigence de cette chose qui chuchotait en lui : « Tue, tue, tue ! » Maintenant, il les lui fallait tous les deux. Si cet homme et Fran avaient eu un enfant de cinq ans, il l'aurait ajouté à l'holocauste, bien qu'un gosse de cet âge ne pût évidemment être coupable de quoi que ce fût. Un médecin aurait su comment agir avec un homme comme Stapp et il eût immédiatement téléphoné à un hôpital. Mais, malheureusement, les médecins viennent seulement lorsqu'on les mande, et les gens ne se promènent pas en arborant leurs secrètes pensées comme des panneaux d'homme-sandwich.

Le dernier petit paquet avait été rapporté à la

maison deux jours auparavant. La boîte était bourrée à bloc maintenant et contenait deux fois plus d'explosif qu'il n'en était besoin pour pulvériser la maison. De quoi faire voler en éclats toutes les vitres des maisons dans un rayon de cent mètres... mais il n'y en avait pas, car leur habitation était assez isolée. Ce fait lui donnait le sentiment d'être vertueux : il détruisait ce qui lui appartenait, mais sans endommager le bien d'autrui.

Les fils étaient en place, ainsi que les piles qui fourniraient l'étincelle nécessaire. Il ne restait plus qu'à procéder à l'ultime ajustement et puis...

Tue, tue, tue !

C'était pour ce jour-là.

Durant la matinée entière, il avait travaillé sur le réveil, à l'exclusion de tout autre chose. Ce n'était qu'un réveil d'un dollar et demi, mais il lui avait accordé plus de soins attentifs que si c'eût été un précieux mouvement suisse, dans un boîtier de platine et diamants. Il l'avait démonté, nettoyé, huilé, remonté, pour qu'il n'y eût pas le moindre risque de le voir faillir à sa tâche mécanique. L'avantage d'être son propre maître, c'est qu'on peut travailler comme on l'entend. Et Stapp n'avait ni ouvrier ni apprenti pour remarquer quelle attention il accordait à un banal réveille-matin, et en parler ultérieurement à quelqu'un.

Les autres jours, il rentrait chez lui à cinq heures. Le mystérieux visiteur, l'intrus, devait donc arriver vers deux heures et demie ou trois heures, pour ne repartir que peu avant son retour. Un après-midi, il s'était mis à bruiner vers trois heures moins le quart et en rentrant chez lui, deux heures plus tard, Stapp avait remarqué devant la maison un rectangle de ciment sec qui commençait seulement à se mouiller. C'était ainsi qu'il avait pu déterminer avec tant de précision, le temps qu'elle mettait à le tromper avec cet homme.

S'il l'avait voulu, il aurait pu, bien sûr, démasquer les coupables. Pour cela, il lui eût suffi de rentrer un peu plus tôt n'importe quel après-midi au cours de ces six semaines. Mais il préférait se venger sournoisement ; s'il les avait accusés, ils lui auraient peut-être fourni des explications qui eussent pu affaiblir sa résolution, le priver de l'excuse qu'il avait ainsi pour céder à son instinct meurtrier.

Et il la connaissait si bien que, dans le secret de son cœur, il craignait de la voir tout avouer pour peu qu'il lui facilitât la chose. Oui, il le craignait sincèrement, car il tenait à aller jusqu'au bout de son entreprise... Ce grief, artificiellement entretenu, lui avait empoisonné l'esprit. S'il n'avait pas eu ce prétexte, la chose eût pu demeurer à l'état latent pendant cinq ans encore, mais elle eût, tôt ou tard, fini par se manifester.

Il connaissait si bien les habitudes domestiques de sa femme que c'était un jeu d'enfant pour lui de rentrer à la maison à un moment où Fran en était absente. Elle faisait son ménage le matin, puis mangeait un morceau de quelque chose qui constituait son déjeuner. Après quoi, au début de l'après-midi, elle allait faire son marché pour le repas du soir. Ils avaient le téléphone, mais elle ne s'en servait jamais pour passer des commandes. « J'aime, disait-elle, voir ce que j'achète ; autrement les commerçants en profitent pour vous coller ce qu'ils veulent, au prix fort ! »

Donc, entre une et deux heures de l'après-midi, Stapp était sûr de pouvoir rentrer chez lui et en ressortir sans être vu.

Quand sonna la demie de midi, il enveloppa le réveille-matin dans du papier brun, prit le paquet sous son bras et quitta la boutique. C'était l'heure à laquelle il s'en allait chaque jour déjeuner de son côté. Il reviendrait un peu plus tard cet après-midi-là, mais ce serait tout. Il ferma soigneusement sa porte à clef, car il ne fallait pas courir de risques : il avait trop de montres de prix aussi bien en stock qu'en réparation.

Il prit l'autobus au coin de la rue, comme il le faisait habituellement lorsqu'il rentrait chez lui le soir. Pas de danger qu'un receveur ou un autre passager pût le reconnaître et l'identifier. Dans une grande ville comme celle qu'il habitait, des milliers de gens empruntaient chaque jour ce moyen de locomotion.

Ce coin de banlieue n'avait pas « pris » et ce n'était pratiquement que terrains vagues entre le point où il descendait de l'autobus et sa maison. En ce sens, il avait fait un mauvais placement lorsqu'il avait acheté cette maison. Mais, un jour comme celui-ci, cet isolement avait ses avantages. Pas de voisins pour remarquer, depuis leurs fenêtres, qu'il rentrait chez lui à une heure inhabituelle, et commenter ultérieurement la chose. Il ne vit, sur son chemin, que les visages sympathiques placardés sur les panneaux publicitaires ou les palissades. Ces gens-là étaient d'incurables optimistes. Même un jour comme celui-ci, où ils allaient voler en éclats, ils continuaient de sourire en vous vantant les mérites de tel ou tel produit ou en vous conseillant de les utiliser. Le gros homme chauve sur le point d'ingurgiter quelque boisson non alcoolisée : « La pause qui rafraîchit ! » La souriante blanchisseuse étendant sa lessive : « Non, m'ame, j'emploie simplement Oxydol ! » La dame qui attend devant une cabine téléphonique occupée et qui lance par-dessus son épaule : « Ils parlent toujours de la nouvelle Ford ! » Dans deux heures, ils seraient tous déchiquetés et, en dépit de leur rayonnante assurance, ils n'avaient pas assez de bon sens pour descendre de là et ficher le camp.

— Vous le regretterez ! leur dit Stapp en passant devant eux, son réveille-matin sous le bras.

Il s'engagea dans l'allée cimentée qui conduisait à sa maison et entra en se servant de sa clef. Fran n'était pas là, bien entendu. Il le savait, sans quoi il ne serait pas revenu ainsi.

Ayant refermé la porte, il s'aventura à l'intérieur de la maison qui, après une rue éclatante de soleil, lui parut baigner dans une pénombre bleuâtre, Fran ayant baissé les stores pour conserver la fraîcheur. Stapp ne retira point son chapeau, car il n'avait pas l'intention de s'attarder, surtout après qu'il aurait remonté le réveil. Ce serait même une drôle de sensation que de retourner sur ses pas pour aller attendre l'autobus, en sachant que, pendant ce temps, quelque chose était en train de faire inexorablement *tic-toc, tic-toc,* dans le silence de la maison.

Il alla directement à la porte donnant accès au sous-sol. C'était un robuste vantail de chêne qu'il referma derrière lui, avant de descendre les marches de brique. En hiver, Fran était obligée de descendre de temps en temps à la cave pour régler la chaudière à mazout mais, après le 15 avril, elle n'avait plus aucune raison d'y mettre les pieds, et le 15 avril était passé depuis longtemps.

Sa femme ne s'était d'ailleurs même pas rendu compte qu'il descendait au sous-sol. Il s'y aventurait chaque soir durant quelques minutes, pendant qu'elle était occupée à faire la vaisselle. Quand elle rangeait sa dernière assiette, Stapp était remonté depuis longtemps et, assis dans son fauteuil, lisait le journal comme s'il n'avait pas bougé de là. C'était si vite fait d'ajouter le contenu du petit paquet quotidien à ce qui se trouvait déjà dans la boîte. Mettre les fils en place avait demandé plus de temps, mais il avait fait ça un soir qu'elle était allée au cinéma... ou, du moins, avait prétendu y aller car, ensuite, elle s'était montrée assez vague au sujet du film, et il s'était bien gardé d'insister.

Il y avait une ampoule électrique au bas de l'escalier, mais on n'avait pas besoin de l'allumer, sauf le soir, grâce à une bande vitrée qui, au-dehors, s'étendait au ras du sol tandis qu'à l'intérieur, elle se trouvait juste au-dessous du plafond. C'était une vitre « armée » — pour qu'elle ne risquât pas d'être brisée — et toute poussiéreuse.

La boîte — qui avait cessé d'en être une pour devenir une machine infernale — était posée contre le mur, à côté du calorifère. Maintenant que les fils et les piles étaient en place, il n'osait plus se risquer à la déplacer. S'accroupissant devant elle, il eut pour la boîte un geste presque caressant. Il en était fier, plus fier que de n'importe quelle belle montre ayant passé par ses mains. Une montre, en dépit de son balancier, ne bouge pas. Tandis que ça... Pour lui, c'était un peu comme s'il avait engendré.

Il sortit le réveille-matin du papier brun, étala près de lui les quelques menues choses nécessaires à l'achèvement de son œuvre et qu'il avait apportées avec lui. Deux minces fils de cuivre jaillissaient d'un petit trou qu'il avait foré dans la boîte, pareils aux antennes d'un insecte prêt à l'action. C'était par leur intermédiaire que la mort entrerait en scène.

Stapp commença par remonter le réveil — car c'eût été dangereux de le remonter après l'avoir raccordé aux fils — et le fit avec l'économie de gestes propre aux horlogers. Dans ce sous-sol silencieux, le *cricraaaac* retentissait sinistrement, car ce bruit qui s'attache ordinairement au moment où l'on va se mettre au lit, symbole de sommeil et de tranquillité, signifiait soudain que l'annihilation approchait. Mais il n'y avait personne d'autre que Stapp pour l'entendre et à ses oreilles, loin de paraître sinistre, ce bruit était un délice.

Il régla la sonnerie sur trois heures. Mais la conséquence ne serait plus celle que ce geste avait habituellement. Au lieu de simplement déclencher une sonnerie lorsque la petite aiguille serait sur le trois et que la grande atteindrait le douze, il en résulterait une étincelle. Une seule et petite étincelle... Mais quand cela se produirait, dans sa boutique, là-bas, il ressentirait une vibration et les gens dans la rue s'arrêteraient, s'interrogeant l'un l'autre : « Qu'est-ce que c'est ? »

Très probablement, ils n'auraient pas la possibilité de déterminer ensuite si Fran était seule ou non dans la maison. Ils ne seraient même assurés de sa présence sur les lieux au moment de l'explosion que parce qu'elle ne serait plus nulle part ailleurs. Et l'on saurait qu'il y avait eu une maison à cet endroit, uniquement à cause du grand trou dans le sol et des débris de toutes sortes jonchant les alentours.

Stapp se demanda pourquoi il n'y avait pas davantage de gens pour faire des choses comme ça. Ils ne savaient pas de quoi ils se privaient ! Mais c'était probablement parce qu'ils n'étaient pas assez habiles pour tout faire par eux-mêmes.

Quand il eut mis le réveil à l'heure en consultant sa montre — une heure un quart — il en dévissa le fond à travers lequel il avait déjà pris la précaution de forer un trou à la boutique. Avec précaution, il fit passer les fils si minces par ce trou et, avec encore plus de précaution, les rattacha au mécanisme. Cette phase de l'opération était extrêmement dangereuse, mais ses doigts ne le trahirent pas : ils étaient trop habitués aux travaux délicats. Il n'était pas indispensable de revisser le fond du réveil : le résultat serait le même qu'il fût ouvert ou fermé, mais Stapp le revissa néanmoins car il aimait le travail bien fait.

Quand ce fut terminé, le réveil se trouva sur le sol, comme s'il avait été posé au hasard près d'une boîte à savon à l'aspect innocent. Dix minutes s'étaient écoulées depuis l'arrivée de Stapp. La mort était en coulisse. Dans une heure et quarante minutes, elle ferait son entrée.

L'horloger se releva et considéra son œuvre avec un hochement de tête approbateur. Puis il recula d'un pas, comme pour mieux apprécier l'ensemble et, derechef, hocha la tête.

Arrivé au pied de l'escalier, il se retourna et jeta un dernier regard derrière lui. Il avait de très bons yeux et d'où il était, pouvait voir les marques des minutes tout autour du cadran.

Souriant légèrement, il entreprit l'ascension des marches, non point furtivement ou craintivement, mais sans se presser, la tête haute, les épaules droites, d'un pas ferme, comme un homme qui se sait chez lui.

Il n'avait rien entendu pendant qu'il se trouvait au sous-sol et l'expérience lui avait appris que les bruits passaient aisément à travers le mince parquet. Une porte qu'on ouvre ou qu'on ferme, quelqu'un marchant au rez-de-chaussée, de tout cela on avait conscience lorsqu'on était dans la cave. Il y avait même certains endroits du rez-de-chaussée où par quelque phénomène d'acoustique, les paroles qu'on y prononçait étaient distinctement perçues au sous-sol. A plusieurs reprises, alors qu'il se trouvait en bas, Stapp avait parfaitement entendu tout ce que disait un speaker de la radio que Fran écoutait dans le salon.

A cause de cela, il ne s'attendait pas du tout, lorsqu'il se retrouva dans le couloir du rez-de-chaussée, à entendre un pas léger au premier étage. Il s'immobilisa et prêta l'oreille, pensant — espérant — s'être trompé. Mais il n'en était rien. En effet, il perçut peu après le glissement d'un tiroir qu'on ouvrait ou refermait, puis un faible tintement, comme si l'on avait heurté une des pièces de verrerie se trouvant sur la coiffeuse de Fran.

Qui cela pouvait-il être, sinon elle ? Et ccpendant, ces différents bruits avaient un caractère furtif... D'ailleurs, si Fran était revenue, il l'eût entendue, car ses hauts talons martelaient le parquet.

Quelque sixième sens le fit se retourner et regarder du côté de la salle à manger, juste à temps pour apercevoir un homme, plié en deux, qui se précipitait vers lui. Il se trouvait encore à quelques mètres, sur le seuil de la salle à manger, mais Stapp eut à peine le temps d'ouvrir la bouche sous l'effet de la stupeur, que l'autre était déjà sur lui et, le saisissant d'une main à la gorge, le repoussait contre le mur.

— Que faites-vous ici ? parvint à balbutier Stapp.

— Hé, Bill ! appela prudemment l'autre. Y a du monde !

Puis, de sa main libre, il frappa violemment Stapp au visage. Celui-ci sentit son crâne rebondir contre le mur et en demeura tout étourdi.

Avant qu'il eût recouvré ses facultés, un second homme apparut, dévalant l'escalier du premier étage tout en achevant de fourrer quelque chose dans sa poche.

— Passe-moi vite de quoi l'attacher ! lui commanda son complice. Et foutons le camp d'ici.

— Non, non ! Ne m'atta... parvint à articuler Stapp en dépit de la main qui le faisait suffoquer.

Puis il se débattit, décochant des coups de pied, griffant sa propre gorge en tentant de la libérer. Il ne cherchait pas à vaincre son adversaire ; il voulait seulement retrouver le souffle, le temps de dire ce qu'il avait à dire. Mais son agresseur s'y trompa et, par deux fois, le frappa de nouveau.

Stapp mollit contre le mur, sans toutefois perdre connaissance.

L'autre homme revenait avec une corde qui devait être celle que Fran suspendait dans la cuisine, le lundi, pour faire sécher son petit linge. Stapp, le visage coincé au creux d'un coude vigoureux, se sentit ligoter.

— Non ! Ne...

Sa bouche fut comme sciée et un grand mouchoir ou un morceau de linge y fut enfoncé, étouffant les mots qu'il voulait crier, puis quelque chose d'autre fut plaqué sur ses lèvres et noué derrière sa tête. Son esprit s'éclaircit de nouveau, maintenant qu'il était trop tard.

— Un coriace, hein ? grommela l'un des hommes. Pour défendre quoi, je me le demande ! Y a rien à piquer dans cette baraque !

Stapp sentit une main plonger sous sa veste et lui retirer sa montre, puis s'emparer du peu de monnaie qui se trouvait dans la poche de son pantalon.

— Où on le met ?

— Laissons-le où il est.

— Non. La dernière fois que j'ai été en taule, c'est pour avoir laissé un gars à un endroit d'où il a pu alerter rapidement les flics. Dix minutes après, ils m'alpaguaient. On va le redescendre où il était, à la cave.

Cela déclencha un nouveau spasme chez Stapp, d'une violence presque épileptique. Il se tordit, se secoua, agitant en vain la tête. L'un des hommes le saisit par les pieds, l'autre par les épaules, et ils l'emportèrent dans l'escalier de la cave. Comment auraient-ils pu comprendre qu'il ne chercherait pas à leur résister, qu'il n'appellerait pas la police, qu'il ne lèverait pas le petit doigt pour les faire arrêter, si seulement ils l'emmenaient loin de là, *avec* eux.

— Comme ça, c'est mieux, entendit-il dire par

l'un des hommes tandis qu'ils le déposaient sur le sol de la cave. Y a sûrement quelqu'un d'autre qui habite avec lui et, de cette façon, on ne le découvrira pas tout de suite...

Tel un dément, Stapp se mit à rouler sa tête par terre, vers le réveil, puis vers les hommes, vers le réveil, vers les hommes... Mais si vite que cela devenait incompréhensible, en admettant que les deux autres eussent cherché à comprendre quelque chose, ce qui n'était évidemment pas le cas. Ils continuaient simplement de penser qu'il tentait vainement de se libérer.

— Regarde-le ! railla l'un d'eux. As-tu encore jamais vu un mec pareil ?

Il leva un bras menaçant au-dessus de Stapp :

— Si tu t'arrêtes pas, je t'en vais coller un qui te fera rester peinard pour de bon !

— Attache-le donc à ce tuyau, là-bas, dans le coin, suggéra son complice. Autrement, il va s'épuiser à rouler partout !

Ils le traînèrent sur le sol et l'attachèrent dans la position assise, les jambes étendues devant lui.

Puis ils se brossèrent ostensiblement les mains et remontèrent l'escalier, l'un derrière l'autre, encore haletants de leurs efforts.

— Maintenant, foutons le camp avec le peu qu'on a trouvé. On en sera quittes pour faire un autre casse ce soir... mais, cette fois, tu me laisseras le choisir !

— Ç'avait l'air du tout cuit, s'excusa l'autre. Une maison sans personne dedans et à l'écart de tout...

Un son évoquant le miaulement d'un chaton laissé à mourir sous la pluie, filtra faiblement à travers le bâillon de Stapp. Ses cordes vocales étaient tendues à éclater pour émettre ce faible bruit et son regard, rivé sur les deux hommes en une imploration horrifiée.

Tout en poursuivant leur ascension, ils virent ce

regard, mais ne surent pas l'interpréter. Il pouvait être simplement dû à l'effort fait pour se libérer ou, pour ce qu'ils en savaient, exprimer rage et désir de vengeance.

Le premier des deux hommes franchit la porte en haut de l'escalier et diparut au rez-de-chaussée. Le second se retourna, ainsi que Stapp lui-même l'avait fait pour contempler une dernière fois son travail, quelques minutes auparavant :

— Te fatigue pas. Pique plutôt un roupillon. Car j'ai été marin et j'aime autant te dire que mes nœuds tu les déferas pas tout seul, mon petit pote !

Stapp, désespérément, fit encore une fois pivoter sa tête en direction du réveil, avec une telle intensité dans le regard que les yeux paraissaient devoir jaillir des orbites.

Cette fois, l'homme comprit, mais comprit de travers :

— Ah ! s'esclaffa-t-il. T'essayes de me dire que tu dois aller à un rendez-vous ? Ben, t'iras pas, voilà tout !

Puis il reprit son ascension, une marche, une autre, la tête disparut dans l'ouverture de la porte, suivie par les épaules, puis le buste.

Maintenant, il n'y avait même plus un moyen de communication optique entre eux. Et dire que s'il avait eu seulement une minute de plus, Stapp aurait peut-être réussi à se faire comprendre !

Il n'y avait plus qu'un pied maintenant, encore posé sur la plus haute marche. Les yeux de Stapp étaient rivés sur lui, comme si leur ardente imploration avait pu le retenir. Puis le pied se leva et disparut à la suite de l'homme.

Stapp se souleva si violemment, comme pour s'élancer après lui par la seule puissance de sa volonté, que, l'espace d'un instant, son corps fut tel un arc tendu, ne touchant plus le sol qu'aux extrémités. Puis il retomba à plat, soulevant un peu de poussière, tandis que la sueur se mettait à ruisseler en une demi-douzaine de filets s'entrecroisant sur son visage.

En haut de l'escalier, la porte fut refermée.

Dans le silence, dominant le bruit de sa respiration tumultueuse, semblable à celui de la mer sur le rivage, il y avait maintenant le contrepoint du réveil : *tick-tick, tick-tick, tick-tick.*

Durant quelques instants, Stapp éprouva encore un vague réconfort à savoir que les deux hommes étaient toujours au-dessus de lui, bien que leurs pas pesassent à peine sur le parquet. Une phrase prononcée quelque part près de la porte de derrière parvint distinctement jusqu'à lui :

— Allez, viens, filons par là !

Le grincement d'un gond, puis le bruit d'une porte qui se referme avec quelque chose d'horriblement définitif, la porte de derrière que Fran avait dû oublier de fermer à clef et par où ils s'en allaient comme ils étaient probablement venus.

Et avec eux se rompait le seul lien qui le rattachât au monde extérieur. Il n'y avait, dans toute la ville, que ces deux hommes à savoir où il était en ce moment. Personne d'autre, pas âme qui vive, ne se doutait où il était, ni de ce qui lui adviendrait si on ne venait pas le tirer de là avant trois heures.

Le réveil marquait deux heures moins cinq.

Sa rencontre avec les cambrioleurs, et ce qui s'en était suivi, jusqu'à leur départ, n'avait pas pris plus d'un quart d'heure.

Et le balancier continuait : *tick-tick, tick-tock, tick-tick, tick-tock,* toujours sur le même rythme impitoyable.

Une heure vingt-cinq. Quatre-vingt-cinq minutes. Dieu sait que cela peut sembler long quand on attend quelqu'un au coin d'une rue, sous un parapluie, par un jour de mauvais temps... comme il lui était arrivé un jour d'attendre Fran devant le bureau où elle travaillait, avant leur mariage, pour apprendre finalement qu'elle s'était sentie malade et avait dû rentrer chez elle au début de la journée. Dieu sait que cela peut sembler long quand on est couché dans un lit d'hôpital avec des douleurs qui vous lacèrent la tête et rien d'autre à regarder que des murs blancs, jusqu'à ce qu'ils vous apportent votre plateau... comme ç'avait été le cas pour lui au moment de sa commotion nerveuse. Dieu sait que cela peut sembler long aussi, certains soirs, quand on a fini de lire le journal, que la radio est détraquée et qu'il est cependant encore trop tôt pour aller se coucher. Mais que cela paraît peu de chose, comme cela passe vite, lorsque c'est tout ce qui vous reste à vivre et que vous savez devoir mourir à la fin de ces minutes-là !

Parmi les centaines qu'il avait examinées et réparées, jamais aucune pendule n'avait marché aussi vite. C'était une pendule ensorcelée où les quarts d'heure étaient des minutes et les minutes, des secondes. Sa grande aiguille ne s'arrêtait même pas sur les marques des minutes, comme elle aurait dû le faire, elle ne cessait de progresser à vue d'œil, elle tournait à toute vitesse... *Tick-tock, tick-tick, tick-tock...*

Après le départ des deux hommes, il y eut un long moment de silence qui parut se prolonger indéfiniment et dura vingt minutes, comme le lui apprit le réveil. Puis à deux heures moins cinq, une porte s'ouvrit sans avertissement — oh ! bruit venu du ciel, bruit enchanteur ! — la porte de devant, cette fois, qui se trouvait *de ce côté-ci* de la maison, et de hauts talons claquèrent comme des castagnettes au-dessus de sa tête.

— Fran ! appela-t-il.

— Fran ! cria-t-il.
— Fran ! hurla-t-il.

Mais, de tout cela, le bâillon ne laissa sourdre qu'un faible gémissement. Son visage était rendu presque noir par l'intensité de l'effort et, de chaque côté de sa gorge palpitante, un muscle saillait comme une corde.

Le *tap-tap-tap* gagna la cuisine, s'interrompit un instant (elle posait ses paquets ; elle ne les faisait pas livrer pour n'avoir point à donner de pourboire au commissionnaire), rebroussa chemin.

Si seulement il y avait eu quelque chose qu'il pût frapper de ses pieds attachés pour faire du bruit, mais le sol de la cave était nu d'un mur à l'autre. Soulevant ses jambes, il les laissa retomber de toutes ses forces, en espérant que la vibration parviendrait jusqu'à Fran. Cela ne fit guère plus de bruit que lorsqu'on frappe une pierre du plat de la main, car ses chaussures avaient des semelles de crêpe. Mais il en résulta comme une décharge électrique qui courut le long de ses jambes, remonta son échine pour venir exploser, telle une fusée dans sa nuque.

Pendant ce temps, les pas de Fran s'étaient arrêtés à l'endroit du couloir où se trouvait la penderie (elle devait accrocher son manteau sur un cintre) puis ils gagnèrent l'escalier conduisant au premier étage, s'éteignant de marche en marche. Momentanément, il ne pouvait plus l'entendre, mais il savait néanmoins n'être plus seul dans la maison. Il ressentait une telle gratitude et un tel amour à l'égard de Fran qui était revenue, il éprouvait un tel besoin d'elle, qu'il se demanda comment il avait pu envisager de la supprimer… moins d'une heure auparavant. Il se rendait maintenant compte qu''il avait dû être fou pour avoir une pareille pensée. Mais, maintenant, il n'était plus dément ; cette épreuve lui avait rendu tout son bon sens. Qu'on le délivre, qu'on le sauve, et jamais plus...

Deux heures cinq.

Cela faisait dix minutes que Fran était revenue. Lentement d'abord, puis de plus en plus vite, la terreur qui avait été momentanément calmée par ce retour, reprenait son emprise sur Stapp. Pourquoi restait-elle ainsi au premier étage ? Pourquoi ne descendait-elle pas chercher quelque chose au sous-sol ? N'y avait-il donc rien là dont elle pût avoir besoin ?

Il regarda autour de lui et constata qu'il n'y avait effectivement rien qui pût inciter Fran à descendre. Ils avaient gardé leur sous-sol très propre, très vide. Ah ! que n'y avaient-ils empilé toutes sortes de choses, comme font les autres gens ! Cela l'aurait peut-être sauvé, à l'heure actuelle.

Et si elle avait l'intention de passer tout l'après-midi au premier étage ? Elle avait pu s'étendre pour la sieste ou se faire un shampooing, ou entreprendre de transformer une vieille robe... et n'importe laquelle de ces choses banales qu'une femme peut faire en l'absence de son mari, risquait maintenant de se révéler fatale ! Elle pouvait avoir en tête de rester là-haut jusqu'à ce qu'il fût temps de préparer le dîner.

Et dans ce cas, il n'y aurait pas de dîner... ni pour elle ni pour lui.

Puis Stapp trouva une nouvelle raison d'espérer. L'homme.

L'homme qu'il avait eu l'intention de détruire avec elle, cet homme-là serait l'instrument de son salut. Les autres jours, il venait en l'absence de Stapp, n'est-ce pas ? Alors, mon Dieu, faites qu'il vienne aujourd'hui, faites que ce soit un de ces jours où ils avaient rendez-vous ? Car s'il venait, Fran serait obligée de redescendre au rez-de-chaussée, ne fût-ce que pour lui ouvrir la porte. Et avec deux personnes dans la maison, les chances qu'avaient Stapp de se faire entendre seraient infiniment plus grandes.

De la sorte, il se trouva dans l'incroyable situation d'un mari souhaitant de tout son cœur, de toutes ses forces, l'arrivée d'un rival dont il avait soupçonné l'existence, sans en avoir jamais la certitude.

Deux heures onze. Plus que quarante-neuf minutes. Moins de temps que ne dure la moitié d'un spectacle ; moins de temps qu'il n'en faut pour se faire couper les cheveux, pour peu qu'on doive attendre son tour... moins de temps qu'il n'en faut pour écouter l'heure des variétés à la radio, pour se rendre en autobus jusqu'à la plage, pour déjeuner un dimanche... moins de temps qu'il n'en faut pour vivre... Non, non ! Il avait encore trente, quarante ans devant lui ! Ces années, ces mois, ces semaines, qu'étaient-ils devenus ? Il n'était pas possible qu'il ne lui restât plus que des *minutes*... ce n'était pas juste !

— Fran ! cria-t-il. Fran, descends ici ! Fran, ne m'entends-tu pas ?

Et le bâillon, telle une éponge, buvait tous ses cris.

Le téléphone se mit soudain à sonner dans le couloir, à mi-chemin entre Fran et lui. Jamais cette sonnerie ne lui avait paru aussi harmonieuse.

— Merci, mon Dieu ! sanglota-t-il, tandis que ses yeux s'embuaient.

Ce devait être l'homme. Fran allait descendre.

Puis la peur, de nouveau : et si c'était pour la prévenir qu'il ne venait pas ? Ou, pis encore, si c'était pour l'inciter à sortir, à aller le rejoindre en ville, en le laissant, lui, de nouveau seul avec cette horreur tic-tacante. Jamais aucun enfant ne fut plus terrifié de rester dans le noir, à la merci du croquemitaine, que cet homme à la pensée que sa femme pouvait ressortir.

Le téléphone sonna de nouveau, puis il entendit Fran descendre rapidement l'escalier pour répondre. D'où il était, il perçut distinctement chaque parole qu'elle prononça. Ah ! ces maisons de carton !

— Allô ? Oui, Dave, je viens juste de rentrer.

Puis :

— Oh ! Dave, je suis toute retournée. J'avais dix-sept dollars dans le tiroir de ma commode et ils ont disparu, ainsi que la montre que Paul m'avait donnée. Rien d'autre ne manque, mais on dirait que quelqu'un s'est introduit dans la maison en mon absence et les a volés.

Stapp se sentit envahir par une joie délirante. Fran savait qu'ils avaient été cambriolés ! Elle allait alerter la police ! Ils fouilleraient sûrement toute la maison et le découvriraient enfin dans le sous-sol !

L'homme à qui elle parlait dut lui demander si elle était bien sûre de cela, car elle répondit :

— Je vais encore regarder, mais je sais bien où j'avais laissé ma montre et elle n'y est plus. Paul va m'en dire de toutes les couleurs !

Non, Paul ne lui ferait aucun reproche ! Si seulement elle descendait le délivrer, il lui pardonnerait tout, même la faute majeure de s'être fait voler l'argent qu'il avait tant de peine à gagner.

Puis elle dit :

— Non, je n'ai encore rien signalé. Je suppose que je le devrais, mais je répugne à le faire... à cause de toi, tu comprends. Je vais donner un coup de fil à la boutique, pour le cas où ce serait Paul qui aurait emporté l'argent et la montre en partant ce matin. Je me rappelle lui avoir dit, l'autre soir, qu'elle retardait... peut-être a-t-il voulu l'examiner. Bon, d'accord, Dave, je t'attends.

Il allait venir ! Stapp ne serait pas laissé seul dans

la maison ! A travers son bâillon, il émit un soupir de soulagement.

Il y eut une pause, tandis que Fran coupait la communication, puis il l'entendit demander le numéro de la boutique :

— Trevelyan 4512.

Naturellement, la sonnerie allait retentir sans que personne décrochât.

Tick-tick, tick-tock, tick-tick.

L'opératrice dut lui dire que ça ne répondait pas.

— Insistez, je vous prie. C'est la boutique de mon mari et il y est toujours à cette heure-ci.

Il lança vers elle une muette clameur :

— Je suis ici ! Juste sous tes pieds ! Ne perds pas de temps ! Pour l'amour du ciel, quitte le téléphone et viens ici !

Finalement, il l'entendit qui se résignait à raccrocher. Même le bruit du déclic atteignit ses oreilles. Tout parvenait jusqu'à lui... sauf le secours. C'était une torture digne de l'Inquisition.

Les pas s'éloignèrent du téléphone.

Le fait qu'il n'était pas à la boutique, ne lui ferait-il point comprendre qu'il se passait quelque chose d'anormal ? N'allait-elle pas descendre jeter un coup d'œil au sous-sol ? (Oh ! où était cette fameuse intuition féminine dont on faisait tant de cas dans les livres ?) Non, pourquoi serait-elle descendue ? Quel rapport aurait-elle bien pu établir entre son absence de la boutique et le sous-sol de la maison ? Très probablement, elle n'était même pas encore inquiète de cette absence. Si ç'avait été le soir... mais à cette heure-ci, elle pensait qu'il avait pu aller déjeuner plus tard, ou faire une course avant de regagner la boutique...

Il l'entendit monter de nouveau au premier étage, sans doute pour y chercher encore l'argent disparu et la montre. Il en gémit de désappointement. Quand elle était au premier étage, il se trouvait aussi totalement coupé d'elle, que s'ils avaient été à des kilomètres l'un de l'autre.

Tick-tock, tick-tick, tick-tock.

Il était maintenant deux heures vingt et une minutes. Il ne restait plus qu'une demi-heure et neuf petites minutes, qui s'égouttaient au rythme du balancier.

Il se mit à tirer sur ses liens pour s'arracher du tuyau auquel on l'avait attaché, puis retomba épuisé, reprit des forces, recommença. Comment des cordes pouvaient-elles résister pareillement ? Après chaque tentative il se sentait un peu plus faible, moins apte à obtenir un résultat que la fois précédente. Sa peau, elle, n'était pas de chanvre et finissait par s'entamer, par saigner.

La sonnerie de la porte d'entrée retentit brusquement.

C'était l'homme !

Il lui avait fallu moins de dix minutes pour venir, après leur conversation téléphonique.

De nouveau, l'espoir afflua dans la poitrine de Stapp. Ses chances venaient de doubler. Deux personnes dans la maison au lieu d'une seule, quatre oreilles au lieu de deux pour capter les faibles bruits qu'il pourrait faire. Car, à tout prix, il lui fallait faire du bruit.

A l'homme qui attendait devant la porte close, il donna sa bénédiction. Merci, mon Dieu, pour ce rendez-vous, quel qu'en soit le motif. Il leur pardonnait tout et était prêt à leur faire abandon de tout ce qu'il possédait ici-bas pour qu'ils viennent le délivrer.

Le pas de Fran dévala l'escalier, se hâta le long du couloir. La porte d'entrée fut ouverte.

— Hello, Dave ! dit-elle et Stapp entendit très distinctement le bruit d'un baiser. Un de ces baisers bien sonores qui sentent davantage l'affection que l'amour.

Une voix d'homme, à la résonance grave, s'enquit :

— Eh bien ! les as-tu retrouvés ?

— Non, et j'ai pourtant regardé partout. J'ai essayé d'avoir Paul aussitôt après t'avoir parlé mais il n'était pas encore revenu du restaurant.

— Tu ne peux pourtant pas laisser dix-sept dollars disparaître comme ça de chez toi, sans rien faire...

Pour dix-sept dollars, ils demeuraient à effriter sa vie... et la leur aussi, les insensés !

— Ils vont sans doute penser que je les ai pris, entendit-il l'homme dire avec une nuance d'amertume.

— Veux-tu bien te taire ! le rabroua-t-elle gentiment. Viens dans la cuisine, je vais te faire une tasse de café.

Il entendit son pas alerte et vif qui précédait celui, plus lourd, plus posé, de l'inconnu. Deux chaises furent tirées et les pas de l'homme cessèrent de résonner, tandis que ceux de Fran continuaient à s'activer dans le faible espace compris entre le fourneau et la table.

Qu'allaient-ils faire ? Rester assis pendant une demi-heure ? Si seulement il pouvait se faire entendre d'eux...

Stapp essaya de se racler la gorge, de tousser. Cela lui fit très mal, car sa gorge avait été mise à vif par tous les efforts qu'il avait faits en dépit du bâillon et celui-ci estompa la toux.

Trois heures moins vingt-six. Il ne restait plus que des minutes maintenant, pas même une demi-heure.

Les pas de Fran s'arrêtèrent et une chaise crissa légèrement comme elle s'asseyait à son tour. Devant l'évier et le fourneau, il y avait du linoléum qui amortissait les bruits, mais au milieu de la pièce, là où se trouvait la table, le plancher était nu et laissait filtrer tous les sons jusqu'à Stapp.

Il entendit Fran dire :

— Ne crois-tu pas que nous devrions être francs avec Paul ?

L'homme ne répondit pas tout de suite. Peut-être était-il en train de remuer le sucre dans son café ou réfléchissait-il à ce qu'elle venait de dire. Finalement, il demanda :

— Quel genre de type est-ce ?

— Oh ! Paul n'a pas les idées étroites. Il est très compréhensif...

Même au sein de l'agonie qu'il endurait, Stapp se rendit confusément compte que cela ne ressemblait pas du tout à Fran. Non de dire du bien de lui, mais de pouvoir envisager calmement de lui exposer une pareille situation. Il avait toujours estimé que c'était une femme très convenable, et même un peu prude. Ceci sous-entendait une sorte de détachement blasé qu'il n'avait jamais soupçonné chez elle.

De toute évidence, l'homme devait hésiter à mettre Paul au courant ; en tout cas, il ne parlait plus. Ce fut elle qui reprit, essayant de le convaincre :

— Tu n'as rien à redouter de la part de Paul, Dave. Je le connais trop bien. Et comprends donc que nous ne pouvons pas continuer ainsi. Il vaut bien mieux que nous allions le trouver pour tout lui expliquer, plutôt que de le laisser découvrir ça tout seul. Il serait capable de supposer tout autre chose et de garder ça pour lui, en m'en voulant. Tandis que si nous lui expliquons... Je sais qu'il ne m'a pas crue le soir où je t'ai aidé à trouver une chambre, alors que je lui ai dit avoir été au cinéma. Et je suis si nerveuse chaque fois qu'il rentre après ton départ, que c'est vraiment un miracle s'il ne s'est encore rendu compte de rien. Pour un peu, je me sentirais aussi coupable que... que si j'étais une femme adultère ou quelque chose comme ça !

Elle eut un rire embarrassé, paraissant s'excuser de la comparaison.

Qu'entendait-elle par là ?

— Tu ne lui as jamais parlé de moi ?

— Au début, veux-tu dire ? Oh ! Je lui ai bien raconté que tu t'étais trouvé dans des situations délicates mais, comme une idiote, je lui ai laissé croire que je t'avais perdue de vue, que je ne savais plus du tout où tu pouvais être.

Mais c'était de son *frère* qu'elle lui avait ainsi parlé !

Et, là-haut, l'homme acheva d'éclairer Stapp :

— Je sais que c'est dur pour toi, sœurette. Tu as un bon mari et tout. Je n'ai aucun droit de venir t'embêter avec mes histoires. Personne n'est fier d'avoir pour frère un type qui a fait de la prison... et qui s'est évadé.

— David, entendit-il Fran dire et, même à travers le parquet, il y avait un tel accent de gravité dans sa voix que ce fut comme si Stapp la voyait étendre le bras pour poser une main rassurante sur celui de son frère. Il n'y a rien que je ne ferais pour toi, et tu devrais bien le savoir. Tu as eu les circonstances contre toi, c'est tout. Certes, tu n'aurais pas dû faire ce que tu as fait, mais c'est le passé et il est inutile de revenir là-dessus.

— Je devrais, je suppose, retourner là-bas et finir ma peine. Mais sept ans, Fran... sept ans de la vie d'un homme...

— Oui, Dave, mais vivre ainsi, ce n'est plus vivre...

Allaient-ils continuer à discuter tandis que sa vie s'émiettait ? Trois heures moins dix-neuf. Il ne lui restait plus qu'un quart d'heure et quatre minutes !

— Avant que tu fasses quoi que ce soit, allons

trouver Paul à la boutique pour le mettre au courant et voir ce qu'il dit.

Une chaise fut reculée, puis l'autre. Il entendit Fran déposer les tasses dans l'évier :

— Je les laverai en rentrant.

Allaient-ils partir ? Allaient-ils l'abandonner là, alors qu'il n'avait plus que quelques minutes devant lui ?

Leurs pas avaient gagné le couloir et s'immobilisaient là, comme hésitants :

— Je ne tiens pas à ce que tu te montres avec moi comme ça, en plein jour. Tu pourrais t'attirer des ennuis, tu sais. Pourquoi ne lui téléphones-tu pas plutôt de rentrer ?

— Oui, oui ! gémit Stapp. Restez ! Restez avec moi !

— Je n'ai pas peur des conséquences possibles, répondit-elle crânement. Mais je ne veux pas lui demander de quitter son travail si tôt et je ne peux pas lui expliquer ça au téléphone... Attends, je prends mon chapeau.

Les pas de Fran s'éloignèrent, puis revinrent. En proie à la panique, Stapp fit la seule chose qui fût en son pouvoir et frappa violemment avec son crâne l'épais tuyau auquel il était attaché.

Des flammes bleues fusèrent devant ses yeux. Il avait dû se cogner à un des endroits où les cambrioleurs l'avaient déjà frappé. La douleur fut si intense qu'il se sentit incapable de recommencer. Mais le coup, amplifié par le tuyau, avait dû se répercuter vaguement jusqu'à eux, car il entendit Fran s'immobiliser soudain en demandant.

— Qu'est-ce que c'est ?

Et l'homme, aux sens moins affinés, tua inconsciemment Stapp en répondant :

— Quoi donc ? Je n'ai rien entendu.

Elle crut s'être trompée et repartit en direction de

la penderie pour y prendre son manteau. Puis Stapp l'entendit traverser la salle à manger et gagner la cuisine :

— Une minute... Je veux m'assurer que la porte de derrière est bien fermée...

Après cela, elle revint pour la dernière fois vers le devant de la maison. La porte d'entrée fut ouverte, le claquement de ses talons franchit le seuil, puis les pas lourds de l'homme qui referma le battant après lui. Ensuite, il y eut le léger ronflement d'une voiture qui démarrait.

Maintenant, Stapp se retrouvait seul, abandonné à son destin pour la seconde fois. Et, rétrospectivement, la première fois lui fit l'effet d'un paradis en comparaison du moment qu'il vivait, car il avait alors toute une heure devant lui, au lieu du pauvre quart d'heure, des quinze malheureuses minutes qui lui restaient à présent.

Inutile de chercher plus longtemps à se libérer. Il avait pu se convaincre que toutes ses tentatives étaient vaines, ne réussissant qu'à lui rendre plus douloureux encore ses chevilles et ses poignets.

Il eut alors recours à une sorte d'expédient. En baissant les yeux pour ne pas voir les aiguilles, il pouvait s'imaginer qu'elles tournaient plus lentement. C'était un peu moins terrible que de rester à les regarder constamment.

Mais il ne pouvait pas échapper à l'obsédant *tick-tock*.

Evidemment, quand il ne se retenait plus de regarder le cadran, son angoisse se trouvait brusquement fouettée et accrue, mais, entre-temps, c'était moins affreux de pouvoir se dire : « Il ne s'est écoulé qu'une demi-minute depuis que j'ai regardé l'heure. » Seulement, lorsque ses yeux finissaient par se tourner, presque malgré lui, vers le réveil, lui faisant constater que la grande aiguille avait progressé de *deux* minutes, il s'abandonnait à une sorte de crise de nerfs au cours de laquelle il implorait Dieu et sa mère — morte depuis longtemps — de lui venir en aide, tandis que les larmes l'aveuglaient. Puis il parvenait à se ressaisir et tentait de s'abuser à nouveau : « Il s'est écoulé trente secondes depuis que j'ai regardé l'heure... Maintenant, ça fait une minute. » Mais était-ce vrai ? *Etait-ce vrai ?* Et, encore une fois, il regardait le cadran pour s'abîmer dans une nouvelle crise d'effroi.

Puis, soudain, le monde extérieur, ce monde dont il était tellement coupé qu'il lui semblait déjà aussi lointain que s'il avait été mort, fit de nouveau irruption au sein de son agonie.

On sonnait à la porte d'entrée.

Tout d'abord, cela ne ranima pas son espoir. Un colporteur quelconque peut-être... Non, c'était un coup de sonnette trop impérieux pour être le fait d'un colporteur. On sentait qu'il réclamait l'ouverture de la porte comme un droit et non comme une faveur. Quand il se répéta, Stapp ne put douter que la personne en question s'irritât d'attendre. Aussi, lorsque la sonnette retentit pour la troisième fois, cela dura près d'une demi-minute. Puis une voix appela, impatiemment :

— Quelqu'un ? C'est la Compagnie du Gaz !

Alors Stapp sentit des larmes couler sur son visage, des larmes de rage et de désespoir, car c'était là le *seul* incident de la routine domestique qui pût amener quelqu'un au sous-sol ! Le compteur était scellé dans le mur, à côté de l'escalier, juste en face de ses yeux ! Et il avait fallu que son frère emmenât Fran juste à ce moment-là ! Il n'y avait plus personne pour ouvrir à l'employé du gaz, pour permettre au secours d'entrer.

Il y eut un raclement de chaussures sur le ciment de l'allée. L'homme avait dû redescendre les marches du porche afin de regarder les fenêtres du premier étage. Et Stapp aperçut même les jambes de l'employé, se déplaçant devant le soupirail qui éclairait le sous-sol. Si l'homme s'était baissé pour regarder à travers la vitre poussiéreuse, il eût aperçu Stapp ligoté à son tuyau et, après, tout fût devenu facile !

Pourquoi ne se baissait-il pas ? Pourquoi ne regardait-il point ? Evidemment, il ne supposait pas qu'il pût y avoir quelqu'un dans le sous-sol d'une maison à la porte de laquelle il venait de sonner avec tant d'insistance. Et les jambes de pantalon disparurent de l'écran du soupirail.

Un peu de salive filtra du bâillon qui distendait la bouche de Stapp.

L'employé du gaz — un inspecteur de la Compagnie, sans doute — sonna encore une fois, plus pour extérioriser son désappointement que dans l'espoir d'obtenir enfin une réponse. Il donna une succession de petits coups, comme s'il transmettait un message en Morse : bip-bip-bip-bip-bip. Puis il cria, sans doute au bénéfice d'un subordonné qui devait attendre dans une camionnette :

— Ils ne sont jamais là quand on a besoin d'eux !

Puis son pas s'éloigna sur le ciment de l'allée, après quoi, Stapp entendit une portière et le bruit d'une voiture qui démarrait.

Alors, il mourut un peu. Non point au figuré, mais littéralement. Le froid envahit ses jambes jusqu'aux genoux et ses bras jusqu'aux coudes, les battements de son cœur se ralentirent et il peina pour respirer. De nouveau, un filet de salive coula sur son menton qui vint s'appuyer contre la poitrine, tandis que la tête semblait devenir inerte.

Tick-tick, tick-tick, tick-tick.

Ce bruit le ranima après un moment, comme si

c'eût été des sels qu'on lui faisait respirer, au lieu d'une chose mauvaise qui tendait à sa perte.

Stapp eut alors conscience que son esprit se mettait à divaguer. Pas encore de façon constante, mais de temps à autre, il battait la campagne. C'est ainsi qu'il eut un instant l'impression *d'être* le réveil et de regarder son propre visage. Le pivot des aiguilles devint son nez, le 10 et le 2 prirent la place de ses yeux. Il eut une barbe et des cheveux de cuivre rouge, avec un petit clocheton en guise de chapeau.

Et il se surprit à tordre les muscles de son visage pour tenter de stopper la progression des aiguilles qui y étaient fixées, avant qu'elles n'eussent provoqué la mort de cet homme dont la respiration avait une résonance métallique : *tick-tock, tick-tock.*

Puis Stapp redevint lucide et comprit que ç'avait été une réaction instinctive de son cerveau affolé : ne pouvant arrêter le réveil, il avait voulu se persuader qu'il n'était plus là. L'instant d'après, il sombra dans un autre phantasme. Cette épreuve était un châtiment qui lui avait été infligé pour ce qu'il avait eu l'intention de faire à Fran. Il était retenu là, non point par des cordes qui le ligotaient, mais par quelque puissance vengeresse et, s'il avait suffisamment de remords, s'il manifestait une sincère contrition, il serait délivré. Alors, il se mit à gémir dans le silence de sa gorge torturée.

— Je vous demande pardon... Je ne recommencerai pas. Je vous promets que si vous me laissez partir, ça me servira de leçon et je ne le ferai jamais plus !

Le monde extérieur se manifesta de nouveau mais, cette fois, par l'entremise du téléphone. Ce devait être Fran et son frère essayant de savoir s'il était rentré. Trouvant la boutique fermée, ils avaient dû attendre dehors puis, comme il ne venait toujours pas, avoir l'idée de téléphoner à la maison, supposant qu'il s'était peut-être senti souffrant et avait éprouvé le besoin de rentrer. Le fait de ne pas obtenir de réponse leur donnerait sûrement à penser qu'il se passait quelque chose d'anormal. Est-ce que cela ne les inciterait pas à revenir ? Mais pourquoi le fait qu'on ne répondît pas au téléphone, les eût-il amenés à supposer qu'il se trouvait à la maison ? Qu'est-ce qui aurait pu les faire se douter qu'il était au sous-sol, ligoté après un tuyau ? Non, ils allaient demeurer encore un moment à proximité de la boutique puis Fran, devenant sérieusement inquiète, s'en irait peut-être prévenir la police... Mais une heure au moins s'écoulerait d'ici là... Alors à quoi bon ? D'ailleurs, ils l'eussent cherché partout sauf là. Quand on lui signale la disparition d'un homme, le dernier endroit où la police pense pouvoir le retrouver, c'est chez lui !

La sonnerie du téléphone finit par s'arrêter et son ultime vibration parut demeurer en suspens dans l'air mort longtemps après qu'elle eut cessé de retentir, puis le silence l'engloutit définitivement.

Fran devait sortir de la cabine pour rejoindre son frère en lui disant : « Il n'est pas non plus à la maison. » Elle ajouterait sans doute : « C'est drôle, tout de même. Où peut-il bien être allé ? » Puis ils s'en retourneraient à proximité de la boutique et feraient les cent pas, tandis que Fran scruterait de temps à autre la rue dans les deux sens pour voir s'il arrivait enfin.

Et ainsi ils seraient simplement deux de ces gens qui, sous le coup de trois heures, s'immobiliseraient net et se regarderaient en disant : « Qu'est-ce que c'est ? » Fran ferait peut-être même remarquer : « On aurait dit que c'était du côté de chez nous. » Et ce seraient les seuls commentaires que sa mort leur inspirerait.

Tick-tock, tick-tock, tick-tock.

Trois heures moins neuf.

Oh ! quel beau chiffre que le neuf ! Mon Dieu, faites que ce soit toujours neuf... Jamais huit ou sept ; éternellement neuf ! Que le temps suspende son cours afin que Stapp puisse se reprendre à respirer... Mais non, il était déjà trois heures moins huit. La grande aiguille avait franchi l'espace blanc qui se trouvait entre les deux points noirs. Oh ! quel beau chiffre que le huit, si rond, si symétrique. Mon Dieu, faites que ce soit toujours huit...

Quelque part, au-dehors, une femme cria, sur un ton de réprimande :

— Fais attention, Bobby ! Tu vas casser un carreau !

Stapp avait instinctivement regardé le soupirail, puisque c'était par là que lui parvenait la voix de la femme, et il vit la forme estompée d'une balle venir en frapper la vitre. Ce devait être une balle de tennis. L'espace d'un instant, noire comme un boulet de canon, elle parut adhérer à la vitre, puis roula hors de vue. Si la vitre avait été de verre ordinaire, elle eût peut-être été brisée, mais elle était renforcée par les fils métalliques qu'on lui avait incorporés.

L'enfant vint tout près du soupirail pour ramasser sa balle. Il était si petit que Stapp put le voir presque tout entier dans la hauteur de la vitre ; seule la tête était coupée, mais elle apparut quand il se baissa pour ramasser la balle. Il était très blond et tout bouclé. C'était le premier visage que Stapp apercevait depuis que les cambrioleurs l'avaient abandonné dans le sous-sol, et il crut voir un ange.

Mais un ange qui ne s'occupait point de lui.

Tandis qu'il était baissé, son attention fut attirée par une pierre ou quelque chose comme ça, qu'il prit dans sa main et considéra un moment, pour finalement la rejeter loin de lui.

La voix de la femme parut soudain plus proche. Elle devait être sur le trottoir et arriver à hauteur de la maison :

— Bobby, as-tu fini ? Ne jette pas des choses comme ça, tu risques de blesser quelqu'un !

Si seulement cet enfant tournait la tête ! S'il avait la curiosité de regarder par le soupirail, il pourrait le voir, à travers la poussière de la vitre.

Stapp se mit à remuer vivement sa tête d'un côté à l'autre, dans l'espoir que ce mouvement attirerait l'attention du petit garçon. La tactique réussit, à moins que ce succès fût simplement dû à la curiosité naturelle de l'enfant. Quoi qu'il en fût, le petit garçon tourna soudain la tête et regarda à travers le soupirail, vaguement d'abord, puis avec intérêt. Sa petite main se forma en poing et frotta un peu le carreau pour lui permettre de mieux voir. Il allait sûrement l'apercevoir... Non, pas encore, sans doute parce qu'il faisait plus sombre dans le sous-sol et...

— Bobby, que fais-tu là ? s'indigna la voix de la femme.

Et, brusquement, l'enfant le vit. Stapp en eut conscience à la façon dont il immobilisa sa tête en appuyant le front contre la vitre. Rien ne semble extraordinaire aux enfants, un homme ligoté dans une cave pas plus qu'autre chose, et, en même temps, tout leur paraît merveilleux, et suscite de leur part des demandes d'explication. N'allait-il rien dire à la femme ? Ne savait-il pas encore parler ? Il paraissait pourtant suffisamment grand pour cela. Elle, en tout cas — sa mère, probablement — n'arrêtait pas de parler :

— Bobby, veux-tu venir ici !

— M'man, regarde ! dit-il avec une excitation joyeuse.

Stapp ne le voyait plus distinctement, tellement il s'employait à remuer sa tête, au point qu'il en était tout étourdi, comme lorsqu'on descend d'un manège forain. Le soupirail et l'enfant qui s'y encadrait, se balançaient en un demi-cercle devant lui, d'abord trop loin d'un côté, puis trop loin de l'autre... Mais allait-il comprendre ce que signifiait ce mouvement de tête ? Même si les cordes qui enserraient les chevilles et les poignets de Stapp n'avaient aucune signification à ses yeux, si le bâillon ne lui paraissait pas être une chose anormale, il devait bien comprendre que lorsqu'on se secoue ainsi, c'est qu'on veut être délivré. Oh ! mon Dieu, s'il avait seulement eu deux ou trois ans de plus ! A l'époque actuelle, un enfant de huit ans aurait immédiatement compris et donné l'alarme...

— Bobby, vas-tu venir, à la fin ? Je t'attends.

Si Stapp pouvait capter son attention, le retenir là suffisamment longtemps pour qu'il y eût désobéissance caractérisée, la mère viendrait chercher le petit et découvrirait Stapp dans son sous-sol en cherchant à voir ce qui fascinait ainsi l'enfant.

L'horloger se mit à cligner des yeux, les roulant comiquement puis louchant. Un sourire finit par éclore sur le visage angélique ; déjà, pour aussi jeune qu'il fût, il pouvait trouver quelque chose de comique à voir un homme réduit à l'impuissance.

Du coin supérieur droit du soupirail jaillit soudain une main de grande personne qui saisit le poignet de l'enfant, le tirant vers le haut :

— M'man, regarde ! répéta-t-il de nouveau en pointant son petit index. Un drôle de bonhomme, qui est ficelé !

La mère, désormais habituée aux fantaisies et

divagations de son fils, répondit d'un ton raisonnable et détaché :

— Non, ce ne serait pas bien. Maman ne peut pas regarder comme toi ce qui se passe chez les gens.

Inexorablement tiré par la main adulte, l'enfant se redressa, disparut au-dessus du soupirail. Son corps pivota, s'éloigna. Stapp put voir encore, l'espace d'un instant, le derrière de ses genoux, puis la vitre brouillée l'escamota complètement. Il ne subsista plus de lui, comme pour moquer Stapp, que la place plus claire qu'avait frottée sa petite main.

Le désir de survivre ne s'éteint qu'avec le dernier soupir. Stapp était maintenant beaucoup plus mort que vivant mais il n'en émergea pas moins une fois de plus des profondeurs de son désespoir comme l'insecte sur qui l'on fait tomber du sable et qui réussit inlassablement à s'extraire de sa tombe.

Détournant sa tête du soupirail, il regarda le cadran du réveil. Il n'avait pas eu une seule pensée pour lui pendant que l'enfant était là, et, horrifié, il le découvrit soudain marquant trois heures moins trois.

Il n'éprouvait plus ni terreur ni espoir : il ne pouvait plus rien ressentir. Une sorte d'engourdissement s'était emparé de lui, au sein duquel ne subsistait plus que la braise de son cerveau. L'explosion n'aurait plus que ce petit point de vie à éteindre.

Maintenant, il allait être trop tard pour qu'on pût tenter de le libérer avant d'arrêter la machine infernale. Il aurait fallu que quelqu'un dévalât l'escalier à cet instant précis, un couteau aiguisé à la main, et tranchât ses liens d'un seul coup pour lui permettre de se jeter sur le réveil, le renverser... Mais déjà il n'y avait même plus le temps pour cela, il n'y avait plus le temps de rien faire, sinon mourir.

Sa gorge émettait des bruits inarticulés, comme le fait un chien en rongeant un os, tandis que la grande aiguille tendait irrésistiblement vers le point noir du douze. Mais le bâillon continuait à les empêcher de retentir. Autour de ses yeux, la peau se plissait d'appréhension tandis qu'il ne laissait subsister qu'une mince fente entre ses paupières, comme si le fait de fermer les yeux pouvait atténuer, amortir la terrible explosion qui allait se produire ! Au plus profond de son être, quelque chose qu'il n'avait pas le loisir, ni la possibilité de bien identifier, semblait battre en retraite le long d'obscures galeries. Il n'avait pas su posséder en lui ces chemins d'évasion, avec leurs tournants et leurs recoins protecteurs, qui lui permettaient de mettre une distance sans cesse grandissante entre lui-même et ce qui le menaçait. Oh ! divin architecte du cerveau qui a su prévoir ces issues de secours ! Vers elles fuyait ce qui, à la fois, était Stapp et ne l'était pas ; il courait vers le refuge du sanctuaire, la sécurité de l'asile, vers la clarté, le soleil, la gaieté.

Sur le cadran, la grande aiguille formait maintenant avec la petite un angle parfaitement droit, tandis que s'envolaient les dernières secondes de vie. Puis l'angle cessa d'être aussi parfaitement droit, mais Stapp ne le sut pas, car il était déjà dans les bras de la mort. Un peu de blanc ne tarda pas à apparaître entre le bout de l'aiguille et le point du douze, puis, bientôt, il fut trois heures une minute.

Stapp était agité de soubresauts qui le secouaient de la tête aux pieds. Seulement, ce n'était pas la peur qui l'agitait ainsi, mais le rire.

Ce rire explosa quand ils retirèrent le bâillon, comme s'ils l'aspiraient en même temps hors de sa bouche.

— Non, ne coupez pas encore ses liens ! dit vivement au policeman l'homme en blouse blanche.

Attendez d'abord qu'on lui ait passé la camisole de force, car nous aurions du mal à le maîtriser !

Les mains plaquées sur ses oreilles, Fran dit, à travers ses larmes :

— Oh ! faites-le taire ! Je ne peux pas endurer ça ! Pourquoi rit-il ainsi ?

— Il a perdu la tête, madame, expliqua patiemment l'interne.

Le réveil marquait sept heures cinq.

— Qu'y a-t-il dans cette boîte ? demanda le policeman en la repoussant un peu du pied.

Elle glissa légèrement le long du mur, entraînant le réveil à sa suite.

— Rien, répondit la femme de Stapp entre deux sanglots et à travers le rire incessant. C'est une boîte vide. Elle contenait une sorte d'engrais, mais je l'ai utilisé pour les fleurs que... que j'essaie de faire pousser derrière la maison.

Titre original : THREE O'CLOCK
(traduit par M.-B. Endrèbe)

RENDEZ-VOUS DEVANT LE MANNEQUIN

Tout au long du voyage en autocar, je ne pus m'empêcher de me demander si elle serait heureuse ou non de me voir. Je ne lui avais pas annoncé mon arrivée. A ce propos, je n'avais averti personne de mes intentions... pas avant mon départ. J'avais simplement laissé dans ma chambre une lettre adressée à mes parents :

Chère maman, cher papa. Je ne peux plus supporter de rester ici. Je ne retournerai pas au collège à la rentrée. Je vais retrouver Jean et je resterai avec elle. Je vous aime...

Francine.

Et c'était exactement ce que j'étais en train de faire.

Lorsqu'elle avait quitté la maison, ma sœur Jean n'était guère plus âgée que moi : un peu moins de dix-huit ans. Dans ses lettres, elle ne s'était pas étendue sur sa nouvelle vie, cependant le peu qu'elle en avait révélé m'avait fait paraître son existence merveilleuse. Elle nous disait qu'elle avait trouvé un emploi, sans jamais préciser lequel, mais elle devait gagner énormément d'argent. Au cours des trois années qui avaient suivi son départ, elle n'avait pas dû nous envoyer une seule lettre ne contenant pas un billet de vingt dollars, et parfois même de cinquante.

Cependant l'année précédente, lorsque je lui avais suggéré que je pourrais profiter des congés scolaires pour aller la voir, elle n'avait pas semblé enthousiasmée par cette idée. Il faisait très chaud, disait-elle, et la ville ne me plairait pas. Et, comme j'avais insisté, elle avait finalement répondu qu'elle devait s'absenter, quitter la ville. Mais, six mois plus tard, dans une de ses dernières lettres, elle avait oublié l'excuse qu'elle avait trouvée et nous apprenait qu'elle était restée en ville durant tout l'été.

Je me demandais pourquoi elle n'avait pas voulu que sa petite sœur vînt lui rendre visite. Je supposais qu'elle avait dû me trouver trop jeune, qu'elle avait pensé que nos parents auraient besoin de moi à la maison, ou encore qu'elle estimait préférable que je termine tout d'abord mes études, et je tirai un trait sur ce sujet. Les réactions des sœurs ainées ne sont pas toujours faciles à comprendre.

J'avais son adresse, celle à laquelle nous lui écrivions, mais c'était pour moi de l'hébreu. Cependant, je savais que je n'aurais aucune difficulté à la trouver. Il me suffirait de demander mon chemin, une fois arrivée à destination.

***

Le car avait pris du retard et j'étais très lasse. J'avais également faim, mais il ne me restait que vingt-deux cents, après avoir pris mon billet et m'être offert un sandwich et un café, à midi. Cependant, je comptais me rendre directement chez Jean et cela était donc sans la moindre importance.

Je descendis du véhicule et parcourus la gare routière du regard. Je me trouvais aux portes du Pays des Merveilles. Je n'avais qu'un seul bagage, un sac guère plus volumineux qu'un annuaire téléphonique. Je n'avais presque rien pris, pour la simple raison que je n'avais guère de choses à emporter. Quoi qu'il en soit, qui aurait voulu s'encombrer de vêtements provinciaux pour commencer une nouvelle vie dans une grande ville ?

Je pris une des nombreuses sorties au hasard et me retrouvai dans une avenue féerique. Elle se poursuivait aussi loin que portait le regard, bordée par des immeubles démesurés et éclairée par d'innombrables enseignes aux couleurs de l'arc-en-ciel qui clignotaient contre le ciel nocturne. J'avais effectivement atteint la Terre Promise.

J'étais à tel point captivée par le spectacle qui s'offrait à moi, que je décidai de prendre le temps de faire une petite promenade, avant de demander mon chemin et de me rendre chez Jean. Je n'étais pas pressée, la soirée commençait à peine.

J'avais longé cette avenue sur cinq ou dix pâtés de maisons, lorsque je vis le mannequin. Il se dressait dans une vitrine brillamment éclairée (celle d'un magasin portant l'enseigne de *Chalif-Bleekman's*) où il était aligné avec ses semblables aux visages couleur de thé et aux perruques dorées et argentées. Il se trouvait à l'extrémité de la file. Tous les autres avaient un air hautain, mais celui-ci m'adressait une sorte de sourire amical. L'expression de la femme de cire semblait vouloir dire : « Salut, petite, je te souhaite la bienvenue en ville. Si tu as besoin d'une amie, ou si tu as des ennuis, n'hésite pas à venir me voir et à me confier tes problèmes. »

J'ignore comment expliquer cela. Ma réaction peut paraître stupide, je le sais. Pour la comprendre, il faut être jeune et plein d'imagination (ce que j'étais, à en croire ce que me disait tout le monde quand je me trouvais encore chez mes parents). Lorsque l'on s'est endurci ou que l'on est devenu cynique, il est impossible d'admettre une chose pareille. C'est comme pour les personnes qui ont toujours sur elles une patte de lapin, et d'autres un vieux sou percé porte-bonheur. Comme pour les personnes qui croient en leur bonne étoile et d'autres en leur ange gardien. Dès que je le vis, ce mannequin devint pour moi mon ange gardien. Oh, je savais que ce n'était qu'un personnage de cire qui ne pouvait pas parler, ni entendre ni penser. Je n'étais pas stupide à ce point. Mais cela n'y changeait rien. Nous devons tous laisser une certaine place à la fantaisie, dans notre vie. Je me sentais seule et je ne connaissais personne. De plus, c'était la première nuit que je passais dans cette grande ville. Je suppose que cela peut expliquer ce que j'éprouvais alors.

Mais quelle qu'en soit la cause, je me tenais devant le mannequin, en lui faisant part de tous mes espoirs, de toutes mes peurs et ambitions. Pas à voix haute, naturellement. Et il me retournait mon regard en m'adressant un sourire compréhensif, comme s'il tentait de me dire : « Bien sûr, je sais. Ne t'inquiète pas, tout se passera bien. Et dans le cas contraire, tu sais où me trouver. Je serai toujours ici, nuit et jour. » Au cours de cette première nuit, ce fut comme si nous avions scellé un pacte entre nous, un pacte qui ne pourrait jamais être rompu.

Finalement, je dus repartir. Il se faisait tard et je devais me rendre chez Jean. Je collai l'extrémité de mes doigts contre la vitre, dans une sorte de geste d'adieu, puis je m'éloignai. Tous les autres mannequins avaient un air hautain, avec leur nez relevé, mais le mien avait gardé le même sourire amical et compréhensif.

Je vis un policier qui réglait la circulation au centre du carrefour et je me rendis auprès de lui pour lui demander mon chemin. Il est toujours plus prudent de ne s'adresser qu'à des policiers, lorsqu'on se trouve dans une ville inconnue. Je le savais.

Il se gratta la nuque, lorsque je lui tendis le morceau de papier sur lequel l'adresse de Jean était écrite au crayon. Puis il m'examina de haut en bas, alors que je me tenais devant lui : fille débarquant de sa campagne, avec un petit sac à la main.

Au lieu de me renseigner, il me demanda :

— Etes-vous certaine de vouloir y aller ?

— Naturellement, répondis-je, surprise. Je... je suis attendue.

Il marmonna quelques mots d'une voix presque inaudible. Cela ressemblait à :

— Ah, si c'est pas malheureux... mais qu'est-ce qu'un simple agent de la circulation pourrait y faire ?

— Merci, répondis-je, après qu'il m'eut indiqué mon chemin.

Il secoua la tête, comme s'il se sentait désolé.

— Ne me remerciez pas, soupira-t-il. Ce n'est certainement pas un service que je vous rends.

Alors que je m'éloignais, je regardai derrière moi et je vis qu'il me suivait des yeux, en secouant toujours la tête. Il semblait connaître cette adresse, mais je ne pouvais comprendre pourquoi il était ennuyé que je doive m'y rendre.

***

Même les billets de vingt et cinquante dollars que Jean avait envoyés à nos parents ne m'avaient pas préparée à voir un tel immeuble, lorsque j'y parvins finalement. Elle devait gagner de l'argent à la pelle, pour pouvoir vivre dans cet endroit ! Durant un instant, je crus presque que je m'étais trompée d'adresse et je retournai auprès du gardien pour vérifier. Oui, c'était bien ici. Je lui demandai à quel étage vivait Jean Everton.

Il réagit comme si c'était la première fois qu'il entendait ce nom, puis il se rendit à l'intérieur afin de poser la question à un deuxième homme en uniforme qui se tenait dans le vestibule. Au lieu d'attendre où je me trouvais, je le suivis. J'étais certaine que Jean vivait ici, car dans le cas contraire elle ne nous aurait pas donné cette adresse. J'arrivai à temps pour entendre le second garde dire à voix basse :

— Edwards, voilà comment elle s'appelle. Il lui arrive de recevoir du courrier sous cet autre nom. Je me souviens qu'elle m'a donné des instructions à ce sujet.

Puis il me regarda et baissa encore la voix, mais je pus malgré tout comprendre ses paroles.

— C'est sans doute une nouvelle qu'ils viennent d'engager. Il est préférable de ne pas la faire monter par l'entrée principale, ils n'aimeraient pas ça. Ils ont déjà du monde.

Le premier revint vers moi, pour me murmurer sur un ton de conspirateur, comme s'il me confiait un secret :

— C'est au dernier étage, mais si vous passiez par la porte principale vous risqueriez d'avoir des ennuis, et nous aussi pour vous avoir laissée faire. Vous autres, les filles, vous devez prendre la porte de service. Je vais vous montrer le chemin.

Il me guida à l'extérieur puis me fit contourner l'immeuble, avant de suivre une allée latérale jusqu'à l'ascenseur de service. Le liftier, un homme de couleur, était souriant.

— Monte-la au cercle, lui dit mystérieusement le gardien.

— Là-haut ? demanda le Noir, en m'adressant un regard étrange.

Alors que nous montions, l'homme se tourna vers moi et me demanda :

— Vous y êtes déjà montée, miss ?

— Non, jamais.

Il ne répondit pas et se contenta de faire :

— Hmmm, hmmm.

Je le surpris à secouer légèrement la tête, exactement comme le flic. Il stoppa finalement la cabine et en ouvrit la porte. Nous avions atteint un petit vestibule où ne se trouvait qu'une autre porte, d'aspect solide et munie d'un petit judas en son centre. Sans la moindre hésitation, je m'en approchai et pressai le bouton de la sonnette.

Derrière-moi, le liftier à l'expression sympathique referma sa cabine comme à regret. Il semblait éprouver des remords de m'abandonner. Lorsqu'il disparut à ma vue, il secouait toujours la tête, tristement.

Sur l'instant, je le notai à peine. J'étais trop heureuse à la pensée de revoir Jean. De plus, la ville représentait pour moi un monde totalement nouveau et il était naturel que les réactions des citadins me paraissent singulières. Ce fut en tout cas l'explication qui me vint alors à l'esprit.

Le cache du judas fut écarté et un œil m'examina. Un œil bleu et dur comme de l'agate. Une légère bouffée de parfum me parvint à travers l'ouverture.

— Oui ? demanda sèchement une voix féminine.

— Est-ce que Jean est ici ?

L'œil pivota vers l'intérieur de la pièce, s'écartant du judas.

— Quelqu'un veut voir Jean.

Des chaînes cliquetèrent contre de l'acier et le battant s'entrouvrit, comme à contrecœur. J'entrai timidement, en tenant toujours mon sac à la main.

Trois femmes étaient présentes, mais Jean ne se trouvait pas dans cette pièce, qui évoquait un peu pour moi une sorte de loge. Une série de miroirs couvraient un mur, au-dessus d'une longue table et d'une rangée de chaises. Toutes les femmes me regardaient. Elles avaient des vêtements magnifiques et étaient très séduisantes, mais je leur trouvais un aspect dur et rébarbatif, sans pouvoir en définir la raison. De la pièce voisine nous parvenaient des sons confus... comme le bourdonnement de nombreuses voix. Par instants, cela s'élevait en crescendo, comme si un événement venait de se produire, avant de mourir dans le murmure haletant de l'attente. Finalement, le cycle recommençait.

— Où est-elle ? demandai-je d'une voix hésitante.

J'obtins une réponse hargneuse.

— Dans la salle, qu'est-ce que tu crois ? Tu ne t'attendais pas à la trouver là-derrière avec nous, pas vrai ? Le cercle est ouvert.

D'une chiquenaude, elle projeta les cendres de sa cigarette dans ma direction.

— Si tu es venue ici pour bosser, t'aurais intérêt à changer de fringues. Tu as déjà une heure de retard.

Je me contentai de la fixer, stupidement.

Elle pointa son doigt vers mon sac.

— T'as amené tes nippes personnelles, pas vrai ? Alors, qu'est-ce que tu attends ? Elle me poussa et faillit renverser la chaise la plus proche, et moi avec.

— Bon Dieu ! dit-elle aux autres. Le cercle a fait une belle affaire ! Jean devait penser à autre chose, quand elle l'a choisie.

— Les idiotes sont celles qui les attirent le plus, rétorqua sèchement une autre. Tu ne le sais donc pas ? Et depuis quand Jean choisit-elle les filles ? Elle prend celles que lui impose Rosetti, c'est tout.

On frappa énergiquement à la porte se trouvant en face de celle par laquelle j'étais entrée, et les femmes se turent brusquement. La voix d'un homme cria :

— Allez, les chattes, au boulot ! Les clients de trois tables ont besoin de se rincer l'œil.

Elles bondirent comme des phoques sautant à travers des cerceaux de papier et se bousculèrent l'une l'autre, pour être les premières à sortir. Le son confus des voix s'amplifia lorsque la porte s'ouvrit et je pus entendre : « Vingt et un, rouge ! puis : Whee ! » Une minute plus tard, on avait refermé la porte et je me retrouvais seule.

Lorsqu'un être humain est placé, pour la première fois de sa vie, dans une situation où son expérience ne lui est d'aucune utilité, son instinct prend la relève. C'est ce qui se produisit dans mon cas. Ces filles m'avaient simplement traitée d'idiote, ce qui était la stricte vérité. J'ignorais tout de cet endroit, car je ne m'étais encore jamais trouvée dans un lieu semblable. Mais cependant j'éprouvais à son égard une répulsion instinctive, je désirais repartir immédiatement sans même attendre de rencontrer Jean. Quelque chose me le disait. Une voix intérieure me répétait de ne pas rester là une minute de plus.

Ce n'était pas tellement à cause de ces trois filles. Elles aboyaient plus qu'elles ne mordaient. C'était un je-ne-sais-quoi au sujet des voix que je venais d'entendre. Elles avaient contenu quelque chose de malsain. C'était le genre de voix que l'on ne peut entendre que dans des lieux secrets, où se passent des choses que l'on ne peut faire au grand jour. Je me souvins alors de la façon dont le flic et le liftier avaient tous deux secoué la tête. Ils étaient au courant. Ils savaient certaines choses sur cet endroit.

Il n'y avait personne dans la pièce, moi excepté, personne pour me retenir. Tout ce que j'avais à faire, c'était d'ôter la chaîne de sécurité de la porte, me glisser dans le vestibule, et presser le bouton d'appel de l'ascenseur. Je me souvins alors que je n'avais que vingt-deux cents, mais ce n'était pas une raison suffisante pour que je reste. Une fois à l'extérieur, je n'aurais qu'à téléphoner à Jean et lui demander de venir me rejoindre quelque part.

Je tendis la main vers la première chaîne. J'essayais de la libérer sans faire de bruit, lorsque j'entendis derrière moi une voix craintive murmurer mon prénom.

— Francie !

Jean se tenait sur le seuil de l'autre porte. Elle entra rapidement et referma le battant derrière elle. Sa voix était étranglée et faible.

— Elles m'ont dit que quelqu'un m'attendait... mais tu es bien la dernière personne que je me serais attendue à voir !

Des diamants ornaient ses poignets et sa gorge. Elle avait des fleurs dans les cheveux et son haleine sentait le champagne. Elle avait vieilli. En dépit de ses cheveux d'or magnifiques, elle était vieille et lasse, totalement différente de la fille qui avait quitté notre maison.

Sa voix était un sifflement de terreur, comme de l'air s'échappant d'un pneu crevé.

— Qu'est-ce qui t'as pris de faire une chose pareille ? Pourquoi es-tu venue ici ? C'est bien le dernier lieu sur Terre où tu aurais dû te rendre !

— Pourquoi ? Je voulais simplement te voir.

De toute évidence, elle n'avait pas le temps de me fournir des explications.

— Vite ! Est-ce que quelqu'un t'a vue ?

— Seulement ces trois filles...

— Je peux les obliger à se taire. Elles travaillent sous mes ordres. Allons, file d'ici, et en vitesse !

— Mais, Jean. Je suis venue pour rester auprès de toi, pour vivre avec toi.

— Tu ne sais pas ce que tu dis ! Ne discute pas, quelqu'un pourrait entrer à tout moment. Tu vas prendre le premier car et rentrer à la maison. Je voudrais pouvoir t'accompagner et m'assurer que tu y montes, cependant je ne peux pas m'absenter pour l'instant...

— Mais, Jean, je n'ai que vingt-deux cents.

Elle se pencha pour chercher frénétiquement quelque chose dans le haut de son bas, et en sortit un billet froissé qu'elle mit dans ma main. Ce n'était pas vingt dollars, ou même cinquante, mais un billet de cent dollars. Je n'avais encore jamais eu l'occasion d'en voir un. Je ne voulais pas de cet argent. A présent que Jean était avec moi, je n'avais plus peur.

Cependant, elle me poussait vers la porte par laquelle j'étais entrée et refusait d'écouter mes protestations. Nous ne pûmes l'atteindre. Un bourdonnement assourdi se fit entendre, quelque part au-dessus de nos têtes. Il n'était pas plus bruyant que celui produit par une mouche emprisonnée dans une bouteille, mais il nous fit sursauter toutes deux. Et, au même instant, le bouton de la porte intérieure que Jean avait verrouillée derrière elle se mit à pivoter brutalement. La voix que j'avais déjà entendue, celle qui m'avait fait frissonner, demanda coléreusement :

— Jean, qu'est-ce que tu fiches là-dedans ? Et pourquoi as-tu verrouillé la porte ? J'ai besoin de toi, ici… et vite.

— Rosetti, murmura-t-elle d'une voix faible. Si jamais il te voyait…

Elle me serrait le poignet et son étreinte était glaciale.

Jean me poussa si brusquement vers le côté de la pièce que je faillis perdre l'équilibre. Une sorte de grande penderie occupait toute une paroi. Elle possédait des portes coulissantes qui s'emboîtaient les unes dans les autres. Elle en écarta deux, me poussa contre une rangée de robes dorées et pailletées, puis referma les panneaux. J'avais suffisamment de place pour pouvoir rester debout. Les instructions qu'elle me donna en haletant me parvinrent à travers l'étroite fissure qui subsistait.

— Reste à l'intérieur tant que la voie ne sera pas

libre, puis fiche le camp le plus vite possible ! Si quelqu'un ouvrait une porte pour prendre quelque chose, reste calme... recule en suivant le mouvement du panneau et il ne t'arrivera rien ! N'attends pas mon retour, je ne pourrai peut-être pas revenir te voir...

Je l'entendis déverrouiller la porte et l'homme lui ordonna brutalement de sortir.

— T'énerve pas, Rosetti. J'avais filé mon bas, lui répondit-elle, dans l'espoir de le calmer.

Je collai mon œil à la fissure et jetai un regard à cet homme... ou tout au moins à une bande verticale de son visage. Il ressemblait en tous points à sa voix.

— On va s'occuper de Masters. Fais ton numéro le plus bruyant, tu m'entends ? Le grand cinéma.

— Maintenant ? hoqueta-t-elle, avec la salle bondée de monde ?

— T'es là pour ça. Fais le truc western.

Il poussa la porte de la penderie derrière laquelle je me trouvais. Je fus prise de panique, mais je parvins cependant à reculer en même temps que le panneau de bois, m'écartant de la lumière qui pénétrait dans le placard. Je vis le bras de Jean plonger dans l'ouverture et prendre un chapeau de cow-boy démesuré sur une étagère. Puis elle enroula un lasso autour de son poignet, regarda dans un tiroir et en sortit un pistolet.

Sous son maquillage, son visage était livide. Celui de l'homme également, mais pour une raison différente... pas de peur mais de cruauté.

Elle s'immobilisa une minute sur le seuil. L'homme fit un signe à quelques musiciens qui entamèrent une introduction. Jean fit tournoyer son lasso, hurla « Yipee ! » et lança son pistolet en l'air. Puis elle disparut à ma vue.

L'homme referma le battant derrière elle mais demeura à l'intérieur de la pièce où je me trouvais. Il se rendit rapidement à la porte donnant sur le vestibule et l'ascenseur de service, qu'il ouvrit pour faire entrer deux hommes devant travailler pour une blanchisserie. Ils portaient un panier empli de linge.

— Laissez ça là, ordonna-t-il. Tout sera prêt dans une dizaine de minutes.

Les deux hommes ressortirent et il referma la porte derrière eux. Puis il pivota sur lui-même et s'éloigna dans l'autre direction. Je vis sa main chercher quelque chose à l'intérieur de son manteau, alors qu'il tirait la porte derrière lui, puis j'entendis quelqu'un qui devait avoir attendu dans l'autre salle lui demander :

— Tout est réglé, patron ?

— Tout est réglé, répondit-il. La porte se referma.

***

J'attendis une minute, afin d'être certaine qu'il n'avait pas l'intention de revenir, puis je sortis de ma cachette. Je pouvais entendre Jean tirer des coups de feu dans l'autre salle. Par le judas de la porte, je regardai dans le vestibule. Les employés de la blanchisserie étaient adossés à la cloison, attendant d'emporter le linge sale. Je me demandai si je pouvais courir le risque de sortir alors qu'ils étaient encore là, s'ils ne s'opposeraient pas à mon départ, lorsque la porte se trouvant derrière moi s'ouvrit brusquement et qu'un homme passablement éméché entra en titubant. Il repoussa la porte et s'y adossa un instant, comme dans l'espoir de reprendre suffisamment de forces pour pouvoir poursuivre sa route.

C'était un homme au début de la cinquantaine, très élégant et aux cheveux argentés. Son col et sa cravate étaient légèrement de travers, comme c'est généralement le cas lorsqu'un homme est ivre. Il avait mis une fleur à sa boutonnière, mais tous les pétales étaient tombés et il ne restait que la tige.

Durant une minute, ma frayeur fut trop grande pour que je puisse me mouvoir, et je restai comme paralysée, à fixer stupidement l'inconnu. Il ne me vit pas... il ne semblait rien voir. Il fit un effort pour s'écarter de la porte qui le soutenait et s'avança vers le point où je me trouvais. Je m'écartai de son chemin. Même alors, il ne sembla pas prendre conscience de ma présence. Ses yeux avaient un regard fixe, vitreux, et il avançait d'une façon étrange, d'une démarche traînante, comme si ses pieds étaient trop lourds à soulever.

Il tenait un mouchoir serré en boule contre sa poitrine, sur la couture de sa chemise, et il avait une petite toux sèche. Je ne pouvais croire qu'il ne m'avait pas vue, mais il ne me regardait pas et je regagnai l'abri des portes coulissantes de la penderie que je refermai à nouveau, ne laissant qu'une étroite fissure qui me permettait de l'observer craintivement.

Ses genoux commençaient à ployer sous son poids mais, avec obstination, il reprit sa progression difficile en direction de la porte extérieure, se déplaçant comme un plongeur sous-marin se trouvant à plusieurs brasses de fond. Il ne semblait pas devoir pouvoir atteindre son but. En fait, il n'y parvint jamais.

Derrière lui s'éleva brusquement la voix de Rosetti, qui venait d'entrer en compagnie de deux hommes. L'un d'eux referma la porte, la verrouilla, et la cala avec son omoplate, en prenant une pose nonchalante.

— On cherche la sortie ? ronronna Rosetti. C'est par ici.

Une flamme jaillit de sa main et le tonnerre

gronda dans la pièce. L'homme ivre s'effondra sur le sol et resta immobile.

L'homme qui bloquait la porte gloussa.

— Pas étonnant qu'il n'ait pas pu y arriver, avec tout le plomb qui le leste. Je parie qu'il a pris une dizaine de kilos, au cours de ces cinq dernières minutes.

Rosetti ouvrit la porte donnant sur le vestibule et fit un brusque signe de tête.

— Hé, le linge sale est prêt !

Les blanchisseurs entrèrent, prirent entre eux le grand panier qu'ils renversèrent, et le linge se répandit sur le sol. Ils choisirent alors un drap qu'ils étalèrent, avant de faire rouler l'homme « ivre » en son centre. Puis ils saisirent ses jambes et les firent remonter de force jusqu'à sa tête, pliant son corps en deux. Finalement, ils nouèrent ensemble les quatre angles du drap, afin d'en faire un gros ballot. Ils replacèrent du linge dans le panier, jetèrent le ballot en son centre et le tassèrent un peu. Lorsqu'ils eurent terminé, le panier ne paraissait pas contenir plus de choses qu'auparavant. Peut-être était-il un peu plus rebondi en son centre, c'était tout.

Rosetti alla inspecter le panier de plus près, et je l'entendis dire :

— Il risque de dépasser de ce côté. Bourrez deux autres serviettes pour le caler. Et n'oubliez pas les briques, une fois arrivés à destination.

Puis, visiblement satisfait, il s'assit sur la longue table à maquillage, en laissant balancer sa jambe. Il prit une petite lime en carton et commença à se polir un ongle, sur lequel il soufflait fréquemment.

— Vous croyez que quelqu'un l'a vu entrer ? demanda un des hommes de main.

Rosetti s'attaqua à un autre ongle.

— Bien sûr, tout le monde l'a vu entrer. Et on ne le verra pas ressortir, c'est certain. Mais c'est sans la moindre importance, étant donné que personne n'a pu assister à ce qui vient de lui arriver. Je serai le premier à me rendre chez les flics pour répondre à leurs questions... avant même qu'ils aient eu le temps de me convoquer. Que voulez-vous, je suis un homme hautement conscient de mes devoirs de citoyen.

Tous trois éclatèrent de rire.

Quelqu'un voulut tourner la poignée de la porte donnant sur la salle et l'homme qui la bloquait répondit joyeusement.

— Faudra attendre quelques minutes, les mômes. Les filles ne sont pas admises à notre réunion.

Les blanchisseurs étaient, à présent, prêts à partir, en tenant entre eux leur énorme fardeau. Un des deux sbires de Rosetti leur ouvrit la porte du vestibule.

— Il y a un tas de linge sale, ce soir, haleta un des blanchisseurs alors qu'ils sortaient en titubant.

— Tu l'as dit, lui répondit-on d'une voix amusée.

— Nous sommes plutôt malpropres, ici. Tu ne le savais pas ?

Ils refermèrent la porte derrière eux et remirent en place les chaînes de sécurité. Je devais faire des efforts pour rester debout... tout au moins jusqu'au moment où ils sortiraient et regagneraient la salle d'où ils étaient venus. J'avais des vertiges et ma vision se troublait. Mes genoux tremblaient et je craignais qu'ils ne puissent supporter mon poids et qu'on m'entende m'effondrer. Je connaissais la raison de mon malaise, et ce n'était pas le manque d'air. Je n'avais pas eu à rester très longtemps en ville pour apprendre certaines choses. Je savais que je venais d'assister à un meurtre.

Je continuais de me balancer d'un côté et de l'autre, tel un pendule, et je ralentissais chaque fois ma chute en me retenant à une des robes suspendues derrière moi. Ils ouvraient la porte, à présent... dans une minute ils seraient partis. Mais je ne pus tenir jusqu'à leur départ.

Le bruit qui provenait de l'autre pièce couvrit sans doute celui de ma chute, je ne sais pas. Le public applaudissait le numéro de Jean. Je m'effondrai latéralement dans le petit réduit où je me trouvais et je sentis des vêtements très doux s'empiler sur moi. Puis tout devint obscur...

***

J'avais l'impression qu'une minute seulement s'était écoulée lorsque les portes coulissantes s'écartèrent à nouveau et que la lumière m'éclaira. Jean se penchait vers moi pour m'aider à me relever. A présent, elle portait un manteau et avait une expression hagarde.

— Je vais t'emmener, murmura-t-elle. Appuie-toi sur moi.

Le bourdonnement des voix avait cessé et seul un lourd silence régnait dans l'immeuble. Jean tapota ma tempe avec de l'eau de Cologne et je ressentis une brûlure inattendue. Je portai ma main à mon crâne et tâtai une bosse.

— Que s'est-il passé ? lui demandai-je, toujours étourdie. Est-ce que je me suis fait ça en tombant ?

— Non. J'ai dû t'assommer avec un talon de chaussure quand tu as commencé à reprendre connaissance... à cause des trois mouchardes qui se trouvaient dans la pièce. Tu ne sauras jamais ce que j'ai vécu pendant la dernière demi-heure ! Heureusement, j'ai eu le pressentiment que quelque chose avait dû mal tourner et je suis revenue ici un peu avant les autres. Je ne pouvais pas te faire sortir pendant que tu étais inconsciente, et j'avais peur que tu reviennes à toi et que tu trahisses ta présence.

Toutes les fois qu'une fille avait besoin de quelque chose, je m'empressais de venir chercher ce qu'elle voulait. Elles ont dû croire que j'étais devenue folle. Quand j'ai constaté que tu commençais à bouger, j'ai dû t'assommer pour que tu te tiennes tranquille jusqu'à leur départ. Je leur ai dit que j'avais vu un cafard, à l'intérieur de la penderie.

« Maintenant, viens. Les filles sont rentrées chez elles et le Cercle est fermé pour la nuit. Les hommes sont dans le bureau, pour compter la recette. Grouille-toi, avant qu'ils n'aient besoin de moi. »

Nous gagnâmes en titubant la porte de service.

— Maintenant, ça va, lui dis-je d'une voix faible. Je suppose que j'ai manqué d'air, là-dedans.

Nous nous trouvions à présent dans le vestibule. Elle me fixa et je vis à son regard qu'elle ne me croyait pas.

— Qu'as-tu vu ? demanda-t-elle sèchement. Es-tu certaine que ton étourdissement n'est pas dû à une chose à laquelle tu as assisté, pendant que tu te cachais dans le placard ?

Il m'était impossible d'en parler, pas même à ma sœur.

— Rien, répondis-je.

Alors que nous descendions par l'ascenseur de service, elle se détourna et chercha à nouveau quelque chose dans son bas. Elle en sortit un autre billet de cent dollars qu'elle tendit au liftier.

— Jimmy, lui dit-elle. Tu n'as jamais vu cette fille monter ici, ce soir.

— Quelle fille ? demanda-t-il, lorsqu'il put reprendre son souffle.

— Très bien. Elle hocha la tête, avec satisfaction.

Elle me conduisit dans un bar, pour m'offrir un café dont j'avais le plus grand besoin. Mais je suppose qu'elle voulait avant tout essayer de me persuader de rentrer à la maison. Cependant, aucun de ses arguments ne put infléchir ma décision. Vous savez ce que c'est, lorsqu'on a dix-huit ans.

— Non, lui répondis-je. Je reste. Si je ne peux pas vivre avec toi, alors je me débrouillerai seule.

Elle soupira.

— J'étais comme toi, moi aussi, et c'est pourquoi je veux que tu m'écoutes et que tu rentres à la maison. Je ne tiens pas à ce que tu finisses comme moi.

— Que veux-tu dire ?

Elle ne répondit pas.

— C'est quoi, au juste, l'endroit où tu travailles ? demandai-je, curieuse.

— Oublie que tu y es montée. Reste en ville, si tu veux, mais promets-moi une chose, de ne jamais retourner là-haut. Je te trouverai une chambre meublée et je passerai te voir chaque fois que je le pourrai. Et, Francie... (Sa main couvrit la mienne, pour m'implorer désespérément.) Si tu as vu une chose à laquelle tu n'aurais pas dû assister, n'en parle jamais à personne, à qui que ce soit... C'est préférable pour toi comme pour moi. Tente d'oublier, c'est la meilleure solution. Il m'est également arrivé d'être témoin de certaines choses que j'ai dû, moi aussi, effacer de mon esprit.

— Pourquoi ne les laisses-tu pas tomber, Jean ?

— Je ne peux pas. (Elle m'adressa un sourire empli d'amertume.) Je me sens lasse et j'ai perdu presque toutes mes illusions, mais je tiens malgré tout à... rester en vie encore un certain temps.

Je me contentai de retenir ma respiration et de la fixer.

***

En dépit de l'heure tardive, nous partîmes à la recherche d'une chambre. Je devais dormir quelque part et, bien qu'elle ne l'eût pas mentionné, il était évident que Jean vivait là où je l'avais trouvée, en quelque sorte comme une directrice à demeure, chargée de veiller aux intérêts de Rosetti.

Nous prîmes un taxi pour gagner du temps et, en chemin, nous passâmes devant *Chalif-Bleekman's*. Je regardai la vitrine et pensai, « c'est ma mascotte ». Les lumières avaient été éteintes depuis longtemps, mais il était encore possible de voir les mannequins, semblables à des spectres sous la faible clarté de la rue. Je demandai à Jean si elle connaissait ce magasin.

— J'y ai travaillé, à mon arrivée dans cette ville, m'apprit-elle. Je t'y accompagnerai, demain. Peut-être sera-t-il possible de t'y faire engager.

Elle me trouva une chambre assez facilement. Il était trop tard pour se montrer difficile et j'étais bien trop lasse pour m'en soucier. Le pire des taudis aurait fait l'affaire.

— Maintenant, si tu as vu quelque chose, efface-le de ton esprit, me dit-elle avant de me laisser. N'oublie jamais que ni toi ni moi, nous ne pouvons rien faire. Nous sommes en face de quelque chose de trop fort pour nous.

Jusqu'au bout, je ne pus me décider à l'admettre.

— Non, je n'ai rien vu.

Elle savait que je mentais, et je savais qu'elle le savait. J'entendis le bruit léger de ses pas décroître dans l'escalier, puis le taxi qui l'avait attendue redémarrer. Peu après, je trouvai un autre billet de cent dollars, le second qu'elle m'avait donné cette nuit-là, sous le porte-savon de la tablette du lavabo.

Ce ne fut qu'après m'être en partie dévêtue qu'un détail me revint à l'esprit : j'avais oublié mon sac contenant mes affaires personnelles dans l'arrière-salle de l'établissement où elle travaillait.

Mais j'étais trop épuisée pour avoir aussi peur que l'eût exigé la situation.

*
**

Son visage perdit toute couleur lorsque je le lui appris, le lendemain.

— On a dû le trouver, à présent ! La femme de ménage est dévouée corps et âme à Rosetti. Est-ce qu'il contenait un objet sur lequel était écrit ton nom ? Y a-t-il quoi que ce soit pouvant indiquer à qui il appartient ?

Je tentai de m'en souvenir.

— Je ne pense pas... Puis je pâlis à mon tour. Une minute ! J'avais glissé une photo de moi, dans la poche du rabat, mais elle ne porte pas mon nom, ou d'autres indications...

Elle avait retrouvé son second souffle.

— C'est bon, il ne faut pas t'affoler. Tout n'est pas encore perdu, il existe une solution. Si Rosetti m'interroge, je lui répondrai que j'ai rencontré dans la rue une fille avec qui je travaillais auparavant, et qui a eu une série d'ennuis. Comme elle venait d'être mise à la porte par sa logeuse, elle m'a laissé ses affaires, et je lui ai filé un peu d'argent pour m'en débarrasser. Tant qu'ils ne soupçonneront pas que tu te trouvais à l'intérieur du placard pendant qu'ils...

Je complétai mentalement sa phrase : *Pendant qu'ils emportaient le linge sale.*

— Tu ne seras pas véritablement en danger, conclut-elle.

Jean tint parole et me fit obtenir un emploi chez *Chalif-Bleekman's,* spécialistes en déshabillés féminins. Puis elle me laissa.

— Je ne crois pas qu'il me sera possible de venir te voir souvent, m'avertit-elle. Rosetti ne veut courir de risques avec aucune d'entre nous, et il a des yeux et des oreilles dans toute la ville. Ils risquent de me filer au moment où je m'y attends le moins, et je pourrais les conduire jusqu'à toi.

— Si tu veux me joindre, lui dis-je encore, tu pourras toujours me trouver auprès du mannequin. Je lui parlai de ma mascotte. Je m'arrêterai chaque jour devant sa vitrine, en allant au travail et en sortant.

Je ne devais pas la revoir avant longtemps, mais comme je savais pour quelles raisons elle devait m'éviter, cela ne m'inquiéta pas outre mesure. Je commençais à m'habituer un peu à la vie citadine et à perdre une partie de ma naïveté.

Chez *Chalif-Bleekman's* tout le monde était gentil avec moi et mon travail était facile, lorsqu'on était parvenu à oublier que l'on se déplaçait devant les clientes uniquement vêtues de dentelles et de rubans.

Je me fis plusieurs amies parmi les filles qui travaillaient avec moi, et également un petit ami... le premier. Il s'appelait Eddie Dent et vendait des automobiles. J'avais l'impression d'avoir touché le gros lot au premier essai. Mais je reparlerai de lui plus tard.

Je prenais du plomb dans la cervelle, mais je n'oubliais pas pour autant ma mascotte. Eddie ne pouvait la remplacer. Il y avait longtemps que le mannequin avait reçu une nouvelle tenue, depuis la nuit où je l'avais vu pour la première fois, mais je m'arrêtais chaque jour devant lui, en me rendant à mon travail et en partant. Je lui racontais ma vie et la femme de cire m'adressait toujours le même sourire protecteur, réconfortant. Elle rendait mes journées grises moins sinistres et les belles journées encore plus riantes.

Je commençais à oublier la scène de cauchemar

dont j'avais été témoin le soir de mon arrivée, et le moment ne tarderait guère où elle se serait totalement effacée de mon esprit, comme si cela ne s'était jamais produit. Puis tout recommença brusquement avec un choc. Une série de chocs de plus en plus violents.

J'avais terminé ma journée et ramené un journal dans ma chambre. Lorsque je l'ouvris, un visage sembla jaillir hors de ses pages pour m'assaillir. Elégant, avec des cheveux argentés. Le sac de linge sale avait dû s'ouvrir et ils avaient repêché son corps dans le fleuve.

Découverte du cadavre d'un personnage éminent de notre ville qui avait disparu depuis deux semaines disait la légende. Je fis courir mon regard sur le fatras de petites lignes qui se trouvaient au-dessous, relevant une phrase ici et là... « Nul n'ignore que Masters s'était fait de nombreux ennemis au cours de sa longue carrière... son fils unique s'était suicidé voici moins d'un mois, après avoir subi de lourdes pertes au jeu... La police tente de reconstituer son emploi du temps... Parmi les personnes qui ont proposé leur aide aux policiers, citons Leo Rosetti, qui leur a appris que, peu avant sa disparition, Masters s'était rendu à une petite soirée privée qu'il donnait dans son appartement. Cependant, cet homme a été lavé de tout soupçon au sujet de ce crime. Rosetti a été le premier à se douter du sort qu'avait connu son vieil ami, lorsqu'il a signalé sa disparition après avoir vainement tenté de le joindre au cours des deux dernières semaines... »

Ils ne se doutaient pas. Ils ne savaient pas. Mais je savais. Jean et moi savions.

***

En me rendant à mon travail, le lendemain matin, j'en parlai au mannequin.

— Il est impossible de continuer à garder le silence. Est-ce que je ne devrais pas tout raconter à la police ?

Et son sourire attristé sembla me répondre :

— Et Jean, si tu le fais, elle mourra.

Ce fut le premier choc.

Lorsque je sortis du magasin, ce soir-là, un homme se tenait à côté de ma mascotte... il attendait sans doute une des filles qui travaillaient avec moi. Je fus donc contrainte de rester immobile à son côté, pendant que j'échangeais mes habituelles confidences silencieuses avec la femme de cire, mais l'inconnu ne sembla même pas noter ma présence.

En rentrant chez moi, j'éprouvais une étrange impression. Il me semblait que j'étais suivie. Mais, chaque fois que je me retournai, je ne vis absolument personne... aussi mis-je cela sur le compte de ma nervosité. Cependant, mon malaise subsista jusqu'au moment où j'atteignis la porte de ma chambre.

Je me trouvais à l'intérieur depuis approximativement cinq minutes, lorsque je crus entendre craquer le plancher du couloir. Je me raidis, tendant l'oreille. Le craquement se fit à nouveau entendre, plus près de la porte mais moins distinctement que la première fois. Cependant, je n'entendis pas frapper, rien d'autre ne se produisit.

Je pris alors conscience que mon instinct ne m'avait pas trompée. Une personne m'avait effectivement prise en filature depuis le magasin, en dépit du fait que je n'avais pas été capable de la repérer. J'étais certaine que quelqu'un se tenait à l'extérieur de la porte, immobile, tendant l'oreille tout comme moi. Je m'avançai sur la pointe des pieds et me baissai pour coller mon œil au trou de la serrure.

J'obtins aussitôt une confirmation terrifiante de mes craintes. Au lieu de voir l'autre cloison du vestibule, je ne pouvais discerner que la tache indistincte d'un vêtement sombre, qui demeurait là, parfaitement immobile.

La voix faillit me faire tomber à la renverse, tant elle s'éleva de façon inattendue. La chose la plus terrifiante à son sujet était son ton désinvolte, banal, comme s'il n'y avait pas eu cette porte pour nous séparer, comme si l'homme m'avait accompagnée ouvertement depuis ma sortie du magasin.

— Allons, mademoiselle, cessez de jouer à cache-cache.

Sous l'emprise d'une sorte de contrainte hypnotique, je tendis finalement ma main vers la clé et lui imprimai un petit mouvement rotatif, du bout des doigts, comme si elle était chauffée au rouge. Il fit le reste.

Il entra lentement. C'était l'homme que j'avais vu attendre devant le magasin. Il avait une drôle de petite mèche au centre du front, semblable à un hameçon, et elle refusait de rester en place. Je ne pouvais en détacher mes yeux.

Il referma la porte derrière lui, puis il tendit sa main vers moi, pour me montrer une plaque argentée.

— Vous êtes Francine Everton, n'est-ce pas ? dit-il.

Je répondis affirmativement.

Il sortit un journal de sa poche et me mit brutalement la photo de Masters sous les yeux.

— Vous avez déjà vu cet homme ?

— Non ! A lui seul, le choc brutal rendait ma dénégation convaincante, faute d'autre chose.

— En êtes-vous certaine ?

— Oui ! Si j'avais répondu que je l'avais vu, j'aurais dû préciser que j'avais assisté à son assassinat. Et si je disais que j'avais été témoin du meurtre...

— Qui est la femme qui vous a trouvé cet emploi, chez *Chalif* ?

Ils l'avaient donc appris. Je décidais de bluffer. C'était l'unique chose que je pouvais encore tenter.

— Une vague connaissance. Je crois qu'elle s'appelle Edwards. Je ne la connais pas tellement. Je l'ai rencontrée dans la rue et je lui ai dit que je n'avais pas de travail.

— Quand êtes-vous montée là-haut pour la dernière fois ? dit-il avec une désinvolture destinée à me faire tomber dans le panneau.

Comme un fin câble d'acier tendu dans mon corps, mon instinct vibra pour me mettre en garde : « Admets une seule chose, n'importe laquelle, et tu seras contrainte de tout dire. »

— Là-haut ? Où ? Que voulez-vous dire ?

— Alors, comment expliquez-vous ça ?

Encore plus brusquement que le journal, il prit une enveloppe qu'il ouvrit. Il me tendit un fragment calciné de photographie. Tout ce qui était sans importance avait brûlé. Il ne restait que le visage, jauni mais parfaitement reconnaissable.

Afin de gagner du temps, je lui demandai :

— Comment a-t-elle brûlé ?

— Et comment est-elle arrivée là où elle a brûlé ?

— Lorsque j'ai rencontré mon amie, je venais d'être mise à la porte par ma logeuse. Je ne savais pas où aller. Elle... elle a accepté de prendre un petit sac dans lequel j'avais mis mes affaires et de le garder tant que je n'aurais pas trouvé une autre chambre. Elle devait me le rapporter, mais je suppose qu'elle a oublié...

— Et vous ne vous êtes jamais rendue là où elle vit ?

— Jamais. Il m'a semblé qu'elle ne tenait pas à ce que j'aille la voir…

— Ça ne m'étonne pas, dit-il sèchement. Tout était brusquement terminé, à mon profond soulagement. J'avais cru que l'interrogatoire durerait encore des heures.

Il se leva pour partir.

— Eh bien, petite, soit vous dites la vérité, soit vous mentez. Vous avez peut-être peur.

Il s'éloigna jusqu'à la porte, puis ajouta :

— Mais il ne faut pas être inquiète. Nous veillerons sur vous… Il attendit une minute avant de conclure :

— Etes-vous bien sûre que vous n'avez rien d'autre à me raconter ?

— Je me demande bien quoi, étant donné que je vous ai déjà tout dit ?

Il referma la porte, pour la rouvrir brusquement.

— Au fait, je m'appelle Armour, au cas où vous changeriez d'avis.

Le battant se referma pour la seconde fois et j'entendis les marches craquer de protestation sous son poids. Je me rendis aussitôt à la fenêtre, et je m'accroupis pour surveiller la rue sous le store baissé.

Je le vis sortir. Il releva les yeux en direction de ma fenêtre, puis il s'éloigna dans la rue.

Une silhouette apparut hors des ombres d'un porche obscur, de l'autre côté de la rue, puis elle se dirigea vers l'immeuble que j'habitais. Je frappai au carreau pour attirer son attention, soulevai le châssis inférieur et lui dis :

— Non, ne monte pas, Eddie. Va m'attendre à l'angle de la rue.

C'était mon ami et je ne tenais pas à ce qu'il fût mêlé à cette affaire. Lorsque je sortis pour aller le retrouver, je m'éloignai dans la direction opposée sur toute la longueur du pâté de maisons, avant de revenir vers lui de l'autre côté... une tactique simpliste qui n'eût trompé personne, si j'avais véritablement été surveillée.

— Qui est le type qui est monté te voir ? me demanda-t-il.

Je lui pris le bras.

— Je vais t'expliquer, mais il est préférable de ne pas rester ici.

Je n'avais pas eu l'intention de lui dire cela et je ne pris conscience qu'ensuite que j'en avais déjà trop dit. Je ne pouvais pas tout lui révéler. Et après tout... pourquoi pas ?

J'attendis de me trouver dans un box isolé du restaurant chinois où nous avions l'habitude de nous rendre.

— Qu'est-ce qui se passe, Francie ? me demanda-t-il. Tu parais tourmentée. Tu ne sembles pas être dans ton assiette, ce soir.

Il me fut ensuite très facile de parler. Quoi de plus naturel que de confier ses ennuis à son ami ?

— L'homme que tu as vu... c'était un inspecteur de police, laissai-je échapper.

Il en fut moins surpris que je m'y étais attendue. Il mit du riz dans son assiette.

— Et, qu'est-ce qu'il te voulait ?

— Ce type qu'ils ont repêché dans le fleuve... Masters... il m'a collé sa photo sous les yeux et m'a demandé si je l'avais déjà vu.

Une fouchette de chop suey s'immobilisa à mi-chemin entre l'assiette et sa bouche.

— J'ai naturellement répondu que c'était la première fois que je voyais son visage.

Le chop suey reprit son ascension vers sa bouche.

— Puis il m'a interrogée au sujet... au sujet d'une de mes amies, Jean Edwards, celle qui m'a obtenu cet emploi. Il me demandait si j'étais montée chez elle. J'ai répondu négativement, bien sûr.

— Alors, pourquoi es-tu toute retournée ? Tu as fourni des réponses bien nettes à des questions bien précises. C'est tout. Qu'est-ce qui te tourmente ?

— Rien, répondis-je d'une voix sourde.

Il me fixa pendant une ou deux minutes. Puis il griffonna quelques mots sur un morceau de papier qu'il tendit au serveur. Je vis le Chinois porter le message au chef d'orchestre. La musique s'enfla autour de moi, douce et persuasive.

Toutes tes peurs ne sont peut-être que le fruit de ton imagination.

Eddie se leva et me tendit ses bras.

— Viens, Francie, c'est notre danse. Tu ne sais pas y résister. Elle va tout arranger.

Je laissai ma tête reposer sur son épaule, alors que nous glissions dans la pénombre.

— Te sens-tu mieux, à présent ? me murmura-t-il.

— Un peu.

— Ne t'en fais pas. Laissons les laver leur linge sale en famille.

Je me retrouvai à contretemps.

— Oh, ne... n'emploie pas cette expression. Je ne peux pas la supporter...

— Pourquoi ?

Tout m'échappa facilement, comme la queue d'un cerf-volant lorsque ce dernier a déjà échappé à vos mains.

— Parce que cela me rappellera toujours la façon dont j'ai vu emporter le cadavre, cette nuit-là...

— Quel cadavre ? Celui de Masters ? Il continuait de me guider avec douceur entre les danseurs. Mais tu as dit que tu n'étais pas montée...

— C'est ce que j'ai répondu au policier. Mais j'y étais. Je me cachais dans un placard. J'ai tout vu. Je ne peux rien te dire d'autre, Eddie, car je ne suis pas seule en cause...

Le morceau prit fin et nous regagnâmes notre box. Lorsqu'on nous servit les kumquats, Eddie était allé téléphoner. Cela lui prit un certain temps, mais il souriait comme avant lorsqu'il revint à notre table. Ensuite, nous n'abordâmes plus ce sujet. J'avais vidé mon sac et je me sentais soulagée.

Au lieu d'aller voir un spectacle, comme nous le faisions d'habitude, il me raccompagna chez moi.

— Tu es lasse et tu as besoin de te reposer, Francie.

— Et s'il revenait ?

— Non. Il semblait étrangement sûr de lui. Il ne t'embêtera plus, dit-il, avant d'ajouter : « J'attendrai de l'autre côté de la rue jusqu'au moment où je verrai la lumière de ta chambre et que je te saurai en sécurité. » Presque comme s'il avait pu prédire l'avenir...

J'entrai dans l'immeuble et gravis l'escalier, puis j'ouvris la porte de ma chambre, sous laquelle deux feuilles de papier avaient été glissées : un télégramme et un message écrit de la main de ma logeuse. *Jean Edwards a téléphoné. Elle voudrait que vous passiez immédiatement la voir chez elle. C'est très important.* Puis, lorsque j'ouvris le télégramme, je découvris à ma grande surprise qu'il émanait également de ma sœur. Il contenait seulement cinq mots : *Retrouve-moi devant le mannequin.*

Avant toute chose, je courus à la fenêtre que j'ouvris, pour appeler Eddie.

— Attends-moi, je dois ressortir.

Une grosse voiture noire s'était garée quelques allées plus loin et le chauffeur en était descendu pour lui demander du feu, ou autre chose. Je vis les deux hommes discuter, comme ils le font souvent.

Puis je restai là à examiner les messages en

fronçant les sourcils. Ils étaient contradictoires et l'un d'eux était peut-être un faux, mais en ce cas lequel ? J'entendais encore les paroles que Jean m'avait dites, le premier soir : « Promets-moi de ne jamais retourner là-haut. » Néanmoins, tous deux pouvaient fort bien être authentiques. Peut-être un événement inattendu avait-il contraint Jean à modifier ses projets ? Peut-être avait-elle découvert qu'elle ne pouvait s'absenter et avait-elle envoyé le second message pour annuler le premier ? Le tout était de savoir lequel avait précédé l'autre. Eh bien, il existait un moyen bien simple de l'apprendre.

Je frappai à la porte de ma logeuse.

— Pourriez-vous me dire quel message vous est parvenu en premier ?

— Le télégramme, répondit-elle sans hésiter. Je me souviens que je venais de le glisser sous votre porte, lorsque le téléphone s'est mis à sonner dans le vestibule. Et c'était encore pour vous.

— Merci. Je devais donc me rendre chez Jean. Je ne devais pas tenir compte du télégramme.

Je sortis en hâte pour rejoindre Eddie. L'autre homme était parti, mais sa voiture était toujours garée contre le trottoir.

— Un type que je connais, m'expliqua-t-il. Je lui ai demandé de me prêter sa voiture, en pensant que nous pourrions en avoir besoin...

Je prêtai à peine attention à ses paroles.

— Eddie, ne me pose aucune question, mais tu m'accompagnes, d'accord ?

— Bien sûr, répondit-il, comme devait le faire un ami.

Alors que nous nous rendions chez Jean, nous passâmes devant *Chalif*. Je me félicitai alors de ne pas avoir tenu compte du télégramme, car il n'y avait pas âme qui vive devant la vitrine. Jean avait dû changer d'avis juste après me l'avoir envoyé.

— Arrête-toi une minute, dis-je, sur une impulsion.

— Pourquoi ? Le magasin a fermé il y a une heure...

— Non, tu ne comprends pas. J'ai une habitude. Chaque fois que j'ai des ennuis...

— Oh, ouais, ta mascotte. Tu m'en as parlé. Il vira vers le trottoir et freina.

Je sautai hors du véhicule, alors qu'Eddie restait au volant. La vitrine était encore allumée, elle le resterait jusqu'à minuit. Ce soir, le mannequin portait une tenue différente. Puis je me souvins que nous étions jeudi, le jour où ils refaisaient la vitrine. Les étalagistes devaient juste avoir fini de la préparer.

Je trouvai quelque chose d'étrange à son visage... et j'eus un autre choc, comme je m'immobilisai devant l'épaisse vitre. *C'était le visage de Jean !* Je devais délirer ou avoir perdu l'esprit. Elle me fit un petit geste rapide, impossible à voir depuis la rue. Puis elle porta un doigt à ses lèvres, pour m'imposer le silence, avant d'immobiliser à nouveau sa main dans la pose rigide du mannequin, poignet plié. Je réprimai un hurlement.

Ensuite, elle resta immobile... à l'exception de ses lèvres que je pouvais voir se mouvoir légèrement. Elle essayait de me dire quelque chose. Je les observai avec une attention désespérée. Elle répéta sans trêve les mêmes mots, jusqu'au moment où je compris :

— N'y vas... pas ! N'y vas... pas ! N'y vas... pas !

— Viens, me cria Eddie avec impatience, depuis la voiture. Je croyais que tu étais pressée ?

— *N'y vas... pas !* Les syllabes silencieuses continuaient de me parvenir à travers la vitre. Elle y ajouta un hochement de tête imperceptible, que je fus la seule à pouvoir remarquer.

— Tu viens ? Qu'est-ce qui te retient ?

— Non, répondis-je, comme hypnotisée. Je ne pouvais détacher les yeux du visage de Jean.

Eddie descendit de la voiture et vint vers moi à grands pas, pour me prendre par le bras, avec brutalité.

— Eh, qu'est-ce qui te prend ? Il s'était produit en lui un brusque changement... dont je ne pouvais pas encore définir la nature avec précision. Il ne perdit pas de temps à jeter un regard à la silhouette se trouvant dans la vitrine. Il lui tournait le dos et, pardessus son épaule, je pus voir Jean hocher frénétiquement la tête, pour me mettre en garde.

— Alors, je vais te régler ton compte ici même... Quelle importance que tu meures ici ou là-bas, dès l'instant où tu es définitivement réduite au silence ?

Il avait jeté le masque et je le voyais pour la première fois tel qu'il avait toujours véritablement été. Son visage était à présent aussi répugnant que celui de Rosetti et de ses hommes de main. Il m'avait coincée entre deux vitrines, dans le renfoncement de l'entrée principale, et il n'y avait pas une seule personne dans les rues qui pourrait me venir en aide.

Il jeta un rapide coup d'œil par-dessus son épaule, comme pour évaluer les risques qu'il y aurait à tirer un coup de feu. Il dut les estimer trop grands, car il sortit de sa poche un objet trapu dont la longueur doubla brusquement dans sa main. Une lame menaçante en avait jailli.

— Tu as donc vu Masters sortir dans la corbeille de linge sale, c'est ça ? Eh bien, je vais t'offrir une bouche supplémentaire pour aller raconter tout ça aux flics... une bouche en plein cœur !

Une épouvantable partie de quatre coins commença entre nous. Alors que je l'esquivais d'un côté puis de l'autre, cherchant une occasion de m'enfuir, il m'imitait et me bloquait chaque fois le passage. Je n'osais pas détacher mon regard de la lame menaçante qu'il avançait dans ma direction, mais je percevais de vagues mouvements indistincts derrière l'homme, dans la vitrine du magasin.

Brusquement, je vis une occasion à saisir... ou je le crus. Peut-être me l'offrit-il à dessein. Il s'était un peu trop déplacé totalement. Je bondis vers l'espace dégagé, et passai devant Eddie... enfin, presque. Il pivota rapidement sur lui-même et tendit sa main libre qui se referma sur mon épaule, m'immobilisant. Je perçus le mouvement du couteau qui se levait dans mon dos. La lame allait plonger vers moi et se planter dans mon cœur.

Je vis un éclair derrière la vitre et j'entendis un son mat et sourd. Des éclats de verre tombèrent, laissant derrière eux un trou déchiqueté en forme de feuille d'érable. Une bouffée de fumée estompa la tête et les épaules de Jean durant une minute, puis elle s'éleva et se dissipa. Ma sœur semblait à peine avoir bougé. Une main, celle qui avait jusqu'alors tenu la pochette pailletée, serrait à présent un revolver à canon court qu'un ruban de fumée léchait encore.

Le couteau tomba sur le trottoir avec un bruit métallique, devant moi. Puis, horriblement, le corps d'Eddie s'affaissa contre mon dos. Je fis un pas en avant, et il s'effondra sur le sol où il demeura immobile.

Jean avait disparu à l'intérieur du magasin. Je n'avais pas bougé et je fixais toujours le cadavre en tremblant lorsqu'elle ouvrit la porte principale et sortit dans la rue... Elle avait encore la perruque métallisée qu'elle avait portée dans la vitrine.

— Pauvre idiote. Sais-tu qui était ton petit ami ? Le meilleur croupier de Rosetti. Il avait chaque soir la principale table de roulette du cercle. Ils ont dû le charger de découvrir si tu savais suffisamment de choses pour représenter un danger. Et dès qu'il en a eu confirmation, il a fait son rapport à Rosetti.

« Le hasard a voulu que je sois sur un poste secondaire, dans la pièce voisine, lorsqu'il a appelé. Je devais te joindre rapidement mais je ne savais pas comment faire. Tu étais justement sortie en compagnie du type qui venait de te donner. Une chose était sûre, il n'allait pas te quitter d'une semelle. C'est alors que je me suis souvenue de ce que tu m'avais dit, la dernière fois : « Si tu veux me joindre et que tu ne saches pas où je suis, tu pourras toujours me trouver auprès du mannequin. »

« Je me suis procuré une arme et j'ai filé. Puis je t'ai envoyé un télégramme avant de me rendre au magasin. Lorsque je suis arrivée, des étalagistes préparaient la vitrine et l'entrée avait été laissée ouverte, pour permettre au type qui surveillait le travail de sortir et de jeter de temps en temps un coup d'œil au résultat. Ça m'a donné une idée. Je ne pouvais pas t'attendre sur le trottoir, car Eddie ne me connaissait que trop. Il m'aurait repérée et t'aurait embarquée avant que j'aie eu une seule chance de pouvoir te mettre en garde contre lui. Et c'était un trop bon tireur pour que je m'y frotte. Je devais pourtant t'avertir d'une façon ou d'une autre.

« Alors, je me suis glissée à l'intérieur, et je suis restée cachée derrière un des comptoirs jusqu'au moment où les étalagistes ont terminé leur travail et sont partis. Ensuite, j'ai ouvert la vitrine, enlevé ta mascotte et échangé mes vêtements contre les siens. Puis j'ai couvert mon visage et mes bras de poudre ocre trouvée dans le magasin, et j'ai mis sa perruque métallisée avant de prendre sa place avec le revolver dans la pochette.

« Naturellement, tant que je n'avais pas pris la pose du mannequin, je courais de grands risques, mais les rues sont plutôt calmes, par ici, et aucun passant ne m'a vue. Ensuite, j'ai dû rester parfaitement immobile pendant ce qui m'a paru durer des heures, en pensant que tu ne viendrais jamais. »

— Et à présent, qu'allons-nous faire ? demandai-je, désemparée. Je ne pouvais détacher le regard du corps qui gisait à nos pieds.

Jean haussa les épaules.

— Je vais devoir prendre le large, maintenant que j'ai dévoilé mon jeu, mais il ne leur faudra qu'un ou deux jours pour nous retrouver et nous descendre. Il est impossible d'échapper à une organisation comme celle de Rosetti.

— L'inspecteur Armour... c'est le flic qui est venu m'interroger... Il m'a dit que si j'avais quoi que ce soit à lui révéler, il assurerait ma protection.

— C'est ce qu'ils promettent tous. Mais comment savoir s'il n'est pas à la solde de Rosetti, lui aussi ?...

— Non, il était différent. C'était un homme honnête. Je l'ai lu sur son visage. Il avait une drôle de petite mèche juste au milieu du front, et elle refusait de rester en place...

— Bon Dieu ! s'exclama-t-elle.

— Qu'est-ce qu'il y a ?

— Alors, ils l'ont eu lui aussi, ce soir. Il a dû monter là-haut tout seul, à la recherche d'indices, l'imbécile ! Ça prouve effectivement qu'il était honnête, faute d'être malin. Un type avec une mèche sur le front allait d'une table à l'autre, en jouant. Je l'ai remarqué avant de partir. Je pourrais jurer d'après l'expression de Rosetti qu'il savait que c'était un flic et qu'avec ses hommes ils allaient s'occuper de lui. Trixie prenait son pistolet et son sombrero pour les couvrir, lorsque j'ai filé. Je parie que ce type a déjà quitté le Cercle à l'intérieur du panier de linge sale !

Le véhicule de patrouille devait être arrivé avec le moteur et la sirène coupés. Nous prîmes conscience de sa présence lorsque deux flics en sortirent, revolver au poing.

Jean ne perdit pas de temps... car il fallait faire vite.

— O.K. ! c'est moi qui ai tiré et voilà l'arme. Mais si vous avez un peu de jugeote, vous n'allez pas nous poser des questions sur ce type. Ça peut attendre. Envoyez rapidement un appel à toutes les unités disponibles. Est-ce que l'un de vous connaît un inspecteur en civil qui s'appelle Armour ?

Un des hommes hocha la tête.

— Ouais, Danny Armour. Il est attaché à ce district.

— Eh bien, il doit à présent être attaché à la patrouille du ciel, mais si vous arrivez avant qu'ils se soient débarrassés du cadavre vous pourrez peut-être les surprendre en flagrant délit. La salle de jeu de Rosetti... Je vais vous faire entrer par la porte de service.

Un des policiers s'adressa à son collègue à voix basse.

— Il était sur une affaire, ce soir. Je l'ai vu marquer des billets, dans l'arrière salle...

L'autre releva brusquement son arme, de façon menaçante.

— Nous allons tenter notre chance. Lance un appel, Bill.

Et c'est ainsi que je voyageai pour la première fois de ma vie à bord d'un véhicule-radio de la police. Il s'arrêta à l'angle de l'immeuble de Jean qui nous y fit pénétrer par l'entrée de service.

La question qu'elle posa au garçon d'ascenseur aurait pu paraître amusante. Cependant, elle ne l'était pas, elle était macabre.

— Est-ce qu'on a déjà fait monter un panier de linge sale, Jimmy ?

— Oui, miss Jean. La camionnette est repartie il y

a seulement quelques minutes. Encore un tas de linge à laver, ce soir.

— Trop tard, gémit-elle.

— Mort ou vif, il constitue toujours une pièce à conviction, déclara un des flics qui nous accompagnaient, les dents serrées. Vite, à quoi ressemble ce véhicule ?

— Je l'ai vu, répondit Jean. Une camionnette couleur ivoire qu'il est possible de repérer à un kilomètre à la ronde. Le problème, c'est qu'ils ont le choix entre les deux fleuves.

— Eh bien, comme cette rue est orientée vers l'ouest, nous allons tenter notre chance dans cette direction.

Nous remontâmes dans le véhicule de patrouille qui démarra en trombe. Alors que nous nous éloignions de l'immeuble, un cordon de policiers commençait à l'encercler.

Cette camionnette avait dû réaliser une moyenne fantastique, pour avoir pu atteindre le point où nous la vîmes finalement devant nous. Mais nous roulions encore plus vite. Je n'avais pas pu prendre une seule inspiration profonde depuis l'instant où nous avions démarré.

Nous arrivâmes à sa hauteur à mi-chemin de la zone déserte des entrepôts, le long des quais du fleuve. Les pneus de la voiture de patrouille crissèrent et nous faillîmes nous renverser, mais le chauffeur parvint à monter sur le trottoir durant ce processus. Les deux « blanchisseurs » étaient armés, mais ils n'eurent pas l'opportunité de se servir de leurs armes. Les flics se jetèrent sur eux avant même qu'ils eussent fini de sortir du véhicule en titubant. Lorsque j'arrivai avec Jean, ils avaient déjà descendu le grand panier de « linge sale » sur le sol, et ils vidaient son contenu.

A coups de pied, ils éparpillèrent les taies d'oreiller et les serviettes maculées de sang, et je vis son visage sous la lumière blafarde des lampes à arc. Oui, c'était bien lui, l'homme qui était monté me voir dans ma chambre. La mèche était à présent en bataille et raidie par le sang coagulé.

— Ce pauvre type représente toujours une pièce à conviction, déclara tristement un des flics.

— Il représente bien plus ! le reprit avec excitation Jean qui s'était penchée sur le corps. Il n'est pas mort, je viens de sentir son cœur battre ! Cette fois, ils ont agi avec trop de précipitation. Conduisez-le rapidement à l'hôpital, et il sera peut-être encore possible de le sauver !

Si j'avais estimé que nous roulions comme des fous au cours des deux premières étapes de notre circuit, nous nous étions en fait pratiquement traînés par comparaison avec le trajet des quais à l'hôpital.

***

Je n'aurais jamais cru revoir à nouveau cette mèche, mais ce fut pourtant le cas… trois semaines plus tard, lorsque je fus conduite à l'hôpital, en compagnie de Jean. J'entendis même une voix sortir de la bouche qui se trouvait au-dessous de la mèche. L'homme était en piteux état, mais il était sauvé. L'assistant du District Attorney qui allait poursuivre en justice Rosetti et sa bande sous l'inculpation de meurtre était présent à son chevet, pour prendre les dernières dispositions avec nous. L'immunité allait être accordée à Jean, pour avoir fourni à l'Etat les preuves des opérations des nombreux établissements de jeu de Rosetti qu'elle avait dirigés. Quant à moi, je n'avais pas besoin qu'on me garantisse l'immunité pour accepter d'apporter mon témoignage sur le meurtre de Masters, étant donné que je n'avais absolument rien à me reprocher.

Je revis cette mèche tout au long du procès, dépassant avec plus d'obstination que jamais d'un épais bandage qui ceignait le crâne du policier.

Il y a longtemps que les lumières de la prison se sont éteintes un bref instant pour l'exécution de Rosetti, mais je vois toujours cette mèche.

En fait, je la vois tous les samedis soir aux environs de vingt heures, et parfois durant la semaine, lorsque j'entends sonner et que je vais ouvrir la porte du petit appartement que je partage avec Jean. Et, à présent, le moment est proche où il faudra m'appeler Mrs Mèche... Mrs Armour !

Titre original : MEET ME BY THE MANNEQUIN
(Traduit par : J.-P. Pugi)

BIBLIOGRAPHIE

1. MARIHUANA / *MARIHUANA*

Cinq publications, toutes signées William Irish : d'abord le 2 mai 1941 dans *Detective Fiction Weekly*, puis dans les recueils *After Dinner Story* (Lippincott, 1944) et *Six Time Death* (Popular Library, 1948) dans le fascicule n° 11 de la collection « Ten cents book » en 1950 et dans *The Best Of William Irish* (Lippincott, 1960) qui reprend tout le recueil *After Dinner Story* et les romans *Lady Fantome* et *l'Heure blafarde.*

Traduction française : par M.-B. Endrèbe in *Marihuana* (Presses de la Cité, 1958, coll. Un Mystère, n° 446), et *Peur en tout genre* (Presses Pocket, 1964, n° 174/5) dans « Qui ? » de mai 1946.

2. L'HÉRITAGE / *THE BEQUEST*

D'abord sous le titre « The Implacable Bequest » en septembre 1942 dans *Detective Tales* puis dans le recueil *Nightmare* (Dodd, Mead, 1956) sous le titre définitif.

Traduction française : par Maurice-Bernard

Endrèbe dans *Meurtres à la seconde* (Presses de la Cité, 1957, coll. Un Mystère, n° 352 et 1971, coll. Mystère, n° 151).

3. CAUCHEMAR / *NIGHTMARE*

D'abord sous le titre « And so to death » dans *Argosy* le 3 janvier 1941, signé Cornell Woolrich. Puis sous son titre définitif dans les recueils *I Would'nt be in your Shoes* (Lippincott, 1943) *And So to Death* (Mercury Publications, 1945, A Jonathan Press Mystery, n° 31), *Nightmare* (Reader's Choise Library, n° 12, 1950) et Nightmare (Dodd, Mead, 1956 et Dell Publications, 1964).

Autre parution : dans *Rex Stout Mystery Magazine* en décembre 1946.

Traductions françaises : par Henri Dubourg in *Cauchemar* (Editions Lumière, coll. L'Œil clair, 1946), par M.-B. Endrèbe dans *Meurtres à la seconde* (*cf.* n° 2, ci-dessus).

4. ADIEU NEW YORK / *GOOD BYE NEW YORK*

Première publication dans *Story Magazine* en octobre 1937. Puis « The Story Pocket Bood » (1944), *Ellery Queen Mystery Magazine* en mars 1953, *Ellery Queen Anthologies,* vol. 16 en 1969.

Sous le titre « Don't wait up for me tonight » dans le recueil *Violence* (Dodd, Mead, 1958).

Traductions françaises : par Roger Guerbet in Anthologie Mystère, n° 12 (1969) et par M.-B. Endrèbe (sous le titre « A Fond de train ») dans *Meurtres à la seconde* (*cf.* n° 2, ci-dessus).

5. MEURTRES A LA SECONDE / *THREE O'CLOCK*

Première publication dans *Detective Fiction Weekly,* signée Cornell Woolrich, le 1er octobre 1938. Repris dans les recueils *I Wouldn't be in your Shoes, And so to Death* et *Nightmare* (*cf.* ci-dessus n° 3).

Autres parutions : dans *The Avon Mystery Story Steller* (1946) *And the Darkness fall,* anthologie préparée par Boris Karloff (1946) et *Verdict* en septembre 1953, sous le nom de William Irish.

Traductions françaises : par Marie Marion dans *Cauchemar* et par M.-B. Endrèbe dans *Meurtres à la seconde* (*cf.* n° 3, ci-dessus).

6. RENDEZ-VOUS DEVANT LE MANNEQUIN / *MEET ME BY THE MANNEQUIN*

Première publication dans *Dime Detective* en juin 1940. Puis *Ellery Queen Mystery Magazine,* n° 135 en février 1955 et dans le recueil *Angels of Darkness* (The Mysterious Press, New York, 1978).

Traduction française par J.-P. Pugi dans *Thriller,* n° 1 (janvier 1982).

N.B. Ne pas confondre avec la nouvelle « Mannequin » (dans *un Tramway nommé mort,* Neo, 1981).

L'éditeur exprime sa reconnaissance à Jean-François Naudon dont les travaux publiés par « les Amis du Crime » (7, rue de l'Abbé-Grégoire, 92130 Issy-les-Moulineaux) ont rendu possible l'établissement de cette bibliographie.

Jean-Claude ZYLBERSTEIN
Janvier 1986.

TABLE

Achevé d'imprimer en mai 1986
sur les presses de l'Imprimerie Bussière
à Saint-Amand (Cher)

— N° d'impression : 799. —
— N° d'édition : 1665. —
Dépôt légal : mai 1986.

Imprimé en France